Todos los libros de Linkgua Ediciones cuentan con modelos de Inteligencia Artificial entrenados por hispanistas. Pregúntale al chat de tu libro lo que desees acerca de la obra o su autor/a.

Para ebooks: Accede a nuestro modelo de IA a través de este enlace.

Para libros impresos: Escanea el código QR de la portada con tu dispositivo móvil.

Obtén análisis detallados de nuestros libros, resúmenes, respuestas a tus preguntas y accede a nuestras ediciones críticas generativas para una experiencia de lectura más enriquecedora.
La transparencia y el respeto hacia la autoría de las fuentes utilizadas son distintivos básicos de nuestro proyecto. Por ello, las respuestas ofrecen, mediante un sistema de citas, las fuentes con las que han sido elaboradas.

Serafín Portuondo Linares

Los independientes de color

Historia del Partido independiente de color

Barcelona 2024
Linkgua-ediciones.com

Créditos

Título original: Los independientes de color.

e-mail: info@linkgua.com

Diseño de cubierta: Michel Mallard.

ISBN rústica ilustrada: 978-84-1126-987-2.
ISBN tapa dura: 978-84-1126-478-5.
ISBN ebook: 978-84-9953-967-6.

Sumario

Créditos 4

Dedicatoria 9

Palabras liminares 11

Antecedentes 15

Primera parte 23

I. Constitución de la «Agrupación independiente de color» 23
II. Primeras proyecciones 25
El primer acto público de los independientes 35
III. Participación electoral en noviembre de 1908 37
IV. Intensificación organizativa 52
V. Los Independientes y el gobierno del general Gómez 62
VI. Programa o introducción programática del Partido Independiente de Color 74
VII. La enmienda Morúa 96
VIII. Los Independientes frente a la enmienda Morúa 126
IX. La enmienda Morúa en la Cámara de representantes 129
X. Detención y proceso de los independientes 145
XI. Escisión del partido en la prisión 153
XII. Las sesiones del juicio oral 158
XIII. Linchamiento moral o discriminación racial 172
XIV. El antiimperialismo de los independientes 199
XV. Firmeza de principios 204
XVI. Amplitud del pensamiento liberador de los Independientes 209
XVII. El proyecto de ley proponiendo la derogación de la Enmienda Morúa 214

Segunda parte **223**
XVIII. La protesta armada (discusión y acuerdo sobre la protesta armada) 223
XIX. Actitud del congreso de la república (sesión de la cámara del 22 de mayo de 1912) 232
XX. Actitud de los veteranos de la independencia 266
XXI. El manifiesto de los congresistas de color 271
XXII. La toma y el incendio de La Maya 274
XXIII. La protesta y los combates 277
XXIV. La masacre 281
XXV. El crimen de Boquerón 287
XXVI. La muerte de Estenoz y el asesinato de Ibonet 290
XXVII. La rebelión en La Habana 293
XXVIII. ¿Racismo? 297
XXIX. Méritos y errores de los independientes 307

Bibliografía **313**

Libros a la carta **315**

Dedicatoria

A la memoria de mi padre, el capitán del Ejército Libertador, Hermenegildo Portuondo Río, que fue independiente de color y protestante de mayo de 1912.

Palabras liminares

Cuando un acontecimiento histórico-político es tan poco conocido y se le rodea de tanta suspicacia, como al movimiento de los independientes de color; cuando alrededor de tal hecho se han formulado innúmeras conjeturas y se ha tratado de sumirlo en la condenación inapelable, tratando de ganarle, a toda costa, la repulsa y el olvido; en presencia de esta realidad, que ha venido proyectándose sobre el proceso de los independientes de color, había que afrontar arduas dificultades para llegar a un enjuiciamiento serio del historial político de los mismos.

Hoy, a los cuarenta y dos años de distancia, la lejanía no ha podido borrar ni destruir el conjunto estructural del hecho. Para el estudio, la armazón, las huellas y hasta las siluetas sombreadas con tintes trágicos, de lo sucedido, permanecen intactas, ofreciéndose al observador, como testimonios mudos; pero expresivos, de un trozo de nuestra Historia.

Ni siquiera los detalles han perdido forma. Donde hubo la intención de construir un friso, ésta se observa: las aristas, las figuras alegóricas, las pinturas de perspectivas ciudadanas malogradas, el afán superador, el ansia de justicia social; todo, apunta sus intenciones, claras, precisas; todo, hasta los errores de los edificadores; ofreciendo, en conjunto, la idea de un edificio en construcción que fue sepultado al fondo del mar por un cataclismo, permaneciendo allí, en el olvido.

¿Qué métodos seguir para realizar un intento enjuiciador de la vida y actuación política de los independientes? Lo poco que de ella se conoce, me indujo:

1. A procurar que los personajes de este drama real, hablasen, expusiesen sus criterios, dejasen ver sus diversas actitudes; con naturalidad, sin afectación, tales como fueron en la

vida, para que pudiéramos juzgar libremente sus propósitos, esos que no se pueden fingir ni ocultar.

2. Este método implicaba emprender un intento reconstructor de lo acontecido, con sus antecedentes e inicio. Mayo de 1912, fue la culminación trágica de lo que tuvo nacimiento el 1 de agosto de 1908 y antecedentes en 1868 y 1895, y, más recientemente, en la revolución de 1906, que derribó a Estrada Palma de la Presidencia de la República.

3. Estos motivos me impusieron la cita forzosa de opiniones, criterios y, a veces, la reproducción íntegra de algunos documentos imprescindibles, que con su fuerza de genuinos exponentes, constituyen argumentos irrebatibles, no dejan lugar para la duda y ayudan a la mejor comprensión del asunto.

El conocimiento de este proceso, debe contribuir a borrar toda posibilidad futura de que los mismos se reediten.

Nuestro pueblo asienta, cada vez más, las bases sólidas de una convivencia fraterna entre los cubanos de una y otra raza, que encaran el presente y fijan la vista en lo porvenir, teniendo como divisa el predominio de la democracia y de la igualdad ciudadana plena.

Hay más: lo presente y lo que vendrá, auguran la conversión definitiva en realidad, del ideario martiano y maceísta, regido por las figuras simbólicas del mártir de Dos Ríos y del héroe abatido en San Pedro.

Esta fe en el presente y en las perspectivas del mañana, me sirvieron de acicate en la investigación e intento reconstructor de este proceso histórico.

¡Ojalá que el esclarecimiento de estos hechos sea factor que disipe totalmente viejos recelos e interpretaciones erróneas que nublaron a la patria en días aciagos!

Hoy se puede afirmar —¡y es mucho afirmar!— que la ponzoña del odio de raza nunca alentó las intenciones de los independientes de color. La comprobación de esta certidumbre debe servirnos de satisfacción a unos y a otros, a todos los cubanos, blancos y negros.

En un clima propicio como el presente, la acción unida de una y otra raza, de todos los cubanos, debe ser coordinada, para mediante la educación de una parte y las sanciones de otra, contra los prejuiciosos recalcitrantes, batir definitivamente, desterrando de nuestro país la odiosa discriminación racista, haciendo válidos los artículos de la Constitución de 1940, que amparan a los ciudadanos negros contra la preterición racial.

Urge la plena convivencia fraterna, es preciso ofrecer generosamente cooperación a este caro y anhelado empeño patriótico.

S. P. L.

Antecedentes

La «piedad humanista» libró al indio del duro trabajo en los lavaderos de oro y convirtió al negro en esclavo para que sustituyese las flaquezas de los primitivos habitantes de la Isla con su vigorosa fuerza trabajo.

Ex presidiarios y clérigos aventureros sentaron su afán de riquezas en la opresión del negro, que tuvo como símbolo el látigo cruel. Los oprobios de la conquista y de la colonización de la Isla trataron de ser encubiertos con el pendón de Castilla, que regía y hacía de hoja de parra en nombre de la civilización.

El negro fue el motor y soporte económico de aquel régimen colonial esclavista hasta que fue abolida definitivamente la esclavitud en Cuba.

El negro trajo a su nueva condición humana, la libre, el bagaje de su revolucionarismo, que se remonta a los tiempos de la conquista y de la colonización. El cimarrón, paladín de la rebeldía individual, ante la impotencia de la actuación colectiva, es el primer esforzado de la lucha contra el régimen esclavista, al desertar de la dotación para hacerse dueño del monte y de su vida libre. Se agrupó en los palenques y constituyó sus poblados libres, que fueron un perenne desafío a la colonia y a sus fuerzas represivas. Y este ejemplo determinó las conspiraciones y rebeliones antiesclavistas, que tanto pánico sembraron en los gobernantes de aquellos tiempos y en los esclavistas españoles y nativos.

La incorporación del negro a la Revolución de 1868, no es un mero accidente sino una oportunidad más que se le ofrece y que él aprovecha al máximo para lograr su emancipación y la de la Isla.

Acicateado por el Directorio Central de la Raza de Color, que dirigió Juan Gualberto Gómez, también por el ejemplo de los caudillos de su raza, en la Revolución de 1868, los Maceo, Guillermo Moncada, Quintín Banderas, Flor Crombet, etc., se vuelca como un torrente en la Revolución de 1895, a luchar por la independencia nacional, por la República y para ganarse el derecho de ciudadano pleno en la misma.

Dos grandes expresiones organizativas ha tenido la población negra cubana en la Colonia y en los comienzos de la República; el Directorio Central de la Raza de Color y el Partido Independiente de Color. El Directorio fue un agrupamiento de los cabildos, cofradías y sociedades negras, que surgió a la vida en momento oportuno para orientar y defender al negro recién salido de la esclavitud, para encaminarlo por la vía de la superación cultural, del progreso y prepararlo para que interviniese preponderantemente en la Revolución de 1895.

El mambí negro y el blanco creyeron lealmente que el triunfo de la Revolución de 1895 y el establecimiento de la República traerían un nuevo clima, más democrático, más igualitario que el que privaba cuando la Isla estaba sometida al yugo de España.

Esta concepción idealística fue derrumbada por la realidad republicana. El espíritu colonialista continuó privando en la patria liberada, los prejuicios raciales se exacerbaron, el negro fue relegado a un rincón en su tierra, en su patria que tan bizarra y desinteresadamente había contribuido a liberar.

Los partidos políticos no tuvieron en cuenta sus derechos; la primera constitución los escamoteó; las ambiciones desmedidas empañaron un tanto el historial de muchos patriotas, que gobernando o aspirando a la gobernación del país, convirtieron la arena política electoral en campo propicio para luchas bizantinas, olvidando el interés común de la República, los postulados de las revoluciones redentoras y las deudas que éstas habían contraído con sus forjadores, con los libertadores blancos y negros. A la supervivencia de las taras colonialistas, se unió la influencia nefasta del imperialismo de EE.UU., en nuestro país, con sus secuelas de prejuicios raciales, factores todos que concurrieron al acorralamiento del negro.

Aun antes de haberse constituido la República, cuando la primera ocupación norteamericana, después del cese de la dominación española en la Isla, la discriminación racial enseñó sus orejas y nada menos que al general del Ejército Libertador Juan Ducassí. El general Ducassi fue discriminado en los salones del café Washington, que estaba situado en los bajos del Teatro Payret.

Hecho significativo ocurrió en la Asamblea Constituyente de 1901: aun los que quisieron asegurar la igualdad del negro en la misma se mantuvieron enmarcados en un criterio formalista, ajeno a la verdadera entraña del problema.

Ejemplos: Juan Gualberto Gómez se limitó a aceptar el principio que a este respecto consignó aquella Constitución: «todos los cubanos son iguales ante la ley, etc.», y Morúa Delgado expresó entonces las siguientes generalidades: «La República de Cuba reconocerá y mantendrá incólumes los derechos del hombre».

En 1902, recién nacida la República, se puso en franca y pública evidencia que el contenido de la Constitución de 1901, con respecto a los derechos ciudadanos, era vacío e incapaz de garantizar lo que, tal vez con sanas intenciones, sus creadores pretendieron lograr: igualdad real de derechos para todos los cubanos.

La República había heredado de la Colonia, sin rechazo, el lastre oscurantista del prejuicio racial. El obrero negro sufría la explotación por su condición racial y la de proletario. El campesino negro sin tierra o enfeudado arrastró su existencia precaria. Los ciudadanos negros fueron excluidos de los puestos públicos, aun de los más humildes, en tanto guerrilleros y funcionarios de la Colonia disfrutaban privilegiadamente de los mismos, como una ofensa no solo a la población negra, sino al sentimiento mambí. El Estado cubano fue el principal sostenedor de esta anomalía, que se ha hecho casi norma natural desde entonces hasta el presente.

En los empleos privados, el procedimiento excluyente fue más drástico: ni entonces ni ahora, el negro ha podido ocupar cargos técnicos, de administración, ni siquiera de segunda categoría, en bancos, ferrocarriles, centrales azucareros, minas, oficinas telefónicas, tiendas llamadas «ten cents», etc.

En el comercio, dominado por la burguesía comercial española, que supervivió en la República a pesar de la competencia del imperialismo de EE.UU., se mantuvo la práctica colonialista de excluir al negro como empleado de comercios de ropas, peleterías, joyerías, giro gastronómico, etc.

El negro fue eliminado del Servicio Diplomático, de la Carrera Judicial, de cargos de graduación en el Ejército. En lo cultural, privando la enseñanza religiosa sobre la laica, el negro tuvo uno de los principales obstáculos para su superación cultural.

En lo social la discriminación se mantuvo latente como en la Colonia: era un ciudadano a medias, a pesar de la Constitución de 1901 y de que ésta líricamente pretendió que lo fuera a cabalidad.

Fue entonces cuando los veteranos negros se creyeron obligados a dejar oír sus voces airadas, para denunciar, para tratar de atajar la discriminación reinante.

Ante el auge creciente del prejuicio malévolo, los libertadores se vieron precisados a crear un «Comité de Veteranos de la Raza de Color», para hacer valederos los derechos que habían conquistado en la manigua y que la República les negaba.

Gran significación cívica y patriótica tuvo el mitin organizado por los veteranos negros, que se celebró el 29 de junio de 1902, en el Teatro Albisu. Muchos veteranos blancos que no habían olvidado la convivencia fraterna de la Revolución redentora, concurrieron a este acto. El general Silverio Sánchez Figueras, uno de los oradores de aquel memorable acontecimiento republicano, refiriéndose al hecho de que en el cuerpo de policía de La Habana no se les daba admisión a los negros, expresó que dicho cuerpo estaba plagado de guerrilleros y hasta bandidos y no obstante, se les negaba a los negros el derecho a formar parte del mismo. Y Juan Gualberto Gómez, que presidió el mitin, declaró, en su turno oratorio, que en el primer cuerpo de policía de La Habana no fueron aceptados negros para evitar choques con los soldados del Sur de EE.UU., y que esto había sido convenido entre el general Ludlow, de las tropas de ocupación, y el Ejecutivo de la Asamblea de Patriotas del Cerro.

Otro caso discriminatorio que produjo gran revuelo público fue el que denunciaron los representantes Antonio Poveda Ferrer y Campos Marquetti, en 1905, y que consistió en haber devuelto unas invitaciones para una recepción en el Palacio Presidencial, que se hicieron a ellos, en su carácter de congresistas, excluyendo de las mismas a sus respectivas esposas.

Reflejo de la situación real prevalente en el campo político en estos albores republicanos, son las opiniones del diario *El Heraldo* de Cienfuegos, recopiladas por R. Senra en su libro titulado *Para blancos y negros* editado en 1907:

> Y no se nos diga que existen representantes y senadores de color que ocupan hoy puestos en el Congreso; débenlo, más que nada, a la necesidad que han tenido los partidos que hasta allí los han llevado, de presentarlos como CEBO para atraerse los votos y la confianza de los individuos que componen esa raza.

Huelga significar la razón válida que entonces, como ahora, le asiste al cubano negro para tener garantizados a plenitud sus derechos en la República.

Y es también evidente el ambiente propicio a la discriminación racial que prevaleció desde la instauración del Estado Cubano.

A todo esto hay que sumar las características abonadoras de esta pervivencia discriminativa que el primer presidente cubano en la paz victoriosa, Estrada Palma, imprimió a su gobierno.

Esta situación reaccionaria creó los gérmenes convulsivos de la Revolución de agosto de 1906, que le derribó del poder, propiciando el triunfo liberal, al que los negros de este partido habían contribuido con sus mejores arrestos, esperanzados en cambios vitales que les dotasen de ciudadanía plena y real.

La segunda intervención armada de la República por EE.UU. de Norteamérica, implicó un nuevo menoscabo para nuestra soberanía; pero la actitud del liberalismo triunfante desilusionó: resultó un fraude para los negros que contribuyeron a él y para todos los que pusieron su fe alentadora en el mismo. La conmoción psicológica de este derrumbe optimista tuvo expresión cabal en las elecciones parciales del 19 de agosto de 1908, cuando ninguno de los candidatos negros postulados por los partidos Liberal y Conservador para cargos de concejales y consejeros, resultó electo.

Esta fue la chispa que prendió la hoguera —hacía mucho tiempo en combustión— de vigilantes sectores de la población negra, dándole inicio al movimiento independentista de color.

En este marco de hechos injustos, de inconformidad se gestó la Agrupación primero y el Partido Independiente de Color, después.

Primera parte

I. Constitución de la «Agrupación independiente de color»

En el año 1908 tuvo lugar un hecho sencillo, sin trascendencias iniciales en la apariencia, que, sin embargo, más adelante, iba a tener grandes repercusiones y embargar la atención nacional, teniendo culminación trágica en una protesta armada o intento insurreccional sangriento.

Este incipiente acto, que no obstante, ya en 1908, contenía en sus entrañas los gérmenes de una de la más volcánica y persistente lucha cívica desarrollada en Cuba, fue la fundación o constitución de la «AGRUPACIÓN INDEPENDIENTE DE COLOR», en la ciudad de La Habana, la noche del 7 de agosto de 1908, en la calle de Amargura número 63, domicilio de Evaristo Estenoz, quien fungió de presidente de la reunión, actuando como secretario de la misma Gregorio Surín. El mismo 7 de agosto fijaron los organizadores de la agrupación, los rumbos primarios que imprimirían a ésta y explicaron las causas que originaban su creación, así como las razones que le asistían para optar por tal camino.

La principal causa determinante de su actitud fue el resultado de las elecciones efectuadas el 19 de agosto de 1908, que tenían como finalidad cubrir en toda la República, electivamente, los cargos de gobernadores, consejeros provinciales, alcaldes, concejales, y en las cuales, según el criterio de los independientes, fundado en hechos reales, se había hecho objeto de manifiesta preterición, «con preconcebido intento, a los candidatos de color que figuraban en las candidaturas de los distintos partidos políticos que terciaron en la lucha comicial». De lo cual, inferían los independientes de color, la siguiente conclusión:

> que la raza negra no debe esperar de los partidos el mejoramiento a que es acreedora por los servicios que ha prestado y que continúa prestando a los intereses nacionales.

En el acta de constitución de la agrupación, aparece el acuerdo que seguidamente transcribimos y que es como un esbozo o lineamiento de su futuro programa:

> Acordamos solemnemente, fija nuestra vista en la cordialidad universal, en el amor al progreso de la humanidad, en el bien colectivo de todos los habitantes que integran el territorio de la Patria, y más que todo, el respeto y la consideración mutua que por ley humana y por ley política y civil debe existir para que todos gocen de la luz del Sol en esta tierra, puedan amarse y entenderse; y recogiendo el general sentir de todos los elementos de la raza de color de toda la Isla, que nos consultan a diario, demostrando su inconformidad con el actual estado de cosas, entendemos que para llevar a la práctica una era de paz moral para todos los cubanos, presentemos una candidatura formada por hombres de color cubriendo todos los cargos electivos.

De este acuerdo, como se observa, resultan como proyecciones que se propone abrazar la agrupación, la cordialidad universal, el amor al progreso humano, al bien colectivo, el respeto y la consideración recíprocas, la fraternidad y el entendimiento común, que creen, junto a la presentación de su candidatura, fórmula necesaria para el establecimiento de una verdadera era de paz en todo el país.

En la propia acta, se apresuran a dejar aclarado que:

> Este —su propósito— no integra odio ni animadversión hacia nadie, que todos los cubanos tienen el derecho de apoyarnos o combatirnos, pero que nosotros, inspirados en una obra alta y generosa, tenemos el deber de mantener el equilibrio de todos los intereses cubanos, y que la raza negra tiene derecho de intervenir en el gobierno de su país, no con el fin de gobernar a nadie, sino con el propósito de que se nos gobierne bien.

Así, de este modo, nació a la vida cubana, hizo su aparición en la arena nacional, una pequeña agrupación política, que más tarde se transformó en partido y que despertó recelos entre los neutros y escépticos, encendiendo pasiones entusiastas entre sus partidarios y encono entre todos sus enemigos y opositores.

Surcando un proceloso mar de pasiones, esta agrupación enfiló la proa de su gallardo y audaz bergantín, hacia rumbos hasta entonces ignorados en la vida nacional y por el propio conjunto étnico a quien trató de conquistar lauros y derechos, mejor vida, no en un mundo de ficción, sino en su propia patria.

Realistas experimentados no se forjaron ilusas creencias respecto a lo que se proponían y a lo difícil de la demanda, aceptando todas las contingencias, en un duelo desigual y singular, en una batalla que duró cuatro años.

II. Primeras proyecciones

La «Agrupación Independiente de Color», ya constituida, inició vigorosamente una intensa actuación en la vida pública cubana, sin los balbuceos de quien ensaya un propósito, ni los pasos tímidos y cautelosos de quien se adentra en lo desconocido.

Nada de la vida cubana le era ignorado. Conocía plenamente la situación nacional, los diversos factores que entraban en su juego, la actuación de los partidos políticos, el papel que en ellos desempeñaba la población negra; y tenían, por encima de todo, un sentido cabal de la preterición general que confrontaba el ciudadano negro, sin que hubiese el más ligero asomo, en la actitud de estos partidos, que se inclinase a contribuir a la abolición de tan irritante discriminación.

Evaristo Estenoz, líder, organizador y presidente de los independientes, se refería, en 1908, a la situación de los derechos ciudadanos en la República y a las perspectivas que ésta tenía por delante, si los principios democráticos de la Revolución de agosto de 1906 se dejaban incumplidos.

> Prever es laborar, es preparar el porvenir incierto; y como no hay duda alguna que nuestra República fracasará nuevamente y quizás para siempre, si se persiste, por una parte de la sociedad en que vivimos, en la idea de lesionar los derechos de la otra parte, muy digna, por todos conceptos, del uso y disfrute de los suyos, por lo mismo que tiene iguales obligaciones.

Y adentrándose más en el análisis de la situación prevalente entonces, en el orden de los derechos ciudadanos, en la República, agregaba Estenoz:

> Errará grandemente quien piense que es posible conservar viejas instituciones en pueblos modernos; que es posible escarnecer y hollar perpetuamente a mansalva el derecho ajeno, resguardado por el derecho brutal de la bayoneta.

La Revolución de agosto de 1906 es cierto que derribó al gobierno reeleccionista, reaccionario y antinegro de Estrada Palma; pero sus resultados no fueron los de una verdadera revolución democrática, no obstante haber triunfado en ella el Partido Liberal, lo cual no implicó el triunfo de las ideas liberales, reparadoras, justicieras.

A Estrada Palma no le negaron méritos patrióticos ni probidad en el manejo de los fondos públicos; pero no le perdonaron su reaccionarismo y las actitudes racistas, discriminatorias, que hicieron de él un prejuicioso recalcitrante.

> No hizo más que tomar posesión de la Presidencia de la República el señor Estrada Palma —dijeron los independientes— y empezó por eliminar al elemento de color, de dondequiera que pudo hacerlo; a tal extremo, que a poco de constituida la República, la preocupación había vuelto a cebarse en nosotros, con más fuerza y en peores condiciones que en los tiempos vejaminosos de la Colonia.

La actitud de Estrada Palma, frente a la situación precaria del general Quintín Banderas, fue una de las tantas pruebas elocuentes que usaron los independientes para demostrar la fobia antinegra del primer presidente que tuvo la República. Refiriéndose a este incidente, solían decir los independientes y lo hicieron constar públicamente:

> Que Estrada Palma fue un gran patriota y un hombre honrado, no lo negamos; pero la Historia no le perdonará nunca la conducta que observara con los negros. Ahí está para comprobarlo Quintín Banderas, rechazándole, lleno de dignidad, aquella limosna de 5 pesos y aquel nombramiento de cartero que le ofre-

> ciera en premio de los eminentes servicios que aquel caudillo prestara a la libertad y a la independencia.

Ellos, los independientes, los fundadores de la agrupación, habiendo sido, en su casi totalidad, viejos liberales, se pronunciaron en agosto de 1906, no solo contra un presidente y un Gobierno, atendiendo a meros problemas de banderías. No. Para ellos, la Revolución de agosto implicaba otras trascendencias. Esta revolución tenía que traerle, y por eso lucharon en la misma, junto con la derrota de Estrada Palma y su Gobierno, la desaparición de los prejuicios raciales, alimentados y protegidos por este presidente y su obra de gobierno. Los negros liberales revolucionarios de agosto esperaban la culminación de un anhelo democrático, sin prejuicios, que no solo fue burlado, sino escamoteado a la hora de la victoria.

Además, Estrada Palma, según las opiniones de los independientes

> desgarró el programa de la Revolución, rompiendo el Manifiesto de Montecristi, hollando con su planta la Constitución y anulando con sus hechos la personalidad de la revolución cubana; y en su marcha triunfal, mirando con desdén, de arriba a abajo, negándoles justicia a los negros cubanos, para merma de la libertad y escarnio del derecho.

«Palma, no; zarza desgarradora», dijeron los independientes de Tomás Estrada Palma, a quien atribuyeron el incumplimiento de los principios de igualdad ciudadana, desde el inicio de la República; y,

> francamente enemistado con la democracia, significando su repugnancia por la igualdad y practicando indebidamente la pre-

> ocupación; negaciones estas de todos los sacrificios de los cuales teníamos que esperar satisfacciones y goces y participación por igual, los negros y los blancos.

Para los revolucionarios negros de agosto de 1906, que se marcharon a la manigua a reconquistar derechos conculcados y regresaron triunfales, la decepción que les produjo el frustramiento de sus anhelos y principios, tenía que alcanzar grados impetuosos, como estos de Estenoz:

> Las revoluciones deben ser ciegamente vengadoras, pujantes, como un torrente gigantesco que conmueve el edificio social hasta sus mismos cimientos, que bata, demuela y lo arrastre todo; que cruce por el medio social en que se agite y desarrolle como una ola inmensa, monstruosa, que sorprende, invade y barre furiosamente al ligero barco en medio del Océano.

Para los independientes, la Revolución de agosto de 1906 no fue una verdadera revolución, ya que en nada modificó la situación de las masas populares y menos la de la población negra; no obstante la gran intervención que, en su triunfo, ésta había tenido.

Producto de sus divergencias con los partidos Liberal y Conservador, por la discriminación que con sus afiliados, dirigentes y candidatos negros practicaban dichos partidos, es lógico suponer que, a la divulgación de esta anomalía, concediesen debida importancia los independientes, desde los primeros momentos de su existencia como entidad. De ahí que emprendiesen una intensa campaña por llevar a la conciencia de la población negra lo que era y lo que significaba su militancia en estos partidos. De una de sus tantas prédicas, encaminadas al logro de tal propósito, son estas acertadas líneas:

> Los entusiastas individuos que militan en los diferentes partidos en que se descompone la opinión política del país, han visto con dolor, manifestado por muchos, el resultado desastroso y contraproducente de los que cándidamente habían creído sinceridad, de los que son o parecen blancos, y han experimentado el amargo sinsabor del engaño sufrido dándose cuenta de que tan solo se les llama cubanos cuando son necesarios sus servicios para el logro de un fin, del que no se les permite tener participación.

Escribieron y expresaron, en la tribuna pública, infinitos argumentos y análisis ciertos sobre lo que era en realidad la permanencia de los ciudadanos negros en estos partidos y lo hicieron tan exactamente, que muchos de estos enjuiciamientos, se nos asemejan hoy acuarelas maravillosas, a las que no les faltan detalles de forma ni de colorido, como el siguiente cuadro expositivo de tanta verdad:

> Los hombres de color que militan en los partidos políticos no han tenido, no tienen ni tendrán *correligionarios en ellos, más que en los casos en que se proyecte una manifestación callejera, para que sean los negros los portadores de las candilejas*; para que formen los núcleos numerosos que aplaudan en los mítines; para que sean los propagandistas decididos y entusiastas de las bondades de los candidatos postulados por el partido; para que sean los agentes gratuitos y diligentes el día de las elecciones; y para conseguir tal cooperación, tan solo basta con que aparezcan, en la candidatura del partido, dos o tres nombres de individuos de piel oscura, postulados para los más humildes de los cargos que se han de votar, y que a los que se llaman jefes o directores de los negros se les encargue que desde la tribuna re-

> comienden a los suyos, a su manada, el deber que exige la disciplina del partido de votar la candidatura íntegra, por el mismo presentada, so pena de excomunión al que se atreva a infringir la ley. Lo mandó el amo por boca del agradecido ayudante y no se puede desobedecer el mandato.

* * * *

La prensa reaccionaria, principalmente la española, estuvo presente al surgir a la vida la «Agrupación Independiente de Color». *Diario de la Marina*, *Unión Española*, *El Comercio* y otros periódicos arremetieron, desde sus hostiles páginas, contra la novel agrupación. Pero los independientes ni se arredraron, ni rehuyeron la batalla. La aceptaron con dignidad, replicándoles a cuantos osaron interponerse en su camino. Refiriéndose a estos ataques, principalmente a los que provenían del colonialista *Diario de la Marina*, los independientes escribieron esta enérgica y razonada respuesta:

> claro está, dijeron ellos, que esta actitud ha de causar asombro a los viejos hombres de la vieja Colonia, acostumbrados a ver en el negro al antiguo esclavo, siempre de rodillas y disponer a su arbitrio de su vida y de su muerte y de su voluntad y de su conciencia. Los tiempos han cambiado, y ese negro que se batió, bravo entre los bravos, por la independencia de Cuba, también quiere pensar con su inteligencia, sentir con su corazón y querer con su propia voluntad.

Pero no solo fue la prensa reaccionaria y colonialista la atacante. Desde diversos ángulos surgieron las agresiones y los obstáculos, que trataron de paralizar, en vano, la marcha vigorosa de los independientes. Del seno de los partidos Liberal y Conservador, de sus mentores y dirigentes, le llegaron a la nueva agrupación diversas críticas opositoras.

El socorrido recurso del racismo fue uno de los esgrimidos por sus enemigos contra los independientes, y ellos respondieron a los mismos con conceptos aclaratorios, breves pero razonadamente medulares como el siguiente:

> No es racista la raza de color, pues negros hay conservadores, como los hay liberales, como los hay independientes.

Atacados por haber adoptado el nombre de «Independiente», que quiso ser confundido malévolamente con el de «racista» por sus enemigos, diafanizaron el motivo que les hizo tomar este nombre, apelando a los antecedentes de otras agrupaciones políticas cubanas, que se habían constituido en independientes o habían optado por su independencia; sin que entonces nadie las catalogase de racistas:

> No señalamos, por tanto —argüían los independientes— un nuevo plan en la política cubana, no abrimos nuevos derroteros ni nuevos horizontes. Somos independientes, como lo fue el grupo de O'Farrill, en La Habana —por necesidad de las circunstancias— y lo son hoy los antiguos zayistas, en Pinar del Río, al organizar una agrupación regionalista.

El origen político de la mayoría de los fundadores de la agrupación era liberal, lo que no negaron en ninguna ocasión, sino, que expresaron públicamente para que se conociesen las causas que habían determinado su independencia política:

> y lo somos —se referían a su independencia— por razón potísima de creer que los compromisos contraídos por el Partido Li-

beral para con los negros, no han tenido su legítimo desarrollo, ni menos exacto cumplimiento.

Pero para que no se confundiese su nueva proyección con una actitud de meros descontentos, sin principios ni propósitos colectivos, se apresuraron a dejar aclarada su nueva línea de conducta:

> Ya saben los partidos nuestras aspiraciones, que los negros quepan en la República, según sus condiciones como cupieron en los campos de la guerra defendiendo a la Libertad y a la Patria.

Considerándose en plena guerra con los partidos Liberal y Conservador, el 30 de septiembre de 1908 se dirigieron a los mismos y a sus pretensiones encaminadas a que abandonasen la lucha emprendida, emplazándoles de la siguiente, firme y limpia manera, que expone el criterio de hombres de principios, que sabían contra quiénes luchaban y por qué lo hacían:

> ¿Quieren los partidos políticos cubanos que la raza de color dé las siete voces de mando, de saquen de batería... el cañón... alto el fuego? ¿Quieren esto? Pues abandonen la política hasta aquí seguida; no ofendan a nadie; no causen celos; no promuevan rivalidades, no establezcan castas; no condenen al paria de ayer a triste desprecio y humillante olvido, no corrompan la constitución hasta aniquilarla; hagan, en una palabra, una política que serene todas las conciencias y evite todas las revoluciones.

Todo se conjuró en el afán de malograr los decididos empeños de estos resueltos hombres, que con visión limpia de lo que había sido el pasado oscurantista para su raza y el estancamiento en que había sido sumido el ciudadano de la misma por la arrogancia intolerable de los prejuicios, se dispusieron a modificar las normas que entonces regían la vida del negro en la República y a asegurarle a éste un futuro de progreso y de igualdad.

Sus enemigos recurrieron a todos los procedimientos y los pusieron en ejecución para hacerles retroceder. Todo lo que consideraron propicio para sembrar dudas, crear alarmas y restarle crédito a la «Agrupación Independiente de Color», fue puesto en juego desleal, ¡hasta los infundios de niños blancos robados por negros! Tan grande fue la alarma propalada a este respecto, que los independientes se vieron forzados a hacer estas declaraciones:

> Hace cinco meses toda la prensa, sin distinción de matiz político, viene publicando noticias alarmantes con aviesas intenciones, tratando de secuestros de niños blancos realizados por hombres de color que saben leer y escribir. ¿Se quiere acaso engañar al gobierno americano, presentando al elemento de color cubano como el más indigno de aspirar el aire bajo la luz purísima del Sol?

No hay dudas de que esta campaña estaba encaminada a perjudicar a los independientes. Considérese que ella se realizaba estando la República intervenida por Estados Unidos y como lógicamente supusieron los afectados, esta propaganda malévola estaba dirigida a «impresionar al Gobierno Americano con el malsano fin de arrancarle algún decreto que inutilice nuestra iniciativa para la vida del progreso».

Al mismo tiempo, hay que tener en cuenta que, cuando los independientes formularon estas declaraciones, lo hicieron pensando en que, en aquellos momentos, ellos acababan de llevar a cabo, lo que denominaron «el primer acto serio realizado por la raza de color de Cuba», y que había sido la solicitud que hicieron al coronel Enoch H. Crowder, que actuaba a la sazón como Supervisor de Estado y de Justicia y que era, al mismo tiempo presidente de la Junta Central Electoral de Cuba, consistente en que se le tuviese «en cuenta como entidad política organizada en toda la República», solicitud a la que había accedido Crowder.

Cercarle, anularle, impedirle acción legal, era el propósito de estos rumores, que ellos denunciaron como «campaña contra los negros cubanos, por medio de su prensa diaria, que ya sea liberal o conservadora está unánimemente ligada para la consecución de este avieso fin».

El primer acto público de los independientes

Ahora, observemos cómo se manifestó este empeño obstaculizador en el primer acto público que efectuaron los independientes de color. Este fue un mitin que tuvo efecto la noche del 20 de septiembre de 1908, en la Plaza de El Cristo, de la ciudad de La Habana. *La Unión Española*, prensa que no era adicta a los independientes, se vio forzada a escribir lo que ocurrió aquella noche y en aquel mitin:

> fue digna de la más severa censura la conducta de los desconocidos alborotadores que con tanto empeño obstruccionaron anoche el derecho de los manifestantes de la Plaza de El Cristo. Con gran paciencia y mucha calma hablaron sucesivamente los señores Marino Barreto, Agapito Rodríguez, Patricio de la Torre, Tiburcio Aguirre y Gregorio Surín. Los gritos de viva el Partido Liberal y viva el general Gómez lo interrumpían a cada instante.

El diario *El Mundo* hizo los siguientes comentarios sobre la actitud de los que pretendieron impedir el mitin:

> La Asamblea de ayer fue borrascosísima. La alarma y el correcorre del público se sucedían cada cinco minutos. No era posible oír a los oradores. De los grupos que se habían situado en derredor de la tribuna surgían gritos de ¡Viva José Miguel Gómez! ¡Viva Zayas! ¡Viva Morúa!, a cada palabra de los que hablaban.

No obstante, a pesar de todo lo que se hizo por exasperar a los independientes y desorganizarle su primer mitin, éstos se mantuvieron como señaló en su reseña *La Unión Española*, «serios y mesurados, exponiendo sus ideas que podrán ser más o menos fundadas; pero que expresaron con perfecto derecho, dentro de la legalidad y con un comedimiento plausible». Fue un acto «con gran concurrencia de adictos y de contrarios», comentó *La Unión Española*.

Merece ser considerado el significativo hecho de que quienes más interesados estuvieron en impedir la actuación de los independientes, fueron los dirigentes de la Coalición liberal-miguelista-zayista y los partidarios de Morúa Delgado.

A esta Coalición de los dos partidos liberales, le afectaba más que a ningún otro partido o núcleo político el movimiento emprendido por la «Agrupación Independiente de Color», siendo los más perjudicados los liberales adictos a Morúa y a la influencia de éste en algunos sectores de la población negra; máxime si se tiene en cuenta que se hallaban el país y los partidos políticos, enmarcados en el proceso electoral que tuvo culminación el 14 de noviembre de 1908.

* * * *

Las primeras proyecciones públicas de la «Agrupación Independiente de Color» señalan el nacimiento de una nueva orientación política en los núcleos más escarmentados y más conscientes de la población negra, que llegan a comprender lo que era la existencia del negro en los grandes partidos políticos de entonces, «sirviendo de portaestandartes y candilejas, vociferando por José Miguel o Menocal, que nada entienden merezcamos como turbamulta que solo sirve para la blasfemia y el escándalo», como ellos dijeron.

Estas primeras proyecciones ofrecen la evidencia de que los alertados constituyentes de la Agrupación Independiente de Color, junto al mantenimiento de hondas divergencias de principios programáticos y de procedimientos, con los partidos Liberal y Conservador; estaban disconformes con los resultados prácticos que, en el orden de los beneficios colectivos para la población negra, la democracia y el pueblo había tenido la Revolución triunfante de agosto de 1908.

Los ataques y obstáculos provenientes de los partidos Liberal y Conservador, de la prensa reaccionaria y colonialista, de todos los enemigos del progreso, que recibió la «Agrupación Independiente de Color» en los pasos iniciales, indican su envergadura en relación con los partidos y agrupaciones políticas que existían en el país y el surgimiento de una modalidad y conciencia colectiva, desconocida hasta entonces en el orden de la defensa, de la educación y orientación de la población negra y sus derechos ciudadanos.

III. Participación electoral en noviembre de 1908

La «Agrupación Independiente de Color», tuvo su primera y

única participación electoral en el proceso de las elecciones presidenciales que se efectuaron el 14 de noviembre de 1908. En solo 100 días, crearon una organización los independientes, con derecho de partido, de acuerdo con lo que prescribía al respecto el Código Electoral vigente entonces.

El objetivo principal de los independientes en estas elecciones se limitaba a obtener factor y a elegir algunos representantes al Congreso. En su boleta electoral no figuraba ningún candidato para la presidencia de la República.

> Para nuestro partido —dijeron ellos, explicando este hecho— hoy por hoy, no es un caso de indisciplina que sus miembros voten indistintamente por Menocal o por José Miguel, por quien mejor les plazca. Lo esencial nos es que salgan triunfantes para representantes nuestros candidatos.

Hábiles, con visión realista de lo que eran entonces sus incipientes fuerzas electorales y de la preponderancia que gozaban las de los partidos Liberal y Conservador, plenamente convencidos, además, de que no había posibilidad de selección entre los dos candidatos a la presidencia: José Miguel y Mario G. Menocal, de quienes tenían idénticos conceptos como futuros gobernantes, que nada harían en beneficio y utilidad para la población negra y para el pueblo, optaron los independientes por concentrar toda la atención de su campaña en la elección de sus candidatos a representantes a la Cámara y parece que se dirigieron a toda la población negra, incluso a la liberal y conservadora, diciéndole: los dos candidatos a la Presidencia de la República son iguales. Lo que nos interesa es tener algunos congresistas. Lo de la presidencia no tiene arreglo con nuestra intervención.

¿Y para qué querían la elección de sus representantes? ¿Para qué querían tener representación congresional? En el curso de este proceso electoral, la «Agrupación Independiente de Color», dio cumplida respuesta a estas interrogaciones y lo hizo en forma explícita.

> En este estado de franca descomposición política en que ha de quedar descompuesta la Cámara de Representantes de la nueva República, solo se alzará nuestra voz, comedida, mesurada, siempre posponiendo todas las ambiciones personales al bien colectivo y al engrandecimiento patrio.

Y agregaban, refiriéndose a lo que ellos denominaron «Nuestra labor en el Congreso»:

> Cuando se manche con baba asquerosa el manto sagrado de la República de Maceo, no tendremos compasión para nadie y entonces nuestro látigo flagelará despiadadamente al criminal.

Y resumiendo lo que sería su proceder en el Congreso de la República, anticipaban:

> El pueblo de Cuba, los hombres de nuestra raza pueden tener la plena confianza de que nada indigno hemos de ocultar, nada antipatriótico hemos de consentir, porque fuera del patriotismo, de la honradez administrativa y la más completa buena fe, no ha de hallar nada bueno el hombre de color, ni el pueblo productor cubano; somos, pues, elementos de regeneración y de paz. No podemos consentir el empequeñecimiento moral del espíritu patriótico en Cuba, porque entonces nos empequeñeceríamos nosotros; no podemos aceptar el imperio de la concupiscencia, porque seríamos sus víctimas.

Hay que estar acorde en que este lenguaje alcanza tonalidades distintas en medio del tropel, del concierto vocinglero de los partidos, del electorerismo prevaleciente en aquella época; y en esto radica su virtualidad meritoria: en la sinceridad, en el afán renovador.

Hacer solemne promesa de posponer, de relegar las ambiciones personales y subordinarlo todo al bien colectivo, al engrandecimiento de la Patria, fue proceder excepcional en el ambiente cuajado de utilitarismo y desdén por el bienestar colectivo, privativo entonces.

Atacar ese mal endémico de la República: la corrupción administrativa, y prometer combatirla desde el Congreso, porque era —y sigue siendo uno de los males de Cuba—, no fue una mera expresión de ocasión, electoral, sino norma nueva en la política nacional, que influyó más adelante, incluso en congresistas negros, como el general Silverio Sánchez Figueras y el coronel Lino D'ou, que habiendo sido electos, uno por la Coalición Liberal y el otro por el Partido Conservador, combatieron a tal extremo la corrupción administrativa, que Sánchez Figueras, siendo liberal zayista y componente de la mayoría del gobierno en la Cámara de Representantes, concurría en 1910 a los actos públicos de los independientes y usó su tribuna para combatir el célebre «chivo» del canje de los terrenos del Arsenal por los de Villanueva. Tanto arraigaron en la conciencia de los hombres honrados de la época, la política auspiciada por los independientes y los conceptos «bien colectivo» o «intereses populares», que Sánchez Figueras, siendo congresista, expresó públicamente con motivo de la Ley del Canje:

> Yo no estoy aquí para hacer mi voluntad, sino para reflejar la del pueblo que me honró con su representación confiando a mi honradez la defensa de sus intereses; aquí no debo hacer otra cosa que lo que el pueblo desee, que lo que el pueblo quiera, procurando por todos los medios a mi alcance su mayor bien, ya que no está en mis manos hacer su completa felicidad.

Hombres con esta honesta e íntegra orientación popular, eran los que quería sacar electos, el 14 de noviembre de 1908, la «Agrupación Independiente de Color».

El advenimiento de la «Agrupación Independiente de Color» y su campaña electoral produjeron la renuncia de numerosos miembros de los partidos Liberal y Conservador, que pasaron a engrosar sus filas.

«Rara unanimidad» denominaron ellos esta actitud asumida por quienes vinieron de los partidos aludidos a nutrir su agrupación.

El 15 de septiembre de 1908, expresaban ufanos el sentimiento de alegría que esto les produjo:

> No tenemos frases conque encomiar la actitud levantada y honrosa de todos los viriles compañeros nuestros y hermanos de raza, que al llamamiento que hemos hecho a los hombres que se sienten dignos, responden renunciando a los cargos que venían desempeñando en los comités de barrios, lo mismo del partido Liberal que del Conservador.

En el mes de octubre de 1908, consideraban los independientes lo que ellos llamaron «Nuestros triunfos», con estas palabras rebosadas de optimismo:

> Con solo cuarenta días en la vida política hemos crecido rápidamente, pues el asombro y la satisfacción llegan a nuestras propias puertas.

Pero este optimismo no era ni exagerado ni presuntuoso, sino fundado en hechos ciertos, que al mismo tiempo que señalaba los progresos, no desconocía los obstáculos que habían tenido que enfrentar y que alcanzaron todos los matices del ataque y la agresión; desde los realizados a plena luz, hasta los que rastrearon la calumnia, como ellos lo hicieron constar, refiriéndose a los mismos:

> A pesar de la salvaje calumnia —dijeron en el propio mes de octubre de 1908— que contra nosotros se levantara de un extremo a otro de la Isla, de que estamos vendidos a determinados políticos y que mucho daño nos hizo, hemos podido presentar candidaturas de representantes en La Habana y Las Villas, compuestas de elementos cultos y prestigiosos de ambas comarcas. Pero el tiempo se encargará de vengar la incalificable labor de ese hombre NEGRO, que apeló a medios tan viles para hacer fracasar la más levantada y generosa acción que colectivamente debieron realizar los hombres de color.

El hombre a quien acusaron los independientes de haberlos calumniado fue Martín Morúa Delgado. Efectivamente, no obstante la feroz campaña realizada por sus enemigos contra los independientes, éstos, firme, terca y entusiastamente, siguieron adelante y sin aflojamientos medrosos, contraatacando a sus enemigos y asidos a sus objetivos.

En dos provincias: La Habana y Las Villas, presentaron candidaturas para los cargos de representantes. La candidatura estaba integrada de la siguiente manera: AGRUPA-

CIÓN INDEPENDIENTE DE COLOR, Candidatos a Representantes.

Por La Habana: Agapito Rodríguez Pozo, Pedro Parra y Parra, José Luis Valdés, Julián Valdés Sierra, Patricio de la Torre, Evaristo E. Estenoz y Corominas, Felipe Sierra, Policarpo Mira, Alfredo D'Espaigne, Luis Vialet, Saturnino Casanova, Guillermo Pérez Sotolongo, Antonio de la Torre, José Palomino, José Jiménez, Margarito Gutiérrez, José Inés García, Lucio Figueroa, Francisco Paula Luna y Cirilo Pérez.

Por Santa Clara: Gregorio Surín, Laudelino García, Santiago Ordóñez de Hera, José Garcerán, Bartolomé Vázquez, Porfirio Morgado, Joaquín Valdés Lizama, Ramón Calderón, Pablo Cienalta, Fernando Arteaga, Francisco Martínez Milort, Antonio Hernández Portal, Santiago Quintero, Ramón García, Mauricio López Luna, Francisco Ordóñez, Agustín Campos y Rafael Luna Peralta.

Junto a esta candidatura aparecía este título o lema: LOS SOLIDARIOS EN MARCHA; y como base alegórica, la siguiente explicación:

> Candidatos postulados para Representantes a la Cámara Nacional, por la AGRUPACIÓN INDEPENDIENTE DE COLOR. Estas postulaciones significan lo que pueden el honor, el civismo, la decisión y el derecho, cuando como ahora están ejercidos por hombres libres, por hombres que tienen conciencia de sí y prestigio público bastante para no admitir que la corrupción y la maldad continúen subyugando a los que, por su condición de cubanos, tienen iguales derechos, y por este medio conquistarán la participación que la mala política hasta aquí les ha negado.

En las anteriores líneas, que sirvieron de basamento a su candidatura, llaman la atención del investigador acucioso, la proyección insistente, el acento que pusieron los independientes, en lo que consideraron su acción cívica, el ejercicio del derecho ciudadano, dirigido contra la corrupción administrativa en los asuntos públicos, los manejos politiqueros y las injusticias.

Estas elecciones, las del 14 de noviembre de 1908, tendían a acabar de normalizar la vida constitucional de la República, a restituirle sus órganos de gobierno, después del colapso sufrido por la misma como secuela de la Revolución de agosto de 1906, que junto al derrocamiento de Estrada Palma trajo aparejada la intervención de EE.UU., en nuestros asuntos, en forma de ocupación militar.

Fue tanto el laborantismo antipatriótico que circuló en aquella ocasión, en torno a si los cubanos serían capaces de gobernarse por sí solos o si requerían la tutela permanente de EE.UU., malévola propaganda realizada por los partidarios del depuesto presidente Estrada Palma, los colonialistas monárquicos españoles y antiguos guerrilleros que soñaban con la restauración de la era colonial para Cuba, bajo la corona española, que estas versiones circundaron el ambiente cuajado de incertidumbre, de carencia de fe en los futuros destinos del país.

Creencia con partidarios, era la que, anticipadamente, situaba a los presuntos derrotados en la pugna electoral del 14 de noviembre, negándose a acatar el fallo mayoritario de la voluntad popular y promoviendo una nueva revolución que lógicamente hubiese implicado la permanencia de las tropas de ocupación de EE.UU. en Cuba o la pérdida definitiva de la República, como algunos caracterizaban este supuesto.

Refiriéndose a este acontecimiento, a las elecciones del 14 de noviembre, a su importancia como proceso normalizador de nuestra vida ciudadana y a su contenido democrático, tan amplio que daba margen a que, incluso ellos, los independientes, pudiesen concurrir a la misma, como tales, expresaron los dirigentes de la «Agrupación Independiente de Color»:

> Grandioso para Cuba —se referían al día de las elecciones— porque va a demostrar a sus detractores, exponiendo sus hijos la capacidad que tenemos para asumir las responsabilidades del gobierno propio. Grandioso también para la historia de la democracia antillana, porque en medio de una sociedad blanca, ilustrada y progresista, vamos a concurrir a usar del derecho del sufragio los cubanos de la raza de color. A todos, a los blancos y a los negros, recomendamos que levantemos el corazón a la altura del amor que tenemos a nuestra madre común, a Cuba, rica perla del archipiélago antillano.

Próximo el 14 de noviembre, en vísperas de las elecciones, expresaron estas opiniones, mostrándose partidarios de que el orden prevaleciese en el acto comicial y, a la vez, anticipándose a reconocer y acatar el resultado de las elecciones, no importa el presidente que resultase electo:

> Venimos de la esclavitud, y por eso queremos ir a la libertad —expresaron entonces— lo cual no obsta para que seamos los más ardientes defensores, del orden, si el orden intentase alguien perturbarlo, llámase conservador o liberal. ¡Hombre de color, a votar! Sí, a votar y a respetar la autoridad del presidente que se dé la Nación.

El ansiado día llegó: 14 de noviembre de 1908. Los partidos, las agrupaciones políticas, los candidatos y sus agentes electorales pusieron todo su entusiasmo, buenas y malas artes, procedimientos lícitos e ilícitos en el afán de triunfar. La victoria presidencial correspondió al candidato de la Coalición Liberal. José Miguel Gómez resultó electo presidente de la República, derrotando a su oponente, Mario García Menocal, que había enarbolado la bandera en derrota del ex presidente Estrada Palma, pretendiendo convertirla en triunfadora, bandera que era símbolo de la reacción y que no había tenido escrúpulos en pasearse unida a la española en una manifestación del Partido Conservador, en Sancti Spíritus el día 28 de septiembre de 1908 (cuarenta y siete días antes de las elecciones), hecho que provocó los trágicos sucesos de aquel día con un balance de un muerto y ocho heridos.

Era la bandera que sirvió de enseña a la «Plataforma Presidencial del general Menocal», documento conservador, caudillista, que editó el candidato derrotado, como promesa de lo que haría desde la Presidencia, en caso de resultar electo para ocupar la misma...

El liberalismo, a pesar de sus lacras y actitudes demagógicas, tenía que triunfar sobre sus opositores reaccionarios contumaces y lo logró. Los humos y las fanfarrias de la Revolución de agosto de 1906, influyeron en este triunfo, así como el anhelo de renovación de las masas.

¿Y cuál fue el resultado que obtuvieron en estas elecciones los independientes? Electoralmente les fue adverso, pues no lograron la elección de ninguno de sus candidatos.

Al analizar los resultados electorales de su participación en estos comicios, olvidan al iniciarlo los principales factores que lo determinaron y lo atribuyen errónea e injustamente a la falta de apoyo, al que no les prestó la población negra, cuando en realidad la causa principal radicó en la premura con que intervinieron en este proceso electivo, con una organización raquítica, de corta existencia y carente de los medios y recursos requeridos para una tarea tan ardua y dificultosa.

Audacia y entusiasmo, así puede resumirse lo que fue nervio impulsor de su participación en estos comicios.

Ahora veamos su opinión sobre la votación de la población negra que favoreció el triunfo liberal:

> Los negros han trabajado ferozmente —expresaron— por el triunfo liberal. Han menospreciado la candidatura de la AGRUPACIÓN INDEPENDIENTE DE COLOR, la única llamada a regenerar nuestra raza.

Cuando consideran la reacción que les produjo la actitud de los negros liberales y conservadores, que los combatieron desde sus respectivos partidos, declararon embargados por la pesadumbre:

> Somos en el presente momento histórico, para una gran parte de los hombres de color, que trabajan para sí y solo para sí, la nota desgarradora que viene a conturbar la buena armonía de la República Cubana.

Pero su decepción alcanza tonos de amargos reproches, cuando alegan haber sido comprendidos por numerosos ciudadanos blancos y no por muchos negros, de quienes se duelen y a quienes recriminan:

> Mientras los hombres cultos, los cubanos blancos de alguna mentalidad —dijeron— han entendido todo el valor de nuestra obra, los negros han dudado siniestramente desde las lóbregas oscuridades de sus tenebrosas conciencias.

El estado anímico de quienes formularon estos conceptos analíticos recorre todas las gamas de la decepción, para acercarse luego a la realidad y observarla serena y justamente, haciendo exposición de fortaleza de ánimo en el camino de continuar la lucha emprendida, como en las siguientes opiniones:

> Pero he aquí —exponen— por qué nos sentimos fuertes y más animosos que nunca. Si los hombres de color hubiesen podido comprender el móvil de nuestros heroicos esfuerzos de estos días; si hubiesen sabido lo que nos costaba bregar con éxito hasta el 14 de noviembre, en que fuimos injustamente contrariados, como dura recompensa a nuestros sacrificios; si los hombres de nuestra raza se hubieran dado cuenta de nuestros trabajos, entonces ese mismo trabajo hubiera estado de más.

Esta y no otra fue la realidad. No fueron comprendidos en el curso de su breve existencia preelectoral, ni podían haberlo sido en tan reducido curso de tiempo y en una situación de recelos, agitación política y propagandística, como la que antecedió a las elecciones del 14 de noviembre.

Insisten y reconocen las causas que produjeron su votación precaria: inmadurez, que determinó incomprensión e indiferencia en la mayoría de la población negra; no se arredran ante el balance desfavorable, reaniman sus bríos, pero les obsesiona la actitud de sus enemigos negros, los que desde otros partidos les hostigan y de quienes esperan recibir los más innobles ataques.

> Por esta contrariedad —dijeron—, por el convencimiento íntimo de que la raza nuestra no está preparada para trabajar por

> su propio mejoramiento, para buscar por sí el respeto y la consideración a que es acreedora, como parte de la humanidad que contribuye al sostenimiento de la obra de Dios, si la de los hombres le negara su concurso. Por esta razón hemos de trabajar con más ahínco, aunque tengamos el profundo convencimiento de que nuestros hermanos, obcecados, tengan un momento fatal, contra nosotros se confabulen para matarnos como perros hidrófobos, a la luz del Sol o en la oscuridad de la noche.

Más que presintiéndolo, anticipándose sin saberlo, a lo que sería trágica realidad en mayo de 1912, proclaman su disposición para el martirio, si éste es requerido para su ideal, que consideran inquebrantable:

> Todo eso lo esperamos. Pero nada nos intimida —expusieron—, en nuestra marcha emprendida. Estamos dispuestos a subir el calvario, si fuere menester a beber la cicuta si a ello se nos impele; pero a lo que no estamos dispuestos es a seguir siendo cubanos negros, preteridos en todos los órdenes de la vida, sirviendo de escalones para que otros sacien sus ambiciones; a ser en la guerra, carne de cañón, y en la paz, bestia de carga.

Reafirmando su decisión de arrostrar todos los sacrificios, antes que deponer su actitud, expusieron las perspectivas, nada halagüeñas, que se les ofrecía por delante y a las que se abrazaron, consciente, plenamente, sin titubeos:

> Todo lo preferimos: el odio salvaje de nuestros hermanos de raza; la perfidia y mal disimulada intención de nuestros compatriotas blancos, que se alegran del mal que padecemos; la miseria que pudiera rodearnos; todo, absolutamente todo, antes que vivir tolerando y alentando la abyección en que vivimos.

Su participación electoral fue una dura experiencia. Las ilusiones acariciadas al calor de la vehemencia idealista de propulsores de un empeño de redención ciudadana para la población negra, se derrumbaron momentáneamente en el choque con la realidad del ambiente donde pretendieron hacerla cristalizar.

Levantaron la bandera justiciera, reparadora, para que hubiese sido acogida, calorizada por la mayoría de la población negra; pero esta mayoría no estaba aun en condiciones de agruparse junto a la misma, y siguieron el cauce que no sabían abandonar, oyendo la prédica de los politiqueros de la propia raza y peleando por los colores de otras banderas políticas, por la punzó y la azul, que nada medularmente le prometían y que nada de valía le dieron.

Pero esos mismos reveses sugirieron a los independientes nuevas ideas, renovados argumentos, para dirigirse a la población negra y alentarle, haciéndole conciencia sobre la verdadera situación que ella confrontaba y a la que le ofrecería la restitución de la normalidad republicana, después del 14 de noviembre.

> No queremos engañar a nadie —expresaron— ni engañarnos a nosotros mismos. Lo decimos muy alto: los negros cubanos no alcanzaremos nada, cuando más el triste papel de criados, carteros o vigilantes. Y complementan el criterio anterior con esta innegable verdad: Ni este gobierno —se referían al que acababa de resultar electo—, ni ninguno, le dará nada a nuestra raza, si nosotros no preparamos el terreno.

Sin pretender justificar a los independientes, a sus errores, ceñidos a la verdad imparcial, cabe señalar que, motivadas por su exaltación, a raíz del desencanto que les produjo el resultado de las elecciones, hicieron las siguientes manifestaciones, saturadas de un tono poco usual en ellos y en la que se insinúan desviaciones, que más adelante han de rectificar con las palabras y con los hechos:

> Nuestra labor no tiene término medio —manifestaron ellos—, o llegamos los hombres de color al igual que los blancos, a participar por igual de la República, o una de dos: caemos al peso mismo de nuestra obra o renunciamos para siempre a nuestra condición de cubanos, si ésta ha de tener aparejada la calidad de esclavo.

Amenaza y contradicción, tal es el contenido de las expresiones anteriores. Amenazan con renunciar a una condición: la de cubanos, que en el fondo del corazón nunca alentaron, y contradicción, porque amenazan con apelar a actitudes violentas, que entonces ni por asomo abrigaban. En sus consideraciones sobre el resultado de las elecciones fijan las perspectivas que éstas producirán al país y hacen expresión pública de que continuarán en su posición de combate, llamando a los sectores más conscientes de la población negra a colaborar con su actuación, dirigida a elevar el nivel de conciencia del negro cubano.

«Por eso quedamos en nuestros puestos —dijeron— dispuestos a seguir trabajando, esperando la cooperación de todos los nuestros, que se den cuenta de su estado de inferioridad, para que nos ayuden a sacar el resto que vive en la abyección.»

IV. Intensificación organizativa

Así puede caracterizarse la actividad organizativa que inició la «Agrupación Independiente de Color», después del 14 de noviembre. Evaristo Estenoz, Agapito Rodríguez. Gregorio Surín, el doctor José Luis Valdés, Genaro Laza, Máximo Díaz y Julián V. Sierra, a nombre del Comité Ejecutivo de la Agrupación, hicieron pública y difundieron entre sus asociados una circular fechada el 25 de noviembre de 1908, donde consideraron entre otros asuntos la importancia de emprender la más intensa actividad organizativa y propagandística.

La confianza en la población negra, en que había de comprender y disponerse a la lucha por su reivindicación ciudadana como porción de la nacionalidad cubana, confianza de la que habían dudado un tanto a raíz del 14 de noviembre, renace en los independientes y junto a esta fe robustecida resurge en ellos el afincamiento a sus empeños.

> Sabemos de que hay muchos motivos para creer que la raza de color de Cuba —señala la circular— no puede ser refractaria a su propia exaltación, y no habiendo desaparecido ninguno de los motivos y causas que informan, nuestra aparición en la vida pública, como resultado del acta de constitución levantada el 7 de agosto del año actual, 1908, quedan en pie nuestro partido, nuestra doctrina, nuestro programa, nuestras aspiraciones y nuestra firme decisión; tanto, cuanto que en estos mismos momentos nos encontramos compelidos por los muchos compromisos que con nosotros tienen contraídos todos los que aplazaban su cooperación para después del 14 de noviembre próximo pasado.

De estos compromisos o promesas que mencionan los independientes, se infiere que muchos simpatizantes o partidarios de ellos habían empeñado «la palabra», modo usual en el electorerismo cubano, con los partidos Liberal y Conservador, antes de la constitución de la «Agrupación Independiente de Color», o cuando ésta aún no se había significado organizativa y propagandísticamente.

El documento aludido, la circular, que hemos citado, concluye haciendo una apelación a los afiliados de la agrupación para que contribuyan a la consolidación de la paz moral y material de la República, al respecto a los órganos de gobierno que el país se diese y hacen a sus partidarios la advertencia de «que no participen ni se mezclen en perturbaciones, ni guerras armadas», invocando finalmente la unión de toda la población cubana y el cese de los antagonismos políticos y en general que pudiesen impedir esa unión.

En enero de 1910, mediante una circular hicieron llegar a sus comisiones gestoras provinciales y municipales el acuerdo de la Junta Ejecutiva, consistente en imprimir mayor ritmo a la completa organización del Partido, que pretendieron tener resuelta para el 15 de marzo de 1910.

Motivaban este interés organizativo, las determinaciones de la Ley Electoral vigente, que señalaban al primero de julio de 1910, fecha de elecciones para renovar parcialmente los municipios; y al 1 de diciembre del propio año de 1910, para la renovación de los Consejos Provinciales y Cámara de Representantes.

La circular hacía constar que, de acuerdo con lo que prescribía la Ley Electoral, únicamente tenían derecho a tener representación oficial en los organismos electorales provinciales y municipales, «los partidos políticos que se hubiesen ejercitado en una elección anterior», y en consecuencia solamente tenían derecho a participar en estos comicios de julio y de diciembre de 1910, los partidos Liberal, Conservador e Independiente de Color, es decir, los partidos que habían participado en las elecciones anteriores, que fueron las del 14 de noviembre de 1908.

Advierta el lector cómo la trama de esta urdimbre, que fue la actuación de los independientes, la Enmienda Morúa y mayo de 1912, se va aclarando en la medida en que nos adentramos en la consideración de los hechos, los hombres y todos los factores que intervinieron en ella.

Comprenderemos mejor el verdadero sentido politiquero de la Enmienda Morúa, si comenzamos a tener presente que solo los partidos Liberal, Conservador e Independiente de Color, eran los que tenían derecho a participar como organizaciones políticas, con derecho a postular y elegir candidatos en las elecciones de julio y diciembre de 1910.

Si unimos esta ventaja de derecho, de ley, que ofrecía la electoral, a la de organización que habían extendido los independientes a casi todo el país, es lógico suponer que la Enmienda Morúa fue una maniobra que tuvo como finalidad eliminar de la arena política nacional a adversarios respetables y en camino de convertirse en una fuerza política realmente poderosa: la Agrupación o Partido Independiente de Color.

A las actividades organizativas y propagandísticas concedieron tal importancia los independientes, tan vigoroso auge alcanzaron éstas, que con anterioridad a la discusión de la Enmienda Morúa en el Senado, que le invalidó como organización, tenía el siguiente cuadro organizativo, allá, por enero de 1910.

Relación de los Comités con los nombres de sus presidentes y secretarios, que tenían constituidos en cinco provincias y municipios de la Isla los independientes de color:

Pinar del Río

Quiebra Hacha: presidente Anselmo Sandoval; secretario Benito Larrinaga.

Cabañas: presidente Esteban Rodríguez; secretario E. Rodríguez.

San Cristóbal: presidente Víctor Morejón; secretario J. Pedroso.

Mariel: presidente Alberto Zayas; secretario José Pedroso Pretal.

Artemisa: presidente Rufino Zárraga; secretario Pedro P.

Viñales: presidente Jesús González Domínguez; secretario R. Cruz.

Pinar del Río: presidente Jacinto Morales.

San Luis: presidente Leonardo Herrera; secretario Santiago Herrera.

Esperanza: presidente Andrés Pérez; secretario Pedro P. Soler.

Guanajay: presidente Pánfilo Gandía; secretario Cayetano Nodarse.

Guanajay: presidente Leocadio Regal; secretario José Regal.

Los Palacios: presidente Panfilo Quesada; secretario Juan Ibarra Rodríguez.

Cabañas: presidente Ceferino Pedroso; secretario Carlos Milián.

La Habana

Barrio Peñalver: presidente Venancio Oliva; secretario José Isabel Matos.

B. San Lázaro: presidente Bernabé Estenoz Molina; secretario Adolfo Valdés Puig.

B. Atares: presidente Ceferino Alfonso; secretario Ezequiel Salinas.

B. Dragones: presidente Antero Valdés Espada; secretario Casimiro Fariñas.

B. Vedado: presidente Lino Aguirre; secretario Esteban Pagés.

B. Villanueva: presidente Manuel P. Morales; secretario Augusto S. Lavín.

B. Chávez: presidente Federico Remus Pérez; secretario Lucio Figueroa Delmonte.

B. del Carmelo: presidente Pedro Cabrera; secretario Manuel Cañizares.

B. del Cerro: presidente Wenceslao Echavarría; secretario Juan Santurce.

B. Pueblo Nuevo: presidente Cirilo Pérez Montes de Oca; secretario Isabel Marquetti.

Guanabacoa

B. Cruz Verde: presidente Jacinto Allende; secretario Francisco Jorrín.

B. Oeste San Francisco: presidente Serafín Alimonte; secretario Valerio C. Pichardo.

Municipio de Guanabacoa: presidente Joaquín Marbosa; secretario R. Matos.

Nueva Paz: presidente Luis Balzán Ramírez; secretario Santiago Herrera.

San Antonio de los Baños: presidente José Menéndez; secretario Manuel Garro.

Alquízar: presidente Eustaquio Balaquet; secretario Isidoro Casanova.

San Nicolás: presidente José Manzano; secretario Ángel Díaz.

Batabanó: secretario Félix Cardenal.

Melena del Sur: presidente Eugenio Villar; secretario Juan Justianini.

Quivicán: presidente Bartolomé Santana; secretario R. Moreno.

Quivicán, un barrio: presidente Crescencio Pérez Suárez; secretario Leoncio Molina.

Palos: presidente Eleuterio Enríquez; secretario Melchor Torre.

Nueva Paz (Ojo de Agua): presidente José Isas Herrera; secretario José Luis Junco.

San Luis: presidente Leonardo Herrera; secretario Santiago Herrera.

Güines: presidente Florentino Mena; secretario Plácido Soler.

Santiago de las Vegas: presidente Mauricio Sánchez; secretario Policarpo Mira.

Nueva Paz (Bagaez): presidente Sixto Brindis; secretario Pablo Montes.

San Felipe: presidente Marcelino Cubiera; secretario José Isabel Herrera.

Güira de Melena: presidente Marcelino Ramírez; secretario Pedro Marquetti.

Aguacate: presidente Arcarlo Medrona.

Santa Fe (Isla de Pinos): presidente Pedro Dear; secretario Pedro Mena.

Guanabacoa (barrio Corral Falso): presidente Pedro Pablo Pórtela; secretario Salvador Balenzer.

Central Jobo: presidente Pablo Estrada Gómez; secretario Bartolomé Hernández.

Matanzas

Municipio de Matanzas: presidente Claudio Pinto; secretario Jacinto Llera.

Perico: presidente Juan Medina; secretario Simón Morales.

Jovellanos: presidente Alberto Céspedes; secretario Juan Pereira.

Colón: presidente Tomás Bori; secretario Rogelio Delgado.

Limonar: presidente Alfredo Chávez; secretario Pedro P. de Limonar.

Corral Falso: presidente Catalino García; secretario S. Sama.

Cárdenas: presidente Tomás Rodríguez; secretario Alfredo Aguirre.

Segundo barrio: presidente Juan Cartaya; secretario Carlos La Rosa.

Tercer barrio: presidente Valentín Savón Quintero; secretario José Arregayte.

Cuarto barrio: presidente Lorenzo Secades; secretario Alfredo Noriega.

Santa Clara

Municipio de Santa Clara: presidente Plácido R. López; secretario José Venegas.

Santo Domingo: presidente Valentín Ramos; secretario Jesús S. Rodríguez.

Jicotea: presidente Esteban Lima; secretario Marcelino Terry.

Remedios: presidente Cipriano Balmaseda; secretario A. Balmaseda.

Ranchuelo: presidente Zacarías Díaz; secretario Inocencio Campillo.

Encrucijada: presidente Manuel Valle; secretario Julián López.

Cabaiguán: presidente Juan Rojo; secretario Eligió Hernández.

Cartagena: presidente Emilio Estrada; secretario Carlos Sosa.

Calabazar: presidente Pedro Arteaga; secretario Julián Ortiz Gil.

Manicaragua: presidente Agustín Martí; secretario P. Menocal.

Vueltas: presidente Leongino Oliva; secretario Crispín Abreu.

Esperanza: presidente Indalecio Soto Castro; secretario Julián Valdés.

Cruces: presidente Pablo Cabrera; secretario Alfonso Calderón.

Manacas: presidente Pedro Valesa; secretario Salomé Cepero.

Sagua: presidente Joaquín Arboláez; secretario Leonardo Prieto.

Rodas: presidente José Cuéllar; secretario Severino González.

Carreño: presidente Juan Montalvo; secretario Maximino Montalvo.

Placetas: presidente Hipólito Aranguren; secretario S. Mujica.

B. del Condado: presidente Herculano Barrio; secretario Cecilio López.

B. del Carmen: presidente Felipe Valencia; secretario Jesús Silveiro.

Quemados de Güines: presidente Cecilio Mora; secretario Rafael García.

B. de Remedio: presidente Justo Castillo Flores; secretario Antonio Torriente.

B. de Esperanza: presidente Pedro Pérez Solís; secretario Severino González.

Oriente

Barrios de Santiago de Cuba

Belén: presidente Manuel Rodríguez; secretario A. Rodríguez.

Catedral: presidente Manuel Bandera Río; secretario F. Machado.

Dajao: presidente Rafael Peralta; secretario. Francisco Glayuat.

Laguna: presidente Francisco Luna y Millares; secretario José Castillo R.

Dolores: presidente Manuel Limonta; secretario Manuel Romero.

Trinidad: presidente Norberto Machirán; secretario Félix Rebollar.

Santo Tomás: presidente Primitivo Griñán; secretario Pedro Heredia.

Cristo: presidente Longino Martínez; secretario Pedro Muler.

Guantánamo: presidente Pablo Torres; secretario Antonio Zúñiga.

Barrios de Guantánamo

Mercado: presidente José Ascencio; secretario José M. Campanón.

De la Playa: presidente Severino Romero; secretario Donato de la Cruz.

Glorieta: presidente José Gallaza Fernández; secretario Gerardo Correa, Parroquia: presidente Pedro Bles; secretario Juan Parra.

Vínculo: presidente Gelasio Vulgar; secretario Pedro Salomón.

Hospital: presidente Gerónimo Vulgar; secretario Julio Hardy.

Río Seco: presidente Carlos Garcasés; secretario Julián Caballero.

Sigual: presidente Pedro Pablo Caignet.

Caridad: presidente Enrique Wilson; secretario Nicomedes Quiala.

Tiguabos: presidente Emilio Wilaon; secretario Augenio Giralt.

Alto Songo: presidente Bernardo Pacheco; secretario Estanislao Martínez.

Socorro: presidente Bernardino Puentes; secretario Patricio Puentes.

El Cobre: presidente Pascual Castillo Calzado; secretario A. Castillo.

Manacas (El Cobre): presidente. Ramón Hernández; secretario Jesús Larrea.

El Cobre (un barrio): presidente P. Rodríguez; secretario Pedro Portuondo.

La Maya: presidente Ramón Gutiérrez; secretario Calixto Vinent.

Gibara: presidente José Morán; secretario Joaquín Caisés.

Baracoa: presidente Pedro Sánchez; secretario Ramón Rivero S.

Baracoa (barrio La Asunción): presidente Rafael Rodríguez; secretario Basilio Vargas.

Dos Caminos de San Luis: presidente Juan Vera; secretario José Berriel.

En la provincia de Camagüey el Partido Independiente de Color tuvo pocos adeptos y organizativamente fue la única provincia de la Isla donde no arraigó profundamente el partido ni sus prédicas; en el resto de la Isla, la organización continuó creciendo cada vez más hasta convertirse en una verdadera fuerza' política y de combate.

V. Los Independientes y el gobierno del general Gómez

Electo presidente de la República el general José Miguel Gómez, la «Agrupación Independiente de Color» le saludó mediante una carta que en su nombre le envió el presidente de la misma, general Evaristo Estenoz. Pero la carta no se limitó a una salutación formal, sino que contenía la siguiente recordatoria inspirada en los propósitos y fines perseguidos por los independientes, y en la que entre otras cosas le decían que ellos esperaban que su exaltación a la Presidencia de la República sirviese «para la nivelación de todos los intereses cubanos y la más equitativa participación de todos los elementos étnicos que pueblan la República».

Esta carta le fue enviada a Gómez el 16 de noviembre de 1908, dos días después de haberse efectuado las elecciones en que resultó electo presidente de la Nación. La carta y menos su contenido no fueron muy del agrado de Gómez, que la contestó el 17 de noviembre de 1908, en esta forma escueta, limitada a breves palabras sin hacer mención ni promesa en lo referente a la recordatoria de los independientes:

> Mi estimado señor: He recibido su atento saludo y quedo profundamente agradecido por su atención. De usted con toda consideración s. s. José M. Gómez.

Tan pronto tomó posesión de la Presidencia de la República el general Gómez, los independientes iniciaron la crítica a los errores e injusticias de su gobierno.

El 20 de octubre de 1909, refiriéndose al desengaño que le producía el establecimiento de un gobierno liberal que en nada se diferenciaba a los conservadores en cuanto a procedimientos administrativos y de equidad, escribieron los independientes:

> Creíamos que con la instauración de un régimen eminentemente liberal, que tuviera por baluarte la popularidad de sus doctrinas y procedimientos y que se afincara fuertemente en la opinión, creíamos —volvemos a decir— que con tales garantías no se haría esperar la hora de la rectificación por parte de cuantos han sabido aprovechar nuestras energías morales para alcanzar la realización de sus aspiraciones políticas.

En noviembre de 1909, criticaron un Mensaje Presidencial, que había enviado Gómez al Congreso. De este mensaje dijeron: «Como documento político vale poco, y como literario menos». Y criticando a la prensa reaccionaria y adicta al Gobierno, escribieron censurando su actitud hacia el mensaje:

> La prensa ministerial y oficiosa, como el *Diario de la Marina* y la *Unión Española*, claro está, se deshacen en elogios pomposos en loor a la actual administración. Todo lo ven color de rosa: el país celebrando fiestas, su comercio triplicado, el lujo, la industria y la riqueza yankee refugiados en él, calificando de malos cubanos a los que pregonen que no hay confianza, que las familias pobres de Vuelta Abajo están hambrientas y que es general la angustia del agricultor, del industrial y el comerciante, como del obrero en las ciudades, y sobre todo de los obreros negros, que con el beneplácito de los gobernantes preocupados son excluidos de los talleres y sustituidos por obreros españoles.

Los independientes adoptaron una franca actitud fiscalizadora frente al gobierno de Gómez y a las promesas incumplidas de los liberales después que alcanzaron el poder.

> A los liberales los tenemos en el poder. Llegaron junto con nosotros y al penetrar en la mansión en donde se premia a los buenos y se castiga a los malos, lo hicieron cogiditos del brazo de sus congéneres los conservadores blancos, en tanto que a nosotros los negros de todos los matices nos dejaron en la puerta para que alegráramos la fiesta cantando puntos criollos al son del tiple cubano.

El anterior juicio fue emitido en noviembre de 1909, y en él los independientes hacen referencia al triunfo de los liberales en la Revolución de 1906, frente a Estrada Palma y a la actitud injusta tenida en el poder con los negros del propio Partido Liberal.

Su crítica mordaz no tuvo reposo frente a la administración del gobierno de Gómez y a los famosos «chivos» de la época.

En noviembre de 1909, los independientes hicieron un balance de los negocios tortuosos del Gobierno. Por esta revista pasaron: la venta de los terrenos de Columbia; el canje de los terrenos del Arsenal por los de Villanueva; la subvención al ferrocarril de Bayamo; la concesión al de Duboc; la prórroga del contrato con el Banco Nacional; la tolerancia habida en la apropiación de los terrenos de la Punta por la Compañía Havana Railways.

De tenaces fiscalizadores, los independientes pasaron a convertirse en el núcleo más activo de la oposición al gobierno del general Gómez. Esta lucha se arreció al finalizar 1909.

Atacaron despiadadamente a la administración pública de «Tiburón», que no solo se bañaba sino que salpicaba el oro del tesoro nacional.

> Todo se vende, es el lema de estos modernos personajes, *la de sonde marchandise pour tout le negocier* —decían los independientes de la administración de Gómez— con todo se comercia, el dolo es un gran persuasivo, las mujeres el mejor medio, la República una feria y el Poder una Mesalina, que de todo quiere y puede hacerse, siempre que produzca dinero y dinero para gozarlo en esta paz vergonzosa y ridícula para los que predican y quieren sostenerla a toda costa.

Para poner en evidencia la tolerancia del general Gómez y el favor que dispensaba desde la Presidencia de la República a enemigos repulsivos de ésta en la era colonial, escribieron los independientes:

> Y para terminar, para que a Cuba nada le faltase, Rivero, el gran detractor del honor cubano, el instigador de la Sociedad

El Cuchillo, el director del *Rayo*, celebrador de la caída del gran Maceo, ha representado a Cuba en unas negociaciones diplomáticas...

Se referían los independientes a unas negociaciones que a nombre del Gobierno de Cuba había tratado de llevar a cabo Nicolás Rivero, director del *Diario de la Marina*, y del *Rayo*, que había sido un rabioso libelo colonialista, e ideólogo de la Sociedad «El Cuchillo», que se organizó para pasar a degüello en la ciudad de La Habana a los cubanos y sus familiares que simpatizaban con la revolución independentista.

Detención, condena y prisión de Estenoz

El 6 de febrero de 1910, Evaristo Estenoz, director de *Previsión*, el órgano de prensa del Partido Independiente de Color, y presidente del partido, fue detenido bajo la acusación de haber infringido la Ley de Imprenta. La detención fue motivada por uno de los editoriales del periódico *Previsión* y por el siguiente suelto que apareció en el mismo:

Al Gobierno y a los negros de Cuba

Todo hombre de color que no mate instantáneamente al cobarde agresor que lo veje en un establecimiento público, es un miserable indigno de ser hombre, que deshonra a su patria y a su raza.

El Partido Independiente de Color solo dejará de existir cuando un negro castigue severamente matando como un perro a cualquiera de ésos que vienen a Cuba a humillar a los hermanos de Maceo, y el Gobierno lo alentare y protegiere. Ese día el Partido Independiente habrá terminado su misión evolutiva.

Este suelto apareció escrito en letra negra de diez puntos. Comentando la denuncia de que habían sido objeto por la publicación del anterior suelto, le preguntaban al presidente del Tribunal Supremo que cuál hubiese sido su actitud si en un establecimiento de negros se le vejase, solo por odio de raza; infiriendo que el presidente del Supremo habría procedido, en ese caso, de modo idéntico al que ellos indicaban en el suelto, porque según su modo de pensar, «el honor vejado no lo devuelve ningún tribunal».

Lo cierto es que este suelto constituía un llamamiento a la acción individual del negro para que castigase por su cuenta, con su propia mano, la discriminación de que fuese objeto.

Estaba saturado de un alto concepto del honor individual, que ellos predicaban para el negro, y era producto de la impotencia, de la desesperación, frente a la cruda realidad nacional del acorralamiento y la falta de medidas gubernamentales, congresionales y jurídicas, que frenasen o impidiesen la práctica del prejuicio racista.

En realidad, ellos olvidaron, aunque quizás momentáneamente, que la acción colectiva, y no individual, era a la que había que confiar el éxito de su actuación antidiscriminativa y que además era la única correcta como método de lucha.

Los independientes fueron, en los primeros tiempos de la República, los que más alcanzaron ver con sus pupilas alertas la realidad que ha sido y continúa siendo la existencia del negro en Cuba. Quisieron resolver esta situación poniéndole coto a la discriminación racial, lucharon desesperadamente por nivelar tanta desigualdad y frente a lo inalcanzable de su empeño tuvieron momentos de desesperación y predicaron la justicia individual y violenta.

Sin embargo, observad cómo aun arrebatados por la ira, cómo aconsejando la violencia individual, no se obcecan al grado de indicarla frente a todos los casos sino que la señalan y precisan cuando exponen «matando como un perro a cualquiera de ésos que vienen a Cuba a humillar a los hermanos de Maceo», y esta particularización no es casual sino que obedeció a que los extranjeros propietarios de establecimientos, principalmente los norteamericanos, eran los que entonces mantenían más crudamente el prejuicio racial en los mismos, negándoles servicio y en forma vejaminosa a los ciudadanos negros.

El asomo de amenaza que apareció en el suelto, ellos lo explicaron como condicional sobre lo que pudiera ser su actitud en el caso de que un ciudadano negro matase a un extranjero que lo vejase; y el gobierno de Gómez, lejos de no intervenir en el asunto, castigase al matador del discriminador; y la referencia a terminar «su misión evolutiva» es la expresión de la política de paz y dentro del marco de la Ley que habían proclamado y que practicaban.

Esta norma de conducta pacífica y su interés en hacerla conocer con frecuencia que adoptaron los independientes tiene su explicación en el rechazo general que sentía el país por las revoluciones y revueltas, después de la Revolución de 1906.

Y estos hombres, este Partido, que embargados por las dificultades que les rodearon, pregonan la acción individual y violenta y amenazan con abandonar su actitud evolutiva, pacífica, se declaran partido de gobierno.

> Somos —declaran— Partido de Gobierno. Pero no es óbice para que nos comprometamos con lo que éste haga mal. No. Fiscalizaremos sin temor todo lo que sea fiscalizable. No crea

> nadie que por el hecho de no estar disfrutando del presupuesto nacional, no somos elementos de gobierno. Lo somos, porque estamos dispuestos a sostenerlo para que se nos gobierne bien.

En término del electorerismo, de la politiquería cubana, no se puede admitir que los independientes fuesen partido de gobierno, a pesar de que en ocasiones como la señalada llegasen a proclamarlo.

Tampoco se pueden catalogar como contradictorias estas expresiones en relación con su actuación frente al gobierno de Gómez. Ellos fueron un partido de oposición a la administración gomecista y a la actitud de ésta frente a la igualdad ciudadana del negro, que Gómez ni siquiera intentó resolver.

Cuando ellos señalaron que eran un partido de gobierno, más bien parece que quisieron expresar que, aunque fiscalizaban, criticaban y se oponían a la mala administración e injusticias del gobierno; no eran contrarios por oposición sistemática al mismo y su finalidad no era la de luchar por su derrocamiento como era usual en las oposiciones de la época; de los conservadores y de los liberales tenían la misma opinión y por entonces su línea táctica era que se les «gobernase bien».

¿Qué clase de Partido de Gobierno —en el sentido interpretativo que a este término se le daba en la política cubana— eran los independientes? ¿Criticando, combatiendo, oponiéndose a Gómez y su gobierno pudieron ser partido de gobierno los independientes de color?

Precisa hacer estas explicaciones para resolver las dudas a que pudiese prestarse este error de formulación de los independientes.

El mismo día que proclamaron ser partido de gobierno, 5 de febrero de 1910, respondían a la acusación que por injurias les había hecho el propio Gómez de este modo:

> ¿La verdad injuria? Razón teníamos al decir que esta sociedad tiene el sentido moral perdido. ¿No sería mejor que el general Gómez tratara de probar al pueblo de Cuba que no es cierto que se gasta 70.000 pesos en desmoralizar, en infringir la Constitución? La Ley dice: ningún empleado podrá percibir dos sueldos del Estado. Y sin embargo, ¿cuántos no están devengando crecidísimos sueldos como empleados y como esbirros? Si esto no es una inmoralidad que el general Gómez consiente, que venga Dios y lo diga, que pruebe la legalidad de esos empleados de la Secretaría de Agricultura que cobran más de un cuarto de millón de pesos sin trabajar y sin que nadie lo conozca.'

Y agregaban a estos ataques lo que consideraron su línea de conducta:

> Estaremos siempre en la defensa del pueblo allí donde más peligro haya, porque no buscamos utilidad personal sino el bienestar de la República.

¿Qué partido, qué líder político habló entonces en este lenguaje? Por esta actitud, Evaristo Estenoz fue condenado el 6 de febrero de 1910 a sesenta días de prisión, por infracción de la Ley de Imprenta. El 11 de febrero del propio año 1910, fue condenado por otro delito de la misma índole a 120 días más de prisión.

Mediante una Ley del Congreso que amnistió, entre otros delitos, los de la Ley de Imprenta, fue puesto en libertad Estenoz el 23 de febrero de 1910.

Estenoz fue esperado a la salida de la prisión por sus partidarios y llevado en ruidosa manifestación por varias calles de La Habana hasta la puerta de Palacio donde una comisión hizo entrega de una exposición al presidente de la República.

¿Qué había ocurrido del 6 al 23 de febrero de 1910? En este breve espacio de tiempo, aconteció un hecho alrededor del cual giraría a partir de entonces toda la actuación de los Independientes de Color. El 11 de febrero de 1910, había sido presentada en el Senado la Enmienda Morúa y aprobada por ese organismo el 14 de ese mes y año. La detención de Estenoz no había sido casual ni desvinculada de los propósitos que ya se incubaban de aprobar la Enmienda Morúa estando Estenoz en la prisión, de ahí que, al salir de la misma, el Partido organizase la manifestación que concurrió a Palacio a presentar una exposición al presidente de la República.

La exposición se iniciaba haciendo recordatorio a la fecha patriótica del 24 de febrero, que por su significación había sido escogida para hacérsela llegar al presidente Gómez. Hacía constar el desagrado con que el Partido había recibido el acuerdo del Senado consistente en la aprobación de la Enmienda Morúa, que era contraria a la Constitución, según su criterio, que anulaba su organización constituida en todo el país y que había sido respetada y considerada como tal por el Gobierno Americano cuando la Segunda Intervención; reiterando que aprovechaban la fecha del 24 de febrero para que el presidente de la República pidiese una rectificación al Congreso de lo que consideraron grave error; rectificación que evitaría «a la patria días aciagos».

La exposición terminaba señalando que tenían la firme convicción los expositores de que toda medida que tendiese a restringir las libertades públicas, sería «funesta y de resultados contradictorios».

Por la Junta Ejecutiva del Partido firmaban la exposición:

Evaristo Estenoz, Agapito Rodríguez Pozo, Gregorio Surín, doctor José Luis Valdés, José Ignacio García, Antero Valdés Espada, Máximo Díaz, Policarpo Mira, doctor José María Beltrán, Cirilo Pérez Montes de Oca, Julián V. Sierra, Luis Vialet, Casimiro Fariña, Rufino Peruyero, Francisco P. Luna y Joaquín López.

Tirantes, extremadamente hostiles, eran las relaciones existentes entre el general Gómez, presidente de la República, y el general Estenoz, presidente del Partido Independiente de Color.

De tal modo se agriaron estas relaciones, que un incidente ocurrido en Palacio, en ocasión de haber ido la Comisión a presentar la exposición, las puso en cruda evidencia.

Sucedió que, al enfrentarse Estenoz con el presidente Gómez, le extendió la mano saludándole cortésmente, gesto al que respondió Gómez con estas palabras:

> Yo no le doy a usted la mano, porque usted me ha ofendido a mí y a mis familiares.

Sin inmutarse, Estenoz le respondió:

> Yo no he saludado al general José Miguel Gómez; yo, cumpliendo con altos deberes políticos, vengo presidiendo esta comisión que representa la mitad del pueblo cubano y como hombre civilizado, consciente de mis deberes sociales he tendido la mano al primer magistrado de la República.

Sorprendido por esta lección de cortesía y pensando lo que

pesaba en la opinión pública la de los independientes, el general Gómez le contestó a Estenoz:

> Si eso que usted dice lo hace público, no solo le estrecho la mano sino que le doy un abrazo.

Díjole finalmente Estenoz:

> Bueno señor presidente, eso lo resolveremos en otra ocasión; hoy me toca evacuar mi misión en este acto.

Y la comisión entregó la exposición, dejando a Gómez perplejo ante tan resuelto y firme proceder, al que no estaba habituado en su diario trato con hombres de otros criterios endebles, no sustentadores de los principios y propósitos idealísticos que regían la vida y actuación del general Evaristo Estenoz.

El rencor del presidente Gómez hacia los independientes y principalmente el que le profesaba a Estenoz, se puso de manifiesto en este incidente. Gómez no pudo contener sus resentimientos y, equivocando las intenciones de la comisión que había ido a Palacio, creyó esta oportunidad propicia para dar riendas sueltas a su aversión hacia estos hombres, olvidando que era presidente de la República, actitud que le embridó Estenoz con su mesura y firmeza.

La exposición presentada por los independientes puede considerarse como el inicio de la lucha hacia la derogación de la Enmienda Morúa.

También se inició ese día la actuación táctica de los independientes que tantas especulaciones ha producido injustamente en su contra, y que consistió, como hemos observado por el contenido de la exposición, en presionar al Ejecutivo, al presidente de la República, para que influyese e hiciese rectificar al Senado, que era el único organismo que había aprobado la Enmienda, pues en esa fecha la Cámara de Representantes no la había considerado aún.

Actuando de este modo, es lógico suponer que los independientes, al llevar la exposición al presidente Gómez, pretendiesen estos tres objetivos:

Primero: Cortarle el paso a la Enmienda Morúa, anulándola en el mismo Senado.

Segundo: Impedir que ésta llegase a la Cámara y que fuese aprobada por ese organismo.

Tercero: Preparar las condiciones para que el presidente de la República se viese forzado a vetar la Enmienda en el caso de que el Senado mantuviese su acuerdo y la Cámara la aprobara.

Cabe afirmar que el Partido Independiente de Color fue un partido de oposición a la administración del general Gómez y uno de los más tenaces defensores de los intereses de la nación.

VI. Programa o introducción programática del Partido Independiente de Color

En el programa o introducción a las bases programáticas del Partido Independiente de Color, se expresaban las razones que motivaron la organización del mismo.

> Al formar, al constituir un Partido de la raza de color de Cuba, con el nombre de «Agrupación Independiente de Color», lo hacemos inspirados no en un fin ya personal, ni utilitario, no; sino, antes bien, por la razón potentísima de que amamos como

> el que más la Independencia y las instituciones democráticas que se ha dado por sus legendarias revoluciones, en virtud de las cuales es ya una nación libre y soberana.

De esta manera, proclamaron los Independientes de Color que no era el interés personal, ni utilitario, el que les movía, a la vez, que el amor a la independencia nacional y al predominio de la democracia eran razones básicas en sus propósitos.

Al expresar que Cuba era «una nación libre y soberana», más que soslayar el fenómeno de la opresión imperialista, fueron llevados por el espejismo de la época, que aún no veía claramente la merma que sobre nuestra soberanía ejerce EE.UU. con su intromisión en nuestros asuntos.

> No ha podido darse todavía —decían los independientes— el germen de la convivencia, de la armonía, de la compenetración a que nos hemos hecho acreedores, ni aún en las parcialidades políticas de tendencias afines, por la razón pueril de que los negros no hemos podido aún con nuestros esfuerzos y sacrificios conseguir la consideración moral y material de los que, siéndonos compatriotas, nacieron bajo el mismo cielo, sintiendo igual tristeza en la lucha, pero dándonos al olvido en la victoria.

Los independientes argumentaban, justamente, que una de las razones de la preterición era el hecho de que la raza no había podido alcanzar por sí misma, por su propio esfuerzo, un grado de superación capaz de lograr «la consideración moral y material» del resto de sus compatriotas en la República; pero a los independientes se les escapó señalar que la indefensión de siglos de la raza, unida a la preterición de la República, eran la causa principal de la lentitud en el camino de la superación y que ésta se realizaba titánicamente, en un campo de lucha sembrado de obstáculos por dondequiera.

Esto, es claro, impedía, impide todavía, el logro de un anhelo sentido por los negros y por los cubanos blancos despojados de prejuicios: la convivencia armónica de todos los factores étnicos que integran la nación cubana.

> Por todo lo dicho y por la experiencia obtenida, en el período transcurrido de la implantación del régimen existente, hase demostrado la necesidad de oponer a las peligrosas manifestaciones de aislamiento, de separatividad, si se quiere, una resistencia apoyada en la dignidad; sin que esto sea óbice para observar el más profundo respeto a los otros grupos políticos constituidos en que se divide la pública opinión y de consuno laborar sin tregua por hacer de nuestra Nación una República de estable, de ancha base democrática, en la que todos puedan vivir prósperos y satisfechos, sin condenar al negro a un mundo distinto.
>
> Tanto más, cuanto que son de carácter interno los problemas cuya solución demanda nuestra atención preferentemente, a fin de mantener el equilibrio, la atracción nacional, modo único de satisfacer nuestras necesidades morales y materiales, pues blancos y negros formamos patria, blancos y negros combatimos por ella en los campos de batalla y todos juntos por su bandera derramaríamos nuestra sangre si alguien osara manchar su gloria y su esplendor, a costa de tantos esfuerzos levantados.

A los párrafos anteriores de la introducción programática les huelga el comentario; mediante ellos, los independientes hacían constar tácitamente que el relegamiento de los derechos del negro en el período de la República transcurrido desde su constitución hasta 1910, exigía la creación de una organización que pusiese coto a la discriminación racial y que demandase la justicia igualitaria para el negro.

> Por eso el Partido Independiente de Color (decían ellos) cumpliendo con un deber, de los más naturales en todo ser humano —el instinto de conservación—, compelidos sus hombres por la necesidad de satisfacer las exigencias de miles de cubanos excluidos contra todo Derecho Natural y Político de toda participación en los asuntos de las cosas públicas, se agrupan, se consagran y se solidarizan, a fin de que despierte de su letargo y diga con Sócrates a los poderes de la Nación: Yo existo, luego soy.
>
> Esto es, nací en Cuba, ¡yo negro!, luego soy un ciudadano igual a ti ¡oh blanco! Dicho esto, que nos ha parecido absolutamente necesario decir, terminaremos nuestro Programa consignando que antes que todo somos cubanos, pero que esto no será óbice para que nos resignemos a vivir la vida del antiguo esclavo, y que se nos condene a un mundo distinto.
>
> Esto nunca lo admitiríamos, por no ser esta la igualdad republicana por la que pelearon Maceo y Moncada.
>
> Señalaremos las injusticias dondequiera que las encontremos, cométalas quien las cometa, así como los injustificables procedimientos que puedan seguirse contra la raza de color para tenerla sumida en la miseria y violentar su desaparición con emigraciones precipitadas.

Medularmente, la introducción a la base programática del Partido Independiente de Color tenía una amplia proyección, enfilada hacia el establecimiento de una lucha, hasta entonces inexistente, contra la discriminación racial y por los derechos del negro.

Reconocían la necesidad de echar la semilla de la convivencia, de la armonía, de la compenetración, entre todos los cubanos; pero, como ellos exponían, «esto no es óbice para que nos resignemos a vivir la vida del antiguo esclavo y que se nos condene a un mundo distinto».

La introducción a las bases enuncia los propósitos y fines del Partido. Como alegato introductor del programa o bases programáticas refleja hondamente el estado de ánimo impulsor de la integración y actividades del Partido. Afán de justicia social, reivindicación de los derechos del negro sin apartar a éste de la actuación por el mejoramiento de la nacionalidad cubana en general, son, en síntesis, las cuestiones medulares que contiene la introducción a las siguientes bases programáticas:

Bases programáticas

El «Partido Independiente de Color» se constituye en todo el territorio de la República con el carácter nacional, para mantener el equilibrio de todos los intereses cubanos, difundir el amor a la patria, desarrollar las relaciones cordiales, e interesar a todos a la conservación de la nacionalidad cubana, haciendo participar por igual en la administración pública a los nacidos en esta tierra.

La República igualitaria, soberana e independiente, sin preocupaciones de raza ni antagonismos sociales, será nuestra divisa.

Propenderemos a que figuren, en el Cuerpo Diplomático, todos los cubanos que sean dignos de estar en él, y que como asunto preferente y de urgente necesidad se nombren ciudadanos de la raza de color, para que la República esté representada cual ella es.

Somos partidarios de los Juicios por Jurados en todos los actos de justicia que tengan lugar en la República, siendo obligatorio y gratuito el cargo de Jurado.

Abogaremos por la abolición de la pena de muerte y por la creación de penitenciarias que respondan a las necesidades de la civilización moderna.

La creación de la Justicia moderna en nuestros Códigos y Tribunales será cuestión de toda nuestra actividad, pues no será posible vivir en consonancia con el progreso sin que la Justicia sea de hecho y de derecho.

La creación de barcos-escuelas de carácter correccional para los jóvenes que con arreglo a la ley no puedan sufrir condena mayor.

La enseñanza gratuita y obligatoria, y comprendidas en ella las Artes y Oficios.

La Instrucción Universitaria ofrecida a todos gratuitamente, siendo oficial y nacional.

La reglamentación de la enseñanza privada y oficial, debiendo estar al cuidado del Estado para que resulte uniforme la educación de todos los cubanos.

Creación de las Escuelas Naval y Militar.

La admisión franca y leal en el servicio militar, en el administrativo, gubernativo y judicial de la raza etiópica, para que así estén representadas todas las razas en el servicio del Estado.

La inmigración debe ser libre para todas las razas, sin hacer preferencias de ninguna. La libre entrada para todos los individuos que, dentro de las prescripciones sanitarias, vengan de buena fe a contribuir al fomento y desarrollo de la riqueza pública.

La repatriación, por cuenta del Estado, de todos los cubanos que de extranjeras playas quisieren retornar al suelo natal y carecieren de los recursos necesarios.

La creación de una ley que garantice el servicio de las empresas públicas domiciliadas en Cuba o en el extranjero; la admisión de empleados cubanos, con preferencia a los extranjeros, hasta tanto no sean nacionalizados los servicios públicos, evitando que las nuevas empresas que se establezcan en Cuba puedan ser domiciliadas en otro país.

Laboraremos para que en todo el territorio de la República sean ocho horas las que se entiendan por día laborable.

Creación de un Tribunal de Trabajo que regule las diferencias que surjan entre el capital y el trabajo.

Promulgación de una ley prohibitiva de inmigrantes menores de edad, y de las mujeres, a excepción de las que vengan en familia.

La distribución en colonias de los terrenos del Estado, o de los que adquiera para el efecto entre los cubanos nativos que carezcan de recursos y quieran dedicarse a las faenas agrícolas, prefiriendo siempre a los que no tengan aptitudes para el desempeño de destinos públicos.

Como cuestión moral, gestionaremos la revisión y fiscalización de todos los expedientes posesorios hechos efectivos que durante la primera intervención americana a la fecha se han concedido.

Aprobado y firmado por todos los miembros que pertenecen al Partido y por todos los que se inscriban.

Comentarios a las Bases

Observemos detenidamente estas Bases. Ellas contienen cinco grupos de reivindicaciones principales: nacionalistas, derechos ciudadanos de la población negra, obreras y campesinas, instrucción pública o educación, jurídicas; y una reivindicación aislada de carácter militar.

El nacionalismo de los independientes se expresa en estas bases en forma de reivindicación cuando abogan por mantener el equilibrio de todos los intereses cubanos; que es al mismo tiempo una formulación de igualdad ciudadana, también cuando consideran necesario difundir el amor a la patria, «la conservación de la nacionalidad cubana», y lo que ellos adoptaron como divisa: LA REPÚBLICA IGUALITARIA, SOBERANA E INDEPENDIENTE, SIN PREOCUPACIONES DE RAZA NI ANTAGONISMOS SOCIALES. Otra reivindicación nacionalista es la referente a la «admisión de empleados cubanos con preferencia a los extranjeros», que además de propugnar la nacionalización del trabajo y de los servicios públicos, estaba dirigida a amparar al trabajador nativo, principalmente al negro, y estaba enfilada contra los restos del colonialismo, que había sido favorecido grandemente por el gobierno de Estrada Palma, el que, incluso, mantuvo ocupando puestos públicos a hombres odiados de la colonia.

Otra medida nacionalista que aparece en las Bases es la que se encaminaba a lograr la repatriación de todos los cubanos residentes en el extranjero que, imposibilitados económicamente para hacerlo, deseasen retornar a la patria por cuenta del Estado.

El sentimiento nacionalista de los independientes no ofrece ninguna duda. Su cubanidad e ideología era clara, definida.

El africanismo o tendencia a considerarse por razón de origen racial ajeno a la nación cubana, o separados de ella, de su destino, no aparece ni se refleja en su programa ni en ningún pronunciamiento de los tantos que hicieron en la vida pública al respecto.

Si enfrentamos la cubanidad de los independientes con la desviación típica del movimiento internacional por los derechos del negro: el movimiento garvista, que predicaba en EE.UU. el retorno de los negros al África, la diferencia a favor de los justos puntos de vista de los independientes es extremadamente ostensible.

En tanto el movimiento garvista agitó y trató de imponer su consigna: «¡Vuelta al África!» no solo en EE.UU., sino en otros países, incluyendo al nuestro, los independientes hicieron todo lo opuesto, es decir, abogaron por el regreso a nuestro país de todos los cubanos, blancos y negros, que entonces se encontraban en el extranjero.

Como cubanos pensaron y actuaron los independientes y como tales trataron de encontrarles solución a los problemas de la población negra y de los cubanos en general.

La jornada de ocho horas de trabajo al día; la distribución de las tierras del Estado o las que éste comprase para ese fin; la revisión y fiscalización de los expedientes posesorios de tierra existentes hasta entonces (1908); el establecimiento de un tribunal que regulase las diferencias que surgiesen entre patronos y obreros, comprendían las principales reivindicaciones obreras y campesinas de la Base programa de los independientes.

Entre éstas, resaltan por su importancia la jornada de ocho horas, el reparto de tierras y la reconquista de la tierra, nativa.

Más adelante comprobaremos que los partidos nacionales que existían entonces: Coalición Liberal y Partido Conservador Nacional, ni por asomo se atrevieron a incluir en sus programas estas reivindicaciones. Solo las agrupaciones socialistas y los gremios obreros de la época propagaban y demandaban estas consignas.

Partido defensor de los derechos ciudadanos de la población negra, el Independiente de Color, con clara visión de la realidad nacional, comprendió que estas reivindicaciones eran propias, naturales de la población negra en su mayoría o casi totalidad trabajadora de la ciudad y del campo, obrera y campesina.

De la Justicia, sus instituciones y de los hombres encargados de administrarla, tenían los independientes un concepto nuevo, lejos de los procedimientos arcaicos de la Colonia, que aun privaban en la República. Los juicios por jurados eran unos de sus principales propósitos innovadores jurídicos, que no se limitaron a incluir en su programa sino que defendieron de este modo:

> Dado que esas Cortes, verdaderos Tribunales relámpagos, son contrarias a la idiosincrasia, al modo de ser de nuestro pueblo, establézcase en Cuba de una vez y para siempre la institución del JURADO, organismo genuinamente popular y democrático, y cuyos procedimientos solo obedecen a la equidad y no al capricho, dando tiempo y espacio a la acusación y a la defensa.

Al argumentar de este modo contra los juzgados correccionales en 1908, el criterio de los independientes se fundaba justamente en los abusos arbitrarios que en ellos se practica aún.

Una justicia impartida por jueces prejuiciosos donde los negros no tenían un solo representante, era lógico suponer que siempre la razón estaba en su contra del lado de estos jueces; el jurado con su carácter popular y democrático sigue siendo en Cuba una innovación jurídica necesaria, así como la incorporación plena, sin restricciones, del negro en la carrera judicial.

La abolición de la pena de muerte, que fue incluida entre los preceptos de la Constitución de 1940, fue otra de las reivindicaciones jurídicas de los independientes: ¿razones que tenían para abogar por la abolición de la pena de muerte? La primera era esencialmente humana; la segunda: el hecho, los antecedentes dejados por el presidente Estrada Palma, a quien se atribuía el indulto de la pena de muerte a los reos blancos y el mantenimiento implacable de la sentencia cuando se trataba de condenados a la pena capital de la raza negra. Sobre esta actitud de Estrada Palma, expresaron los independientes:

> Tomás Estrada Palma firmaba sentencia de muerte cuando el reo era negro mientras paseaban sus patibularias personas asesinos blancos.

Los independientes lucharon por la justicia moderna, por la modificación del Código de Justicia, sin presentir que la Ley de Orden Público de la colonia sería el medio legal que contra ellos se emplearía en la represión de mayo de 1912. Y un criterio humanitario les condujo a proponer barcos-escuelas para la delincuencia infantil a fin de no malograr definitivamente al delincuente precoz, sino para que se les educase para la vida del ciudadano.

La instrucción pública o educación ocupó una atención importantísima en el programa de los independientes y en sus campañas cívicas. Lucharon por la reglamentación de la enseñanza privada, porque ésta fuese oficial y al cuidado del Estado.

Porque la enseñanza fuese gratuita y obligatoria, tanto la universitaria como la primaria, la de artes y oficios y en general todas las ramas de la educación nacional.

Las prerrogativas de que gozan aún las escuelas religiosas, sus métodos de enseñanza arcaicos, ribeteados de colonialismo discriminatorio racial, les hicieron expresar a los independientes opiniones como éstas:

> Por ello han fracasado y fracasarán todas las iniciativas de los buenos patriotas y educadores, incluso la de los recientes trabajos de los señores Aguayo, Miró, Jover y Alcorta, relativos a organizar en Cuba las ESCUELAS MODERNAS y organizar definitivamente las Escuelas Primarias y la educación popular para la niñez y los adultos, que vienen atravesando ya la decadencia más vergonzosa en perjuicio de las clases cubanas menos acomodadas, que desean dar a sus hijos el pan de la instrucción; en tanto que prosperan, abochornando a nuestras Escuelas por falta de protección, como en los tiempos de la Colonia, los colegios de jesuitas y los fundados por extranjeros, tan protegidos por todas las aristocracias, teocracias y oligarquías.

Todo esto sucedía, según los independientes, en una situación en que se arraigaban en Cuba, contando con la tolerancia oficial, los escolapios, jesuitas y otras ramas religiosas expulsadas de Europa por «perniciosas», adueñándose de la enseñanza en todo el país.

En diciembre de 1909, decían los independientes a este respecto:

> Por ello nos hemos cansado de pedir a las Cámaras que no tengan abandonado más años ese problema de la enseñanza cubana; que creen las Escuelas Normales, que formen buenos

> maestros, que paguen bien a éstos, y que les liberte de ser instrumentos del caciquismo y de la política.

Se refirieron a la necesidad de que el gobierno mejorase los institutos, los edificios educacionales de provincias, dotándolos de jardines botánicos, gimnasios, laboratorios, etc.

Insistiendo en el abandono en que se hallaban los centros educacionales oficiales y las consecuencias que se derivaban de este abandono, expresaron los independientes en el propio año de 1909:

> Y el pueblo pobre y pueblo de color, que no tiene acceso a esos colegios protegidos por los ricos y por los traidores a nuestra democracia, será el que sufra siempre las inconsecuencias de aquéllos a quienes da sus votos para que exploten su sudor y para que esclavicen al fin sus conciencias, reanudando el calvario de la factoría.

El movimiento cívico de 1941, que tuvo como divisa «Por la escuela cubana en Cuba Libre», no fue en realidad otra cosa que la reedición de la campaña por los mismos objetivos que otras instituciones realizaron en los primeros tiempos de la República y que también alentaron los independientes.

Las mismas causas que impulsaron la lucha de 1908, y antes, en los albores de la era republicana, al subsistir produjeron el movimiento de 1941, dirigido contra las prerrogativas de que goza la escuela religiosa frente a la laica en nuestro país, y que ni la Constitución ni las leyes han resuelto en el sentido de nacionalizar y reglamentar plenamente la enseñanza privada, sin discriminación racial y sin privilegio.

Los independientes lucharon contra la escuela religiosa por discriminadora y anticubana; propendieron al desarrollo con la protección oficial de la enseñanza cubana gratuita y obligatoria; lo hicieron por nacionalismo, también porque sabían que esas medidas, al beneficiar a la ciudadanía en general, redundaban en provecho para la población negra en particular, que posibilitaba abrirle las puertas de estos centros educacionales a sus empeños de superación cultural y ciudadana.

A los independientes hay que reconocerles justamente lo que hicieron en general en favor de una nueva orientación en los asuntos de la vida pública cubana; pero a esto hay que agregar lo que realizaron plausible y meritoriamente en pro de la nacionalización y reglamentación oficial de la enseñanza en nuestro país, y también su criterio amplio, elevado, dirigido hacia facilitar el desarrollo de la enseñanza y la cultura en Cuba.

El grupo de reivindicaciones que se contrae a los derechos ciudadanos de la población negra en las Bases no ofrece en realidad una idea total de todo lo que abarcaron en este orden los independientes. Como el pilar principal de su actuación está consagrado a este empeño superador de la vida ciudadana del negro, el comentario a esta porción de las Bases Programáticas vamos a limitarlo, refiriéndonos solamente al problema de la inmigración, no sin antes considerar lo que puede justamente catalogarse como la piedra angular de la doctrina de los independientes y que ellos formularon de este modo:

> Claro está que al hablar de IGUALDAD, únicamente nos referimos a aquélla que dentro de un orden de cosas que está por encima de las pequeñeces y trivialidades humanas, rebasa la línea de las preocupaciones y es potestativa de todos los hombres que saben merecerla y saben conservarla. Hablamos de la

igualdad civil, de igualdad política y de esa otra que nace de las relaciones de cortesía entre los individuos y que se caracteriza por el respeto mutuo.

Esta era la igualdad que querían para el negro los independientes, igualdad de derechos ciudadanos, es decir, no limitada por el prejuicio de raza; igualdad civil, política y en general fundamentada en las relaciones ciudadanas y en el respeto mutuo.

¡Cuan distinto se ha querido presentar este afán igualitario para el negro proclamado por los independientes! Deformada consciente y torpemente esta fórmula reivindicadora, entonces y ahora, los discriminadores han querido obstaculizar cualquier aspiración ciudadana del negro. Unas veces se ha querido presentar esta reivindicación como una pretendida intención del negro a igualarse físicamente al ciudadano blanco, otras como una supuesta aspiración del negro a obtener el predominio de las cosas públicas de Cuba, asentando esta preponderancia en el subyugamiento de la población blanca.

En la Colonia y en la República todo empeño superador del negro encontró a estos supuestos estorbándole el camino de avance. El afán de libertad del negro esclavo, el de la igualdad ciudadana del negro liberado, encontraron estas dificultades.

Tropezaron estos empeños ascensionales del negro con la intención aviesa que más de una vez se expresó en forma de adjudicaciones impúdicas, vergonzantes, como la de atribuirle al negro obsesión por la posesión carnal de la mujer blanca o tratando de fundar una República negra para el mejor logro de estas intenciones, que ni el negro concibió ni menos pretendió realizar.

Lo que expresó Calcagno en su novelita titulada *Aponte*, lo han manifestado otros de diversos modos y maneras:

> Pero nada menos pretendía —escribió Calcagno refiriéndose a Aponte— que fundar un imperio negro sobre las ruinas de la colonia blanca, proclamándose emperador, a la manera de Dessalines, o de aquel Christophe, que a la sazón era Enrique rey de Haití; y esto se había de conseguir asesinando a todos los blancos y quedándose con las blancas, para servicios domésticos y otros usos. Rómulo, mandando matar sabinos y guardando sabinas, es un inocente al lado de nuestro Aponte.

En la República no han faltado la propaganda y los juicios discriminadores, que han querido presentar al negro pretendiendo lo que cínica y criminalmente le atribuyó Calcagno a Aponte y a sus compañeros de conspiración.

En lo concerniente al problema inmigratorio, las Bases Programáticas y la actuación de los independientes se dirigió hacia combatir la vieja tendencia de la Colonia que subsistió en la República, consistente en el fomento y aumento de la población blanca o tendencia encaminada al «blanqueamiento de Cuba», mediante las inmigraciones blancas europeas.

Fue tan escandalosa esta política del blanqueamiento de la población por el procedimiento de facilitar y favorecer las inmigraciones europeas, que en los primeros tiempos de la República le fueron cedidas al municipio de Baracoa 3.000 caballerías de tierra para «colonizar aquellos lugares con cincuenta mil individuos de nacionalidad noruega».

Está descontado que los noruegos no vinieron a ocupar esas tierras y que las mismas fueron vendidas más tarde a una compañía azucarera de EE.UU., sirviéndole de base al municipio de Baracoa para un jugoso negocio.

En diciembre de 1909, la alarma de los independientes con respecto al problema inmigratorio alcanzó su más elevado tono de protesta. Según ellos, en ese mes había llegado a Cuba el más grande contingente inmigratorio en barcos fletados expresamente para ese fin; a tal grado, que en una sola semana habían arribado a nuestras playas diez mil inmigrantes procedentes de las Islas Canarias, «clasificados, admitidos como blancos», que llegaban arrollando al trabajador nativo y principalmente al negro.

Los independientes concluían expresando que esas inmigraciones no tenían otro objetivo «que hacer el país rico en habitantes blancos y hacer ricos a los blancos con producción barata».

Las Bases comparadas con los programas del Partido Liberal y Conservador. A simple ojeada se observa que estas bases programáticas eran altamente progresistas y superiores en todos los órdenes al «PROGRAMA DE GOBIERNO DE LA COALICIÓN LIBERAL» y a «LA PLATAFORMA DEL GENERAL MENOCAL».

Del programa de los liberales tenían los independientes la siguiente opinión:

> Es el programa de los liberales un notable documento bonitamente escrito y maduramente pensado. Leyéndolo, cree el más pesimista asegurado el porvenir de Cuba. Pero si nos fijamos detenidamente en él, todo se reduce a lo que Shakespeare pone en boca de uno de sus personajes: Palabras, palabras y palabras.

Este enjuiciamiento del programa de la Coalición Liberal,

que vio la luz pública el 22 de septiembre de 1908, es certero.

En este extenso y ampuloso documento se hallan perdidos, casi imperceptibles, los principales problemas de interés y beneficio popular. Ejemplo: lo concerniente a los derechos ciudadanos aparece en la primera parte de este programa expresado de este modo vago, impreciso:

> con una interpretación constitucional buena los cubanos todos se sentirán respetados y con iguales derechos.

La «buena» interpretación que siempre se ha dado a nuestros derechos constitucionales, principalmente a la parte contentiva de los derechos ciudadanos, es tan ampliamente conocida, que hoy, provoca la risa esta promesa que hizo al pueblo un partido que aspiraba al gobierno del país y que logró su aspiración gubernamental.

En otras de sus porciones, el programa de los liberales hizo referencia al mismo asunto y con idénticas promesas:

> seguro disfrute de todos los derechos por igual, sin que haya preferencia de clases, o de razas, y sin funestas divisiones de privilegiados y desheredados.

Todo muy bonito, como apuntaron los independientes; pero en el fondo puras generalidades, consignaciones abstractas, nada que acusase viso de posible realización, por lo brumoso e impreciso de la intención y del hecho programático.

En lo social, las medidas que abarcaba el programa liberal no iban mucho más lejos:

> No tenemos una legislación social como la tienen ya todos los países —reconocía el programa—; debemos crearla, con amplias ideas, sin miedo injustificado y sin recelo, pues las cuestiones sociales no pertenecen a una sola clase sino a la humanidad.

Y señalaba más adelante el programa:

> Debemos crear una Oficina del Trabajo. Regular el de la mujer y del niño y evitar en lo posible el trabajo nocturno.

Ni como lejana promesa aparece en el programa liberal la jornada de ocho horas de trabajo al día ni otras reivindicaciones populares, como medidas contra los ladrones de tierra y amparo a los campesinos. Todo se resumía en este programa a demagogia de ocasión y limitada a proteger a los dueños del Partido y a sus intereses económicos y políticos.

«La Plataforma del general Menocal», documento de marcado carácter caudillista, no se diferenciaba, en extensión y vaguedad, al programa liberal.

Más conservador, más reaccionario, las referencias al «respeto a las leyes», al «principio de autoridad», etc. de que tanto abusó Menocal, aparecen tan insistentemente en la plataforma, que más que un manifiesto electoral parece una confesión de mala fe, una anticipación, que no se oculta de las proyecciones de un hombre que en el poder y fuera de él, usó de la prerrogativa de gobernante y caudillo político para oponerse a muchas tendencias de progreso del pueblo cubano.

Bajo el epígrafe «Con todos y para todos», aparece el criterio del general Menocal sobre los derechos ciudadanos consignados en estas palabras:

> El primero de los fines que se propone, y el primero por tanto, de mis empeños, será asegurar a todos los ciudadanos el goce igual de los derechos que la Constitución les reconoce; sin que por ningún concepto se establezcan entre ellos diferencias, por razón de sus antecedentes políticos o de su procedencia en la vida civil ni en la política.

¿Eran la procedencia en la vida civil y en la política, las únicas que podían producir diferencias entre los ciudadanos y el vulneramiento de la Constitución? ¿La diferencia más honda entre la ciudadanía, no era, no continúa siendo la manifiesta desigualdad ciudadana de la población negra y la económica, la de clases? ¿Por qué se elude, en la Plataforma del general Menocal, esta cuestión? ¿Por qué se ocultan con un velo sutil de vaguedad? Las causas determinativas de estas expresiones de hojarasca las encontraremos más adelante.

> La igualdad civil y política tiene que ser completa o no es tal igualdad: no consiente exclusivismos ni prescripciones, reservas legales ni mentales, señala esta plataforma y seguidamente expresa: Igualdad perfecta de todos los ciudadanos ante la Ley y ante los comicios; respeto cordial y sincero para el extranjero, especialmente para ese crecido número que en nuestro país, necesitado de población, se avecina y se arraiga unido en su mayor parte por estrechos lazos de origen, tradición e interés a nuestro pueblo.

Aquí está la clave que descifra la incógnita de la actitud de Menocal. Estamos en presencia de la Plataforma Electoral de un partido cubano, que expone públicamente lo que será su actuación desde el gobierno y en la que no aparece una sola palabra referente a los derechos ciudadanos del negro, a la solución de la convivencia armónica de todos los cubanos, sin distingos ni exclusivismos por motivos raciales. Pero esta omisión no es ni inconsciente ni inocente. El extremado cuidado que pone la Plataforma demandando respeto y cordialidad para el extranjero, principalmente para los procedentes de Europa y en primer término para los españoles, el hecho de que la Plataforma se refiera en forma particular al favorecimiento de esta inmigración en uno de sus epígrafes, el de «La Inmigración», acusa una tendencia mareada de lo que ha sido vieja, torpe y malévola política en Cuba: el blanqueamiento de nuestra población, facilitando las corrientes inmigratorias europeas sin freno y en perjuicio de la población negra, sin amparo, acorralada.

Se puede aseverar que, forzado por el programa de la Coalición Liberal, Menocal se viese obligado a considerar en su Plataforma lo concerniente a «las clases obreras». ¿Y cuáles son las medidas favorables al proletariado que allí se señalan? Veámoslas:

> No se muestra indiferente nuestro programa a las clases trabajadoras, y contiene dos aspiraciones a cuya realización habré de consagrar con verdadero empeño mis esfuerzos: la difusión de la propiedad individual entre los trabajadores mediante la adquisición para dicho fin, ora por los Municipios, ora por el Estado; tenemos que urbanizar en la medida que consienta la situación financiera y la enajenación en condiciones especiales de bienes de dominio fiscal, donde sea practicable, y una Ley que, sin incurrir en exageraciones e inspirándose en el ejemplo de grandes naciones industriales y mercantiles, tienda a mejorar las condiciones morales y materiales del obrero, favoreciendo la extensión de las escuelas nocturnas y dominicales, protegiendo a la mujer, al niño y a las sociedades de seguro contra

> accidentes del trabajo, o a favor de la ancianidad, la formación de Juntas arbitrales para dirimir las diferencias entre patronos y obreros, cuando a ellas se sometieren, y la fabricación de casas higiénicas; ley que sin lesionar los derechos ni atropellar los legítimos intereses del capital ofrezca a los menesterosos facilidades y estímulos para mejorar su condición.

Detengámonos en primer término a considerar las «dos aspiraciones» que movieron las promesas programáticas de Menocal en favor de los obreros. La primera, «la difusión de la propiedad individual», ofrece la adquisición de terrenos, pero no determina la forma práctica en qué y cómo se harán las construcciones de las casas, ni especifica las condiciones en que éstas les serían entregadas a los obreros.

La segunda promesa, o sea «una ley», que sin incurrir en exageraciones contribuiría a mejorar las condiciones morales, materiales, educacionales del obrero; a favorecer a la mujer y al niño; a proteger no al obrero contra los accidentes del trabajo sino a las compañías encargadas de hacer los seguros; a proteger a la ancianidad y a la creación de juntas de arbitraje, a facilitar y estimular el mejoramiento de las condiciones de vida de los menesterosos, ofrecimientos todos que llevan implícitos la condicional de que la Ley no «lesione» ni «atropelle» los legítimos intereses del capital.

Observad lo falaz, demagógico y conservador, que caracteriza el contenido de estas promesas incluidas en la Plataforma del general Menocal. En ella no aparece ni la más ligera mención a reivindicaciones como la jornada de ocho horas, aumento de salarios ni ninguna otra realmente encaminada a beneficiar a la clase obrera. Partido de terratenientes y latifundistas, cuyos caudillos estaban al servicio y en estrechas relaciones con las grandes empresas y propietarios de tierras extranjeros, el Conservador Nacional y su principal caudillo no podían propender a medidas que perjudicaban sus intereses de clase, como reparto de tierras y la reconquista de las del Estado, mal habidas por los geófagos.

El atropellamiento en que aparecen en la Plataforma las promesas que se hacen a la clase obrera, respira conservadurismo, engaño, sin adornos, fórmulas abstractas para salir del paso en un apuro electoral, en que tal vez, aun contra el criterio interno de sus autores, se ven obligados a expresarlas presionados por las circunstancias políticas de ocasión y que en el fondo pugnan con sus verdaderas intenciones reaccionarias, reacias en realidad a considerarlas seriamente.

Hubo tanta torpeza en los constructores de esta Plataforma, que olvidaron cubrir un detalle acusatorio: el confiar a una sola ley el abarcamiento de tantos problemas.

De este modo, considerando con tan marcado parcialismo los problemas populares, sociales y del negro, fue como quisieron Menocal y José Miguel Gómez ganarse el apoyo de la clase obrera y de la población negra, en las elecciones del 14 de noviembre de 1908.

VII. La enmienda Morúa

La determinación congresional que más trágicas consecuencias le ha producido a la República, es, sin lugar a dudas, la enmienda que lleva el nombre del extinto senador Martín Morúa Delgado.

Esta medida legislativa, principal causante de la protesta armada realizada por los independientes de color en 1912, aunque generalmente se le denomina ley, no es en realidad sino una enmienda que presentó Morúa durante el curso de una ley discutida por el Senado, que modificó varios artículos de otra ley: la electoral que regía entonces.

El proyecto de ley modificativo de los artículos de la mencionada Ley Electoral, fue presentado al Senado por los miembros de ese cuerpo colegislador Antonio González Pérez, Martín Morúa Delgado y Tomás A. Recio.

Este proyecto de ley fue aprobado por la Comisión de Justicia y Códigos del Senado el 10 de febrero de 1910; y presentado al pleno senatorial en forma de ponencia por Antonio Sánchez Bustamante, en la sesión del 11 de febrero de 1910, que fue la que inició el debate en torno a ella.

La sesión del 11 de febrero conoció la lectura de la ponencia del proyecto de ley modificando la Ley Electoral, sin que hubiese habido ningún incidente de consideración durante el curso de su lectura. La lectura y aprobación de los artículos modificativos se desenvolvió normalmente.

Aprobado el proyecto de ley en su totalidad, la sesión pasó a considerar la enmienda presentada por el senador Morúa Delgado, presidente del Senado y dirigente del Partido Liberal.

El texto original de la Enmienda Morúa contenía los siguientes párrafos esenciales:

> El senador que suscribe considera contrario a la Constitución y a la práctica del régimen republicano la existencia de agrupaciones o partidos políticos exclusivos por motivos de raza, nacimiento, riqueza o título profesional, y tiene el honor de proponer al Senado la siguiente enmienda adicional al artículo 17 de la Ley Electoral:
>
> No se considerará en ningún caso como partido político o grupo independiente, ninguna agrupación constituida por indivi-

duos de una sola raza o color, ni por individuos de una clase con motivo del nacimiento, la riqueza o el título profesional.

Realmente, en el sentido estricto de la palabra, la Enmienda Morúa no tenía ninguna concomitancia o relación, con el artículo 17 de la Ley Electoral en trance modificativo. En su forma original, el artículo aludido, es decir, el 17, expresaba literalmente:

> Artículo 17. En el párrafo segundo del artículo doscientos once, se sustituirán las palabras la Junta Electoral que haya practicado el escrutinio general por las palabras la Junta Provincial Electoral correspondiente.

Ciertamente, la Enmienda Morúa no fue más que una adición al artículo 17, que pudo ser agregado o no a cualquiera de los otros artículos de esta Ley.

Tan poca relación tenía la Enmienda Morúa con el artículo 17, que «pretendió enmendar», que el senador Laguardia, que ocupaba provisionalmente la presidencia de la sesión del 11 de febrero, la abandonó para usar de la palabra y solicitar la lectura del artículo 17 de la Ley Electoral, expresando después de oír su lectura:

> Había pedido la lectura del artículo para darme cuenta de la congruencia de la enmienda, porque realmente no la recordaba, y a mi juicio, salvo mejor parecer, encuentro que la enmienda no es congruente.

Las anteriores opiniones de Laguardia ponen al descubierto el carácter, la poca relación que tenía esta enmienda con el artículo 17 de la Ley en discusión.

Morúa pretendió introducir su enmienda subrepticiamente, en forma de sorpresa, aprovechando la ocasión para obtener beneficios políticos y personales al eliminar a los independientes de la vida pública cubana.

No deja de ser significativo el hecho de que la enmienda fuese presentada en el Senado el mismo día —11 de febrero— en que era condenado a prisión por segunda vez, estando ya preso, Evaristo Estenoz, líder de los independientes.

En la explicación de su enmienda ante el Senado, Morúa trató de justificar los motivos que habían determinado su presentación ante este organismo congresional, con opiniones como la siguiente:

> En síntesis —expresó Morúa— me mueve a hacer esta proposición lo que dice el preámbulo que le he agregado, para que se vea desde el primer momento el interés que a ello me mueve. Creo perfectamente inconstitucional la agremiación política, la organización de cualquier partido, su existencia en nuestra República, siempre que ese partido tienda a agrupar a los individuos por motivos de raza, o de clase, siempre que esa clase no contenga en sí los elementos étnicos todos de que se compone la sociedad cubana.

Más adelante hizo una aclaración, bien producto de rectificación de criterios anteriores o expresión de su verdadera intención del momento, al incluir en la enmienda lo de «clase», para impedir agrupaciones o partidos de este carácter. Sea por un motivo o por otro, él hizo las pertinentes aclaraciones al respecto, que en honor a la verdad y a la justicia debemos citar:

> He tenido mucho cuidado en salvar el derecho indiscutible que tienen los cubanos —expresó M. D.— de organizar un partido obrero. No se trata de la clase de trabajadores, entre los cuales se hallan confundidos los hombres de ambas razas, y el fin que persiguen es verdaderamente democrático y moralizador.

Pero haciendo gala a esa propia verdad que anteriormente hemos puesto al lado de Morúa, tenemos que expresar que el criterio de oposición a la formación de un Partido de la clase obrera era viejo en Morúa, la prueba tácita la tenemos en los siguientes párrafos de una carta dirigida por Morúa a un líder obrero portuario de La Habana, el 15 de junio de 1903, en la que entre otras cosas le decía:

> Los obreros de Cuba no pueden, como algunos pretenden, afiliarse a un solo partido político, porque cualquiera que sea su filiación, tienen la necesidad suprema, en su clase, que los obliga a buscar en todos los programas la resolución de los problemas que a sus intereses colectivos corresponde como obreros.

Es decir, hay que creer más en lo que expresó Morúa en 1903, y mantuvo hasta 1910, como su verdadero criterio, que en la retirada táctica que hizo en su observación aclaratoria: Morúa originalmente era contrario a la formación de partidos de clase, después modificó este criterio realmente o en la mera apariencia.

Refiriéndose a la esencia de su concepción sobre las medidas contenidas en su enmienda, expresó Morúa:

> Si quisiera hubiera una doctrina nueva en cualquier agrupación, en cualquier asamblea de las que han surgido últimamente con el carácter de división de razas —Morúa se refería prin-

cipalmente a los independientes de color—, una idea nueva, algo que no se propusiesen los demás partidos, algo que no se pudiera alcanzar dentro de los demás partidos, santo y bueno...

Esta argumentación en favor de su enmienda fue irrazonada y pretendió escamotear una realidad cruda e ineludible. Los independientes de color sí tenían una doctrina nueva y lo que ellos propugnaban ni se proponían realizarlo y era más que utópico alcanzarlo mediante la gestión de los demás partidos, Liberal y Conservador, como enfáticamente aseguró Morúa.

Ahora observemos cómo Morúa trató de justificar la forzosa militancia de la población negra en los partidos Liberal y Conservador, haciendo elogios a una existente democracia en el seno de ellos para los negros:

> Desde el momento en que en cualquiera de los partidos existentes —manifestó Morúa— se le negase la entrada, el ingreso, a un individuo de color merecería para mí el concepto antipatriótico, porque vería en ello la exclusión de un elemento importantísimo del país cubano.

En los anteriores conceptos, asoma con «inocencia candorosa» la defensa a un procedimiento innato alentado por los partidos que fundamentan su existencia en el electorerismo: es decir mantener sus puertas abiertas a los electores.

¿Y qué partido iba a realizar la locura de negarle «la entrada, el ingreso, a un individuo de color», cuando su más codiciado afán era el factor electoral de la población negra? La negativa de los partidos Liberal y Conservador a los negros, no era la del simple ingreso; la limitación radicaba en no darles la proporcionalidad correspondiente en los altos cargos dirigentes, en los cargos electivos y burocráticos, a los negros que formaban en sus filas.

En el curso de su explicación ante el Senado, hubo un momento en que Morúa se tornó poético:

> Y como yo presiento el que de seguir —manifestó Morúa— las aguas por ese cauce crecería el río y nos ahogaría a todos, es por lo que intento ponerle valladares para que se destienda y riegue la campiña y fertilice el llano y haga el fruto sano y abundoso; que nos confundamos todos en todos los partidos, y que no haya restricciones para servir al país en sus partidos, y desde luego cese la existencia cualquiera que haya en el cual se pongan obstáculos a otra persona que con los mismos ideales quiera formar entre sus filas.

Esta imagen literaria, llena de contradicciones, abogó por contenes de ideas; por hacerla converger hacia un estancamiento y de allí desbordarla hacia los partidos Liberal, principalmente, y Conservador.

Ninguna restricción para militar en los partidos políticos; pero con la condición de que éstos fuesen exclusivamente el Liberal y Conservador. Todos confundidos en todos los partidos; pero todos los partidos debían resumirse solamente en dos: el Liberal y el Conservador.

Morúa enarboló el espantajo de un temor exagerado; habló de poner valladares, es decir, de limitar derechos, defendiendo la concepción de los dos únicos y grandes partidos políticos existentes entonces y excluyendo al Independiente de Color.

La vieja y retrógrada tendencia de los dos grandes partidos limitando el progreso evolutivo político y de las ideas en el país, turnándose en el poder y sirviendo de «equilibrio» en los asuntos públicos cubanos, aparece aquí expresada elocuentemente. Las nuevas ideas, lo porvenir, nada de esto entra en esta cuenta, ésa y no otra era la concepción moruísta sobre los partidos y continúa siéndola para muchas mentes retardarias, reaccionarias, enemigas del progreso.

> Yo no discuto principios, ideas, doctrinas; propáguense las que se quiera; yo tengo el hábito de no asustarme por las ideas de nadie —expresó más adelante Morúa— y aún me parece mejor desatar la vena, que salga y se precipite cuanta celebración exista; cualquier idea que venga, así parezca lo más absurdo que pudiera parecer, es, a mi juicio, conveniente que se conozca, que se discuta, que al fin y al cabo el convencimiento vendrá de una manera o de otra; pero no puede venir nada bueno para la sociedad nuestra, de las agrupaciones políticas por motivo de raza.

Morúa vertió estos amplios conceptos sobre la libertad de principios, ideas, doctrinas y propaganda.

Morúa se mostró partidario de todo lo que significase libertad de expresión para el pensamiento ideológico y político; pero lo hizo —observadlo bien— para expresar al final: «el convencimiento vendrá a la buena o a la mala, como su enmienda respecto a convencer a los independientes de color»; y para colmar sus *bondades y tolerancias* hacia todas las ideas y doctrinas, menos la existencia del Partido Independiente de Color, expresó su[1] «pero no puede venir nada bueno para la sociedad nuestra, de las agrupaciones políticas por motivo de raza».

Durante su explicación, los argumentos de Morúa se fueron tornando débiles; en el curso de la misma recurrió a

1 Sic. (N. del E.)

invocaciones sobre las luchas internas habidas en la República, olvidando que él había sido uno de los fomentadores de la Revolución de agosto de 1906. Luego pasó a referirse a un incidente sin importancia surgido en el pasado entre él y el marqués de Santa Lucía, finalizando su explicación inicial con estas palabras:

> He hecho estas consideraciones, porque he creído que debía explicar mi Enmienda, aunque creo que la Proposición dice bastante. Si se agrega ese párrafo al artículo 17 de la Ley Electoral en que trata de la organización de las Juntas Electorales, los partidos que tengan ingreso allí, como tales partidos, serán los que después han de ser reputados corporaciones con autoridad bastante para intervenir en la cosa pública; y no admitiendo a los que tengan determinada composición, a los que en su creación no lleven lo que en la Enmienda se pide, quedarán descartados como lo merecen, como atentatorios a la estabilidad de la República.

Cuando Morúa cesó en el uso de la palabra, se cruzaron frases de satisfacción recíprocas entre él y Cisneros Betancourt.

Luego Cisneros Betancourt, oponiéndose a la enmienda, expresó:

> Deshonra, si es para el Senado que aquí se toque una cuestión de razas. Yo no puedo aceptarlo; creo que para el Senado todos los individuos son iguales. La cuestión de raza la creo perjudicial e impertinente, y no quisiera que aquí en el Senado se hablase de diferencias de razas. Nosotros en la Revolución donde eran más los de color que los blancos, nunca tocamos la cuestión de razas, porque para nosotros todos los individuos que peleaban eran iguales. De consiguiente, yo suplicaría al se-

ñor Morúa que retirase su moción, porque no es posible que nosotros, la primera sociedad, la más alta sociedad de la República, podamos tratar de una cuestión perjudicialísima al país.

Un nuevo y breve diálogo surgió entre Morúa y Cisneros Betancourt. Se recordaron mutuamente cuando ambos estuvieron en el exilio y las vicisitudes que sufrieron en él, siendo compañeros y amigos, reconociendo Morúa que Cisneros era «un demócrata de pura sangre», y que lo creía incapaz de autorizar por ningún concepto nada que viniese a dividir a los cubanos.

Inmediatamente, Cisneros interrumpió a Morúa para decirle: «si no hay médicos no hay enfermos», replicándole Morúa que el médico y la medicina estaban ahí, en su enmienda; respondiéndole Cisneros que no existía la cuestión de razas como aseguraba Morúa. Seguidamente expresó Morúa:

> Lo que debemos es buscar la manera de que no exista y de que, si no por la educación hasta ahora, por lo que va a venir y por coerción de las leyes, se acostumbren los cubanos todos a pensar como piensa el señor Cisneros; cuando una cosa no nace en la escuela, desde el principio, se va implantando, como ahora sucede a medida que lo demanden las circunstancias; a ese cambio de temperatura que comenzamos a tener aquí desde que cesó la esclavitud y que hemos arraigado desde que se constituyó la República; si a eso podemos auxiliarlo con leyes que, como ésta, vengan a quitar de la mente de los que pudieran tenerla, ideas de ésas que el señor Cisneros no quiere que se traten, es conveniente que lo hagamos; no hay nada pecaminoso en ello, por el contrario: ésa es la escala para llegar a la altura en que se encuentra el señor Cisneros.

Es válido que nos detengamos ligeramente ante estas opiniones de Morúa. En ellas, los deberes ciudadanos y la fraternidad interracial son confiadas a leyes; pero leyes como su enmienda, dirigidas contra cualquier intento defensivo o reivindicador de los derechos ciudadanos del negro y no contra los mantenedores del prejuicio de raza: los discriminadores.

A la educación contra los prejuicios raciales le asignó un plano secundario, para hacer énfasis en su afán logrado: la enmienda coercitiva, que ostenta su nombre y que limitó más aún el derecho de la población negra a reclamar igualdad en el orden ciudadano.

Esta enmienda rebosa parcialismo e intención política partidarista. Morúa conocía las dos caras de la moneda puesta a discusión, en juego: una con la efigie del desdén racial, del odio de raza afectando al negro; la otra representando a la población negra y a sus ansias reivindicativas. Mas, él optó por convertirse en acusador y juez de la segunda cara de la moneda, desconociendo la primera, no por espejismo o falta de visión, sino por interés político, esgrimiendo como justificación para encubrir sus verdaderos propósitos, un peligro inexistente: la posibilidad del desarrollo del «racismo» en la población negra.

La expresión de Morúa, referente a «la temperatura que comenzamos a tener aquí desde que cesó la esclavitud y que hemos arraigado desde que se constituyó la República», fue un tácito reconocimiento a la existencia de lo irreal, de una era paradisíaca para el negro en el orden de sus derechos y la santificación como procedimiento natural de la discriminación racial.

Morúa propuso su enmienda como panacea a posibles males y Salvador Cisneros Betancourt, justamente le respondió que con ella estaba tratando de crear enfermedades inexistentes.

> Puede decirse que es axiomático —le replicó Cisneros a Morúa— que en una casa en que entre un médico todo el mundo se enferma. De consiguiente, donde no hay médicos, pocas son las enfermedades. Y yo creo que mi compañero y mi íntimo amigo el señor Morúa Delgado me complacerá no revolviendo ese caldo. No hay dudas de que en todas partes hay individuos, hay doce, quince, veinte o mil, que piensan quizás como él; pero yo niego que aquí haya cuestión de raza; no la hubo en Cuba Libre, y no la puede haber en la República de Cuba. Por consiguiente yo digo al señor Morúa Delgado, y le llamo la atención, que lo mejor es no revolver este caldo.

Seguidamente, Laguardia, que presidía la sesión, la abandonó para usar de la palabra, sustituyéndole en la Presidencia Cabello.

El senador Laguardia solicitó la lectura del artículo 17 de la Ley Electoral a la que se le proponía la enmienda, para manifestar a continuación que consideraba incongruente la enmienda de Morúa en relación con el artículo 17 de la Ley Electoral en proceso de modificación; luego hizo un relato de su oposición a la existencia de un partido con el carácter del Independiente de Color, mencionando como prueba de su desacuerdo con tal partido, una serie de artículos que sobre el problema había publicado en un periódico de Guanabacoa, los que le habían producido enemistades, disgustos y mortificaciones.

> En ellos me empeñaba en demostrar —dijo Laguardia— a la raza de color —se refería a los artículos— que no era patrióti-

co ni conveniente para ella esa tendencia. Ello no obstante, me opongo a la Enmienda, porque la considero inconstitucional; porque encuentro que no es remedio, y porque no corresponde a los principios democráticos que informan al Partido Liberal, al cual pertenecemos.

Después, Laguardia dio lectura a los artículos 25, 28 y 36 de la Constitución de 1901, que se referían a la libertad de palabra y pensamiento, al derecho de asociación y reunión, y sobre «la soberanía del pueblo y de la forma republicana de Gobierno».

Finalmente, Laguardia expresó:

Entiendo, pues, que resultaría violada la Constitución al impedirse a alguien que se constituyera en partido político para encaminarse en cualquier dirección, aun cuando sea en la de obtener el triunfo, la superposición de una raza sobre la otra. Entiendo que ése es un derecho inviolable e indiscutible, al cual no podemos oponernos. Entiendo que será una desgracia, que será muy perjudicial para la raza de color, sobre todo la formación de ese partido. Entiendo que no recibirá ventaja de ninguna clase, sino, antes al contrario, perjuicios; pero, a pesar de ello, mi respeto a la Constitución, a los principios democráticos y a los derechos individuales —aunque enalteciendo, como merece, la actitud del señor Morúa Delgado— me obligaría en este caso a votar en contra de su Enmienda.

Morúa no se arredró ante la oposición de Cisneros, Betancourt y de Laguardia.

Uno y otro, Cisneros y Laguardia, rindieron culto pleno a su fe y convicciones democráticas; en nombre de ella hablaron oponiéndose a la enmienda de Morúa. Consideraron a ésta anticonstitucional e improcedente, pero Morúa persistió en demostrar las bondades de su proposición adicional, haciendo referencia a la incongruencia que Laguardia le había atribuido a su enmienda; trató de demostrar que el artículo 17 de la Ley Electoral era el más adecuado para su adición porque encomendaba «a la Junta Central la primera de la que se habla para la constitución de todo mecanismo electoral, la admisión de dos miembros de partidos políticos en la composición de las Juntas».

Morúa creía, además, y lo expresó, que ése era el «único lugar o que, por lo menos», le «parecía mejor en toda la Ley Electoral, para definir, desde ese punto de vista, lo que debiera entenderse por Partido, a fin de que se sepa a quiénes deben admitir como representantes de ellos».

Defendiendo sin basamento razonable la congruencia de su enmienda frente al criterio opuesto de Laguardia, expuso Morúa: «porque ahí cabe y no estorba». Se refería al artículo 17, al cual pretendía agregar la enmienda.

Se pronunció en desacuerdo con el carácter de anticonstitucional que a la enmienda le atribuyó Laguardia y trató de volver el arma de la incongruencia esgrimida por su oponente, dirigiéndola contra la cita que Laguardia había hecho de los artículos 25, 28 y 36 de la Constitución de 1901, cuya mención realizada por Laguardia, estimó improcedente.

Morúa trató de alegar sofísticamente que una de las bases de su enmienda se asentaba en el artículo 11 de la Constitución, el que no «reconoce privilegios entre los ciudadanos de la República», estimando que la diferencia se establecía «con la constitución de un partido político que no admite a determinados ciudadanos, por razón de su color o de su raza».

Luego Morúa se fue adentrando en una digresión abstracta, que tuvo como pilar quebradizo la bondad de los partidos políticos, hablando de ellos en forma genérica y a quienes él caracterizó como «*sumum* (el grado sumo) de la civilización».

> En el Partido Político se discute todo, se determina todo, se buscan todas las reformas, todos los mejoramientos —dijo Morúa y agregó— es el partido político (o por lo menos tiene el propósito de ser) el árbitro de la sociedad, el que la levanta, porque ningún partido se crea para deprimir, para hacer descender a una sociedad, pues todos hacen por levantarlas.

Estas apreciaciones sobre la función de los partidos políticos de entonces, elevados a la categoría de instituciones reformadoras en el sentido constructivo y útil, democráticas, determinadoras de toda la vida de la sociedad y propiciadoras de su mejoramiento, fueron palabras vacías y atributos inexactos e inmerecidos que quiso prodigar Morúa a los dos grandes partidos de la época, y al término partido político, considerado genéricamente, sin tener en cuenta sus programas, propósitos, clases e ideologías que los mismos representaban.

Todos los partidos políticos fueron echados en un mismo saco por Morúa, que hizo tabla rasa de sus encontrados intereses y de sus diversos procedimientos y actitudes. Es cierto que la diferencia en cuanto a programa y proceder entre los partidos Liberal y Conservador no era esencial, sino más bien electoral, de bandería. La visión de Morúa se estacionó en lo que consideró inmutable, en la contemplación, en la existencia de partidos como el Liberal y el Conservador.

En 1910, la clase obrera no estaba representada en el terreno político; no existía la gama de partidos que de entonces acá han ido surgiendo; pero a pesar de eso, no obstante esa ocurrencia, tanto en el terreno nacional como en el internacional existían experiencias que hacían inadmisible, aún en 1910, la concepción de Morúa sobre los partidos políticos.

Los partidos, para Morúa, no eran como se manifiestan en la vida real, sino como él los concebía, en cuyo seno se practicaba la libre discusión, se regulaba a la sociedad, se le levantaba, etc.

Y Morúa volvió a caer en una nueva contradicción cuando afirmó que en un partido político «se puede hacer todo lo que va a perjudicar o lo que va a enaltecer a una sociedad». Pero, ¿por qué abre esta posibilidad de lo bueno o lo malo que puede hacer un partido después de haber aseverado la perfecta sublimidad de todos los partidos? Esta perspectiva, la de lo malo, que se podía hacer desde el seno de un partido dado, fue creada por Morúa, como cuando se cava una tumba, para darle cabida, para enterrar en ella al Partido Independiente de Color.

Después de hacer la apología del partido político como institución social, Morúa refirió ante el Senado lo que ya públicamente había dicho contra los independientes.

> Todo lo he dicho yo en todas partes —expresó—; lo han dicho todos los que hemos salido a propagar en los tiempos electorales la preeminencia de nuestros partidos. Nada nuevo se dice ahí, no hay por qué temer a nada de lo que ahí se dice —se refería a su enmienda—; a lo que sí hay que temer es a que determinada clase se congrúe para decir eso, porque de eso es de donde viene lo otro que el señor Laguardia y todos tememos.

Morúa confesó tácitamente que había sido en los períodos electorales y defendiendo la preeminencia de su partido, cuando más él había dicho y hecho contra los independientes.

Luego Morúa lamentó el que Laguardia le hubiese anticipado que votaría contra su enmienda; pero como había pedido la palabra Gonzalo Pérez, confió en que si no su palabra, «tartajosa e inelocuente, la otra, sabia y de ésas que penetran en el cerebro y predominan», es decir, la de G. Pérez, lograría lo que él no había conseguido: convencer a Laguardia.

Al terminar su discurso Morúa, Laguardia pidió la palabra para «ratificar» y G. Pérez, a quien correspondía el turno en el debate no quiso cederle la prioridad, alegando que él iba a abundar en los mismos motivos que tenía Laguardia para elogiar la conducta de Morúa en lo referente al deber del legislador para prevenir los males sociales del país.

Seguidamente G. Pérez expuso:

> Y yo creo firmemente que toda agrupación política que en nuestra patria se funde o establezca por razón exclusivamente de la raza o color, es una agrupación política que perturba el orden social y la paz pública, porque, si no de momento, a la larga, esas agrupaciones constituidas de esa manera, serán fuente de disturbios sociales que empiezan por alterar la paz moral, y acaban, desgraciadamente, por perturbar la paz material, llevando al Estado a una guerra social, haciendo imposible la vida de la civilización y dando al traste con las conquistas realizadas por las revoluciones.

La peroración de Gonzalo Pérez fue interrumpida por breves momentos. Motivó la paralización el haberse agotado el tiempo de duración reglamentaria de la sesión. Resuelta la prolongación de la misma por acuerdo unánime del Senado, continuó en el uso de la palabra G. Pérez, poniendo como símil a la existencia del Partido Independiente de Color, el supuesto de que algún día se tratase de constituir en Cuba un partido anarquista.

G. Pérez hizo referencia al artículo 26 de la Constitución relacionado con la libertad religiosa y de culto, que comprendía estas palabras: «sin otra limitación que el respeto a la moral cristiana y al orden público», mostrándoselo a Laguardia como norma establecida en la Constitución que especificaba de ese modo cuantos derechos amparaban sus preceptos, infiriendo hábilmente de su apreciación G. Pérez, que no podía haber una Constitución que amparase la formación de agrupaciones que perturbasen el orden social tomando como principio la cuestión de razas. Partidario de la enmienda Morúa (en realidad se cree y comenta aún que la enmienda presentada por Morúa era obra de G. Pérez) creyó que debía enmendarla a su vez, para reducirla solamente a considerar el aspecto de la misma que comprendía lo de raza y color, no haciéndola extensiva a «determinada clase, por cuestión de nacimiento, de riqueza o de profesión», porque según él esto no era fácil que ocurriese y porque aunque se fundasen no entrañaban el peligro que las otras: las de razas.

Y porque ya se estaban constituyendo organizaciones de raza que hacían labor de proselitismo entre gentes sencillas de la sociedad cubana, «haciéndole creer la posibilidad de que en Cuba pueda haber un partido negro que gobierne con exclusión de la raza blanca, su compañera de sacrificio en los días azarosos y que debe serlo de gloria en los días bonacibles».

Abogó por la unión nacional de blancos y de negros y exhortó a todos los cubanos para que se agrupasen en las diversas organizaciones y partidos políticos existentes y que se constituyesen, porque así el negro contribuiría a elevar su moral, «alcanzando la participación en los asuntos públicos que le corresponda con arreglo a su cultura, y miembros distinguidos de la raza a nuestro lado se sienten y nos presidan».

Morúa, presidente del Senado, se sentiría orondo al oír la alusión que le hizo G. Pérez, presentándolo como ejemplo de la solución que proponía: un negro culto, entre miles, llevado a una alta posición para que en su persona e investidura pública encontrase satisfacción a sus necesidades y falta de derecho la población negra cubana.

> Esto demuestra —continuó G. Pérez— que entre nosotros no hay prejuicios de raza ni de color, y que damos nuestros votos y nuestro aplauso al hombre —se refería a Morúa— que por sus virtudes y por sus merecimientos se hace acreedor a ellos, sin tener en cuenta el origen de su nacimiento, ni el color de su rostro.

Satisfecho de sus argumentos, interrogó de este modo al pleno senatorial:

> ¿No sería perturbador, no sería censurable que el Congreso cubano no atajara con el aplauso de la misma raza de color, los males que algunos individuos descarriados tratan de arrojar sobre esta sociedad? ¿No es conveniente y patriótico atajar esos males por medio de una Ley que, cual dique salvador para esa raza, para la sociedad cubana, impida la propaganda racista? Yo así lo entiendo, y por eso apoyo la Enmienda del señor

> Morúa Delgado, que modifico de la manera siguiente: «No se considerarán como partidos políticos o grupos independientes, a los efectos de esta Ley, a las agrupaciones constituidas exclusivamente por individuos de una sola raza o color».

Luego Gonzalo Pérez trató de convencer a Laguardia de que el lugar que debía ocupar la enmienda Morúa en la Ley Electoral era asunto de poca importancia, pues lo mismo podía haber sido situada en el artículo 17, como en el 99, que trataba de la presentación de candidatos o grupos independientes, o como un artículo independiente o precepto general, sin recurrir al procedimiento de la adición, ya que para él lo importante era que la mayoría del Congreso entendiese saludable y conveniente ponerle un dique a la propaganda, «perjudicial y perturbadora», que realizaban los independientes. G. Pérez le dio de este modo la razón a Laguardia, en cuanto a la incongruencia de la enmienda.

Cuando G. Pérez concluyó de este modo la defensa a la enmienda Morúa y la explicación de su propia enmienda, inició el uso de la palabra Laguardia.

Laguardia comenzó expresando que insistía en sus manifestaciones anteriores y que en relación con el «fondo de las razones expuestas» por Morúa y G. Pérez nada tenía que decir, que seguía creyendo perjudicial e inconveniente la existencia de esas agrupaciones que ponían en peligro la nacionalidad; pero que entendía al mismo tiempo inconstitucional el que se prohibiese al pueblo hacer uso de un derecho que la Constitución le reconocía.

«La Constitución dice —expresó Laguardia— que se prohibirán las agrupaciones para fines ilícitos, y esa agrupación no persigue ningún fin ilícito.»

Yo llevo mis convicciones a tal extremo, que entiendo que si el negro se considera superior a nosotros porque entiende que sus hombres son más ilustrados que los nuestros y porque creen tener mayor número de votos, y se creen por ello con derecho a gobernar la República de Cuba, tienen también el derecho de constituirse en partido político, y, si ganan las elecciones, gobernarnos.

Ese es mi modo de pensar. Entiendo que ellos ejercitan un derecho legítimo, reconocido por la Constitución, al agruparse y expresar sus pensamientos libremente, para fines lícitos, donde quiera que les convenga. Eso que nosotros consideramos perjudicial y que puede dar lugar a que se pierda la República, no sería porque el principio fuera malo, sino porque unos y otros no supiésemos respetarnos ante el triunfo. Es justo que los cubanos nos preocupemos de ello y tratemos de ponerle remedio pero el que se va a emplear es peor que la enfermedad.

Yo estoy dispuesto como lo he dicho muchas veces por medio de la palabra y de la prensa, a sostener donde quiera que sea necesario que ese sentimiento de raza es peligrosísimo, es funesto para el país; de la misma manera sostengo que es violar la Constitución, que es precipitar los sucesos, el dictar una ley prohibiendo al negro constituir su partido político y por virtud de la cual se autorice al Ejecutivo para utilizar la fuerza en contra de los que para sus fines se conjuren. Si hay hombres que desean reunirse en tal sentido y formar una agrupación, teniendo, como tienen, ese derecho reconocido por la Constitución, de ningún modo puede quitársele por medio de una ley; con ello daremos lugar a que esos individuos, no teniendo un terreno ya legal, franco, donde moverse, se lanzarán al de la violencia. Ese es mi temor. Yo lo único que quiero es que se respete el derecho de cada uno.

> Yo entiendo que los negros tienen el derecho a constituirse en partido político, aunque también creo que eso es perjudicial para ellos; pero reconozco que nosotros no tenemos derecho para cohibirles de esto, porque están al abrigo de la Constitución. La Constitución se refiere a privilegios, y ése no es un privilegio. Por eso, pues, respetando y celebrando extraordinariamente los móviles que impulsan a los señores Morúa y Gonzalo Pérez, me atrevo a rogar al Senado que piense detenidamente esta cuestión; que crea, como creo yo, que el remedio que se indica no es conveniente, sino al contrario que será perjudicial.

A continuación de Laguardia, volvió a usar de la palabra Cisneros Betancourt.

> Yo estoy acostumbrado —dijo Cisneros Betancourt— a llamarle al pan pan y al vino vino. Nuestra Constitución es bien clara y terminante: el derecho de emitir el pensamiento es libre para todos los ciudadanos de la República, sean negros, blancos o chinos. Cada uno tiene su cabeza para pensar; y de consiguiente, como ha dicho muy bien el señor Laguardia, si ellos tienen mayoría de votos, para formar el Gobierno, debe aceptarse así, y ser nosotros gobernados por los negros. Yo siento que esta cuestión se haya traído aquí, porque creo que no hay necesidad. Si los negros están contra los blancos como se supone, no hay cosa más fácil que hacerlos desistir de eso por medio de la prensa, por medio de la palabra, o por cualquier otro medio. No es posible que yo vaya en contra de la Constitución y pido que, caso de llevarse eso a efecto, se revise la Constitución.

Cuando Cisneros terminó su turno oratorio, se comprobó la falta de quorum, suspendiendo el presidente la sesión.

El 14 de febrero de 1910, el Senado reanudó la discusión sobre la Enmienda Morúa y su concurrente modificativa: la enmienda de Gonzalo Pérez.

Laguardia, líder de la oposición frente a las dos enmiendas en la sesión del 11 de febrero, declaró al inicio de la del 14, que tenía la intención de no tomar parte en el debate; Morúa, apoyándose en un precepto del reglamento interior del Senado y en las declaraciones de Laguardia, propuso que en virtud de la decisión de Laguardia, éste ocupase la presidencia de los debates, proposición que fue acordada por el Senado y aceptada por Laguardia.

Esta actitud de Laguardia es significativa; realmente no tiene explicación satisfactoria el hecho de que un oponente de su valía optase por la abstención cuando las causas, los motivos de su anterior oposición estaban latentes, en el tapete, sujetos a discusión y solución.

Iniciado el debate, el presidente señaló que, por motivo de existir dos enmiendas, había que comenzar el debate por la última. Morúa expresó el deseo de conocer el estado en que había quedado la discusión anterior, informándole el presidente.

Luego usó de la palabra G. Pérez, expresando que defendía más la enmienda de Morúa que la presentada por él, y que deseaba conocer si Morúa aceptaba sus modificaciones o si se mostraba en desacuerdo con las mismas.

A propuesta de Morúa se dio lectura a las dos enmiendas.

Terminada la lectura, Morúa expresó: «por lo que he notado, la enmienda que el señor G. Pérez propone a mi enmienda al artículo 17 de la Ley Electoral consiste únicamente en que la enmienda termina diciendo raza o color».

Luego interrogó a G. Pérez sobre si creía que había otra diferencia y al responder G. Pérez que no la había, Morúa manifestó, dándole su consentimiento: «Entonces no tengo ningún inconveniente en aceptarla».

Puestos de acuerdo Morúa y Gonzalo Pérez, todo parecía indicar que los principales obstáculos habían sido salvados en el camino de la aprobación de la enmienda Morúa y su modificadora la de G. Pérez. Pero el debate continuó al pedir y usar de la palabra Bustamante.

Bustamante se dirigió a G. Pérez, pidiéndole que le disipase algunas dudas sobre el alcance que tenía su enmienda, a la que consideraba como posible liquidadora de «todo movimiento de candidatura independiente», y con poca diferencia respecto a la de Morúa, expresando la esencia de su criterio de este modo:

> Consecuencia: mañana se reúnen en La Habana mil personas que quieren presentar una candidatura independiente en unas elecciones políticas, como las mil sean de un solo color no podrán hacerlo, aunque no tenga que ver esa candidatura absolutamente nada con ningún movimiento de raza. Todos los que como grupos independientes quieran presentar candidaturas políticas, tienen que justificar que son de varios colores y si no quedan excluidos de ese derecho por la redacción actual de la enmienda.

G. Pérez le aclaró a Bustamante lo que él estimó alcance de su enmienda, ajena a los propósitos que le atribuía Bustamante y a la que consideró de perfecto acuerdo con la de Morúa. Afirmó que su enmienda comprendía solamente a las agrupaciones electorales y no a las de otro carácter, pues en su opinión para regular y determinar el funcionamiento de estas últimas existía la Ley de Asociaciones. Se mostró partidario de toda asociación no electoral que tendiese al mejoramiento de «una raza o de un grupo de los que forman la sociedad cubana», tales como las de recreo, científicas, de instrucción, etc. Insistió en que su enmienda era copia exacta de la de Morúa, limitada a lo de raza y color. Tratando de convencer a Bustamante, dio lectura a las dos enmiendas objeto de discusión, a la presentada por él y a la de Morúa.

Intervino nuevamente Morúa en la discusión y explicó a Bustamante la interpretación que él le daba a su enmienda en lo referente a la presentación de candidaturas independientes, participación de los grupos independientes de carácter racista en las Juntas Electorales, mostrándose partidario de la estricta prohibición de éstos, antes que «permitir que deliberadamente se reunieran grupos de determinada clase o raza para presentar candidaturas». Agregó que su enmienda estaba dirigida a acostumbrar a los cubanos de una y otra raza a no considerarse separados entre sí. Consideró fuera del alcance de su enmienda a las sociedades que tuviesen como objetivo el recreo y la instrucción insistiendo en su punto de vista sobre los males que podían acarrear las agrupaciones políticas constituidas por individuos de una sola raza, diciendo literalmente a este respecto:

> La agrupación de negros de una parte, tiene que ser o muy insignificante, sin ninguna importancia, a la que todo el mundo desdeñe, porque no puede llevar a cabo ninguna solución de carácter nacional, o si llega a tener fuerza para dar soluciones incontrastablemente crea la agrupación de blancos: blancos reunidos con exclusión de negros y negros reunidos con exclusión de blancos, y ahí está el gran conflicto que mi enmienda quiere evitar.

Mostró dudas al referirse a si intencionalmente o no se había permitido la existencia de un partido de raza en Cuba, terminando por afirmar que no creía tal cosa, es decir, que se hubiese permitido la existencia de un tal partido intencionalmente, argumentando que de una manera o de otra la existencia del hecho había producido la división racial que creía inexistente hasta entonces; le rogó al Senado que pensase en la «cuestión» y al pueblo que se fijase bien en lo que podía «venir». Volvió a insistir en las bondades de su enmienda a la que consideró que no prohibía a nadie tener su opinión y que solo perseguía evitar que una raza estuviese aparte y frente a la otra, por ser el único punto donde veía la posibilidad de un conflicto social que había que evitar, ya que tales diferencias no las había habido en las guerras de independencia.

Luego se apoyó en el pilar que fue desde el inicio del debate el sostén de su argumentación: el supuesto peligro negro, al que absurda e injustificadamente comparó con el denominado peligro amarillo.

> Cuando —expresó Morúa— llegáramos a tener el peligro negro, que podemos agregar ahora al peligro amarillo que decían los europeos, cuando se llegara a ese momento, no se pensaría probablemente en la patria; se pensaría en la familia, en la amenaza que había de unos para con los otros y cada cual se aprestaría a defenderse del enemigo irreconciliable que había que suponer en esa división.

Haciendo constar que eso era lo que él veía venir y lo que le había impulsado a presentar su enmienda. Al terminar Morúa su discurso, el debate decayó un tanto; pareció como que él sería el último orador de esta sesión. El presidente Laguardia, impaciente, trató de poner a votación la enmienda de G. Pérez; Bustamante solicitó que se le aclarase esta pregunta: ¿Se va a votar una enmienda al artículo 17 de la Ley Electoral, no?

Morúa le aclaró que a su entender la enmienda de G. Pérez sustituía la anterior o sea la propuesta por él. Bustamante insistió en que si al artículo 17 de la Ley Electoral se le pretendía agregar la enmienda como si fuese un inciso. Laguardia desde la presidencia le respondió que sí.

El senador Recio solicitó la lectura de las dos enmiendas puestas a votación y preguntó si se votaban las dos o una sola de las enmiendas; respondiéndole el presidente Laguardia, «que reducida a una sola, la del señor Gonzalo Pérez, que es la que se va a leer ahora». Leída la enmienda y puesta a votación ésta fue interrumpida por Bustamante, quien propuso «la división, lo que se llama en otros parlamentos división: que se vote separadamente la enmienda, por lo que toca a Partidos Políticos de los grupos independientes». Cisneros solicitó el uso de la palabra y el presidente en lugar de concedérsela, anunció que iba a dividir la votación y que Gonzalo Pérez la explicaría, haciéndolo así G. Pérez:

> El señor Bustamante propone que se vote la enmienda primera en esta forma: No se considerarán como partidos políticos, a los efectos de esta Ley, a las agrupaciones constituidas exclusivamente por individuos de una sola raza o color. Dejando para luego «o grupos independientes» para otra votación.

Iniciada ya la votación nominal y habiendo tomado el oficial secretario los votos de Alemán y Bustamante, interrumpió la votación Cisneros Betancourt, declarando que se reservaría el voto para la segunda votación, aclarándole el presidente que tenía derecho a explicar su voto después; pero que no podía abstenerse de votar, respondiéndole Cisneros: «Obligado voto en contra».

Terminada la votación de la primera parte de la enmienda, su resultado fue el siguiente, votaron a favor:

Alemán, Bustamante, Cuéllar, Fernández Marcané, García Osuna, Lazo, Morúa Delgado, Pierra, Recio, Ramírez y Gonzalo Pérez. Votaron en contra: Cabello, Laguardia y Cisneros.

Después de la votación usó de la palabra Cisneros para expresar:

> Obligado, voté que no, porque desde luego quería hacer uso de la palabra antes de la votación, para ver si la evitaba.

Seguidamente, Gonzalo Pérez manifestó al Senado que lo que quedaba por votar eran las palabras «o grupos independientes», que habían sido copiadas literalmente de la Enmienda Morúa, reconociendo que algunos senadores habían expresado desacuerdo con esa porción de la enmienda, declarando que no tenía inconveniente en eliminarla si Morúa no ponía obstáculos en ello.

Refiriéndose a su tesis sobre el posible alcance de la limitación a los grupos independientes, manifestó Bustamante:

> temo que eso, extendido al grupo, pueda ser motivo para que las Juntas Electorales, movidas por un interés político, causen daño a organizaciones no racistas y a quienes se excluye, con ese pretexto, de la contienda electoral.

Interrogado Morúa por Laguardia, sobre si estaba de acuerdo o no con retirar las palabras de su enmienda indicada por G. Pérez, respondió en sentido negativo, diciendo que no estaba dispuestos a retirarlas. Puesta a votación la parte de la enmienda en litigio y que eran las siguientes palabras exclusivamente: «o grupos independientes», Cisneros, interrumpiendo nuevamente la votación, usó de la palabra, expresando:

> Yo suplicaría a los compañeros que han presentado las enmiendas que las retirasen por completo. Si por casualidad o por desgracia no lo consigo, desde luego anuncio que me opongo a ambas enmiendas, porque las creo perjudiciales al país. Empiezan ofendiendo a la raza negra que no ha dado motivo para que se le niegue el derecho a votar, sea cual fuese su modo de pensar. Los negros en la guerra eran más que los blancos y jamás hubo una rebelión de negros contra blancos.
>
> Nosotros teníamos confianza en los negros, dejábamos a nuestras familias a su cuidado cuando huíamos del enemigo y ellos siempre cumplieron como patriotas; jamás hubo un caso de que un negro faltase a una mujer blanca. Hubo un solo caso y ése fue de un general blanco... Yo puedo hablar porque conozco todas las interioridades de la guerra; y si el negro no dio qué decir en la guerra, ¿cómo va a dar que decir en la paz? Los negros jamás harán por dividirse de los blancos; y nosotros por consiguiente les abrimos la puerta para que ellos hagan eso.
>
> Por eso pido a mis compañeros que dejemos todo esto tranquilo, como está, que no hagamos ninguna ley contra los negros que quieran formar un partido; porque si los negros en buena lid nos vencen, está muy bien que ellos formen el Gobierno.
>
> Yo nunca —y por eso no soy político— sé engañar; solamente digo lo que siento... El negro siempre ha cumplido conmigo y con todos los blancos. Yo tengo dos motivos para decirlo: una vez, en un combate salí huyendo a caballo; mi caballo cayó

porque no llevaba freno; todos los blancos huyeron dejándome solo y a pie, y hubo un negro que me dijo: «Niño Salvador, aquí estoy yo; monte usted, aquí detrás de mi caballo». No, le contesté; vete, que yo no puedo montar. «No, yo no me voy sin llevármelo a usted.» Y, efectivamente, hasta que no monté y me fui con él, no se fue. Me salvó la vida; por eso estoy aquí hablando.

Otra vez me atacaron estando con mi familia. Mi suegra era muy obesa y temíamos por ella; y entonces un negro fornido me dice: «Niño Salvador; váyase usted, y salve la demás familia y deje a la señora Carmen a mi cuidado, que yo la salvaré». Efectivamente, el negro cargó a mi suegra y la escondió, y a los tres días me encontró y me dijo: «Allí está la señora Carmen salvada»; y todos nos juntamos.

De consiguiente, ¿por qué no he de tener confianza en el negro, por qué no he de creer que es apto lo mismo que el blanco para formar un Gobierno.

Señores Senadores, es preciso que no nos engañemos y que no engañemos a nadie. Si nosotros le hemos ofrecido al negro que sería igual a nosotros hagámoselo ver, cumplámosles lo que le hemos prometido y no vengamos ahora con leyes que impidan que el negro pueda formar partido y pueda votar a su voluntad. Si acaso, por mi desgracia, la ley esta no se retira y tiene efecto, yo haré todo lo posible por acudir ante los tribunales, por inconstitucionalidad, y estaré donde debo de estar hasta que lo consiga o me condene el Tribunal Supremo.

A continuación de Cisneros, usó de la palabra Recio, para proponer como solución a la parte de la enmienda en discusión, que a lo de «o grupos independientes», se le agregase la frase: «que persigan fines racistas». Interrogado Morúa por el presidente sobre si estaba de acuerdo o no con la proposición de Recio, respondió que estaba de acuerdo. Seguidamente el presidente puso a votación nominal el tan discutido trozo final de la enmienda, arrojando la votación el siguiente resultado: votaron a favor, Alemán, Cuéllar, Marcané, García Osuna, Gonzalo Pérez, Lazo, Morúa, Pierra, Recio, Ramírez. Votaron en contra, Cisneros, Cabello y Laguardia.

Cuando el presidente Laguardia declaró aprobada la totalidad de la enmienda, Cisneros Betancourt respondió sentenciosamente:

«Y queda la dictadura en puerta.»

VIII. Los Independientes frente a la enmienda Morúa

¿Cómo fue recibido entre los independientes el acuerdo del Senado aprobando la Enmienda Morúa? Refiriéndose al asunto y en un artículo periodístico, expresaron el siguiente comentario:

> El Senado aprobó el jueves, tercera semana, día 14 de febrero de 1910 (anotemos esta fecha porque puede ser muy fatal o muy dichosa para Cuba), una enmienda del senador negro Martín Morúa Delgado, un proyecto que a la letra dice: (Seguidamente aparecía el texto de la enmienda, tal como la había aprobado el Senado.)

Es innegable que este comentario entrañaba una amenaza y fue el punto de partida de la acción futura de los independientes: poner en el centro de su actuación la lucha contra la Enmienda Morúa.

Pasando revista a sus efectivos para el combate frente a la enmienda, escribieron los independientes:

> Ninguno de los senadores blondos se ha podido imaginar que el Partido Independiente tiene cerca de 60 mil afiliados, entre ellos 15 mil soldados de la Guerra de Independencia, 12 generales, 30 coroneles y centenares de oficiales de menor categoría, hombres decididos todos, que son capaces de revolver toda la Isla y parte muy respetable del Continente.

Señalaron los independientes que la aprobación de la enmienda debía traducirse en la inmediata y equitativa distribución «de los puestos públicos entre los blancos y entre los negros, sin que el plato de los unos esté más lleno que el de los otros».

Entendiendo que los negros tenían hombres para todos los altos cargos públicos del país, propusieron «a Juan Gualberto Gómez para ocupar la Secretaría de Gobernación, a Estenoz para Obras Públicas y a Morúa para Hacienda». Señalaron a Julián Pantaleón Valdés para ocupar la Secretaría de Sanidad y prometieron ir haciendo proposiciones de otros individuos de la raza, en la medida en «que la justicia, la razón y el derecho sea la norma que inspire a los cubanos».

Ironizaron a Morúa por haber esperado el desarrollo de su organización y el entusiasmo que ésta despertó de un extremo a otro de la Isla para plantear «el dilema entre los blancos preocupados» y ellos, haciendo a continuación esta amenaza: «o la mitad del bien nacional para los negros o nadie lo disfruta en esta tierra».

Este recurso de efecto, mostrar su fuerza organizativa y demandar la distribución equitativa de las elevadas posiciones burocráticas del país en forma proporcional entre blancos y negros, incluyendo entre estos últimos a Juan Gualberto Gómez y al propio Morúa que no era independiente, tenía por objeto enfrentarle obstáculos a la enmienda, que tenía que ser aprobada aún por la Cámara de Representantes y sancionada por el presidente de la República.

Por aquellos días el Partido Independiente de Color fue intensamente movilizado frente a la Enmienda Morúa. En febrero de 1910, el Comité Ejecutivo Nacional cursó la siguiente circular a los dirigentes de la Organización y a sus órganos en toda la isla.

> A los ciudadanos presidentes de Asambleas Independientes de Color constituidas en la República: —Evacuando consultas, referentes a la enmienda del senador Martín Morúa Delgado al artículo 17 de la Ley Electoral, negándole participación a los partidos políticos, que estén constituidos por individuos de una sola raza y que persiguen tendencias racistas, hemos de advertir que no estamos dentro de las condiciones a que se refiere la enmienda de esta Ley.
>
> En primer lugar, en nuestros comités están afiliados individuos de todas las razas que pueblan esta isla y sus variedades. Étnicamente somos la expresión más pura del criollismo. Nuestras tendencias, están muy claramente especificadas en nuestro programa: queremos la República igualitaria sin odiosas pretericiones de raza.
>
> Queremos que la inmigración sea libre para todas las razas. Claro y manifiesto es nuestro propósito humano, natural y político. Esa ley que el Senado ha aprobado ya; va dirigida contra los partidos Liberal y Conservador, que tienen la tendencia racista de que la única inmigración que pueda venir a esta isla sea blanca y por familia.

> Esta Ley es contra el presidente de la República, que autorizó a la Guantánamo Sugar Company la importación de 50 trabajadores puertorriqueños, que tenían que ser precisamente blancos, porque de otro color no podían venir a Cuba.
>
> Ahora bien, si los que gobiernan hubieran llegado a la pérdida absoluta del sentido moral y en su inconcebible aberración quisieran impedirnos el libre uso de nuestros derechos políticos, entonces apelaríamos a otros medios adecuados con el estado de cosas existente. Por hoy ese proyecto de ley, no es ley todavía. Debemos precipitar la organización definitiva, lo más pronto posible, pues ella será la que nos dará la victoria, con o sin la Ley Morúa.

Firmaban la circular el presidente Estenoz y el secretario Surín.

Y a partir de entonces, la lucha contra la Enmienda Morúa fue su afán tesonero, el objetivo táctico de su actuación, con diversas alternativas y prolijos incidentes, hasta el momento en que iniciaron la protesta armada el 20 de mayo de 1912.

IX. La enmienda Morúa en la Cámara de representantes

En la sesión ordinaria del 2 de mayo de 1910, la Cámara de Representantes conoció y discutió el proyecto de Ley del Senado que contenía la Enmienda Morúa. Habiendo fallecido en el mes de abril de 1910; Morúa, murió dejando su enmienda sujeta a la discusión de la Cámara de Representantes, la que de acuerdo con la Ley de Relaciones del Congreso tenía que discutirla, rechazarla, modificarla o impartirle su aprobación.

Cuando Ferrara, presidente de la Cámara, abrió el debate para la discusión y aprobación del proyecto proveniente del Senado que modificaba la Ley Electoral vigente entonces, el primer asunto que tuvieron que abordar los representantes fue un voto particular rechazando la totalidad del proyecto de ley y opuesto a las modificaciones que a la Ley Electoral le había hecho el Senado.

Este voto particular lo firmaron: J. A. González Lanuza, Santiago Cancio Bello Arango, Carlos Armenteros y M. Vera Verdura.

El voto particular era un enjundioso alegato, que al oponerse a la totalidad de las modificaciones que ya le había hecho el Senado a la Ley Electoral, no tenía como objetivo oponerse en forma particular a la Enmienda Morúa, sino que estimaba a ésta improcedente como el resto de las modificaciones que había llevado a cabo el Senado.

Veamos los siguientes párrafos del voto particular que se refieren a la Enmienda Morúa:

> No aceptado —expresaba el voto particular— el que las oportunidades electorales establecidas por la Ley se alteren, no tienen razón de ser las siguientes modificaciones y no es preciso entrar a discutirlas en detalle; pero el artículo 18 del Proyecto lleva consigo una cuestión tan diversa, que bien merecen se les consagren en este informe algunos renglones. Es evidente que se puede hacer uso inoportuno de los derechos; pero tal inoportunidad no les quita el carácter de derecho de que están investidos. Peor es para las sociedades de tal carácter que soportar su ejercicio indiscreto.
>
> Estimamos un error lamentable el que entre nosotros hayan creído algunos que debían organizar un partido político fun-

dado solamente en una diferencia de color y de raza. Creemos que ello tiene graves inconvenientes, tan claros, que no es preciso entretenerse en enumerarlos; pero si tal hacen, si aspiran, por ese medio, al mejoramiento de las condiciones políticas y sociales de sus afiliados, mientras no adopten para conseguirlo sino medios legales y pacíficos, no se pueden disolver, arrancar la bandera y prohibir su existencia, como se prohibe la de las verdaderas asociaciones ilegales, de índole punible. En las presentes condiciones en que se halla la República, tal paso se nos ocurre cosa imprudente. El precepto legal no sería un obstáculo preventivo que impidiera la formación de tales partidos, sino una orden de disolución de una agrupación política relativamente adelantada en su organización definitiva. Adversarios suyos, dispuestos a combatirle, convencidos de su inoportunidad, creemos más inoportuno y más funesto cerrarle, por medio de la ley, el camino legal para que vengan a la lucha con nosotros.

Como hemos observado, en el voto particular se considera como un error lamentable el que se hubiese organizado un partido político, fundado solamente en una diferencia de color y de raza. Pero seguidamente, los autores del voto particular reconocen que si eso hacen, aspiran y pretenden conseguir por ese medio el mejoramiento de las condiciones políticas y sociales de sus afiliados —y no otra cosa pretendían los independientes de color— a los organizadores de tal partido en tanto no adoptasen medios extra-legales y no pacíficos, no se le puede disolver, arrancar la bandera y prohibir su existencia como se procede con las instituciones extra-legales y que pugnan con la Ley.

Señalaba el voto particular que tal proceder era imprudente y realmente lo fue; y que la enmienda Morúa no sería contén previo para la formación de tales partidos sino que era una orden de disolución de una agrupación política relativamente adelantada en su organización definitiva, es decir, no para impedir la organización de partidos del carácter del de los independientes de color, sino para borrar del plano político nacional a éste, que era y existía como tal.

González Lanuza, Cancio Bello, Carlos Armenteros y Vera Verdura, autores del voto particular y miembros de la Comisión de Justicia y Códigos de la Cámara de Representantes, eran adversarios políticos de los independientes; pero su criterio estaba regido por la justicia y por la comprensión de pertenecer al Partido Conservador, que no era entonces partido de gobierno, y justamente dedujeron que la liquidación de los independientes —partido de oposición— era una maniobra política contra su existencia como entidad y contra su actuación cívica y pública.

No es casual, sino hijo de tal condición, el que los autores del voto hubiesen entendido que la lucha frente a los independientes debió realizarse en la amplia arena de la política nacional y la vida pública cubana y no mediante una enmienda arbitraria.

El representante Miguel Viondi Vera, tomando los pilares de la argumentación de Morúa en el Senado defendiendo su enmienda, usó de la palabra después de haber sido leído el voto particular. Con su discurso trató de justificar las medidas contenidas en el proyecto de ley procedente del Senado. A la enmienda Morúa hizo el elogio cálido de quien se hallaba plenamente identificado con la misma y con sus propósitos; el siguiente párrafo de su discurso es suficiente para mostrar el carácter de su defensa a la enmienda y a su autor:

> Eso trató de evitar a tiempo nuestro malogrado amigo —expresó Viondi—, el hombre de la raza no pretendía crear la división; el cubano patriota excelente se sobreponía a pequeñeces de raza, que son las que palpitan en esos movimientos extemporáneos de la agitación reciente.

La defensa del voto particular estuvo a cargo de González Lanuza. Refutando a Viondi, lo hizo inicialmente con gentileza, expresando que él y el resto de los firmantes del voto particular estaban perfectamente de acuerdo con la parte sentimental del discurso de Viondi.

Seguidamente la emprendió contra las modificaciones que a la Ley Electoral le había hecho el Senado y a las futilezas en que incurrió Viondi defendiéndola.

Nosotros nos figuramos hoy que, cuando González Lanuza pasó a considerar la enmienda Morúa, la vergüenza de los partidarios de la misma en la Cámara tuvo que haberle hecho cosquilleo en el rostro. La valentía, el enjuiciamiento justo, desapasionado, por encima de la politiquería y las banderías políticas, incluyendo la suya, que hizo G. Lanuza de la enmienda Morúa, constituyeron entonces una de las más grandes actitudes cívicas que ha recogido el libro de sesiones de la Cámara. Veamos la disección de la enmienda.

Dejemos que G. Lanuza ponga al desnudo las lacras de esta trama:

> Por eso hemos dicho nosotros en el voto particular —expuso G. L.— que somos adversarios de la existencia de ese partido, que estamos dispuestos a combatirlo en todos los terrenos en que nos parezca que debe ser combatido; en este no, por las siguientes razones que voy a exponer: porque los señores que han formado —quizás ya tengamos esto en cuenta— el Partido

> Independiente de Color, han creído necesario formar ese Partido y lo han hecho, han estimado que en el seno del Partido Liberal como en el del Conservador, pues son enemigos de uno y de otro, que en el seno del Partido Liberal ni en el seno del Partido Conservador, encuentran satisfacción; entienden que los partidos en donde ellos están, que tienen una mayoría de votos de blancos, habiendo en ellos blancos y negros tanto en uno como en otro, no mejoran su condición social ni política, que han advertido esto en virtud de una serie sucesiva de duros desengaños.

¡Y ésa era la pura verdad, la realidad expuesta sin cortapisa! Lanuza, líder del conservadurismo, reconoció sin ambages que la situación del negro en el seno de los partidos Liberal y Conservador, que los engaños sufridos en uno y otro partido, que la carencia de posibilidades en los mismos para alcanzar el mejoramiento de sus condiciones sociales y políticas (y las económicas, que jugaron un importante papel) habían sido los resortes impulsores de la constitución del Partido Independiente de Color.

Refiriéndose a que mientras el Partido Independiente de Color hubiese organizado su propaganda dentro del marco de la ley no se le podía impedir ésta y que cuando la misma rebasase ese marco se le debía castigar, pero nunca disolver, expresó Lanuza:

> Si los que organizan ese partido no hacen más que una propaganda legítima y pacífica, y como arma para obtener esa ventaja que todos creen obtener como nosotros los blancos, utilizan esos medios, no hacen más que ejercitar un derecho. Yo me sorprendo grandemente con estas cosas. Todos los cubanos son iguales ante la Ley; pero cuando la Ley dice que todos los

cubanos serán iguales, habrá una clase de hombres en Cuba que estarán privados de formar un partido: los hombres de color. Y ellos dirán: LA IGUALDAD NO ES IGUALDAD, como contestan los obreros argumentando contra los capitalistas: INVOCÁIS LA LIBERTAD CUANDO SABÉIS QUE LA LIBERTAD ES EL TERRENO QUE NOS OPONDRÉIS COMO FUERTES QUE SOIS, Y ESA LIBERTAD QUE TAN LIMITADA ES, NOS DAÑA A NOSOTROS Y A VOSOTROS NO.

¡De qué modo tan admirable analizó G. Lanuza el tan cacareado concepto de la «igualdad ciudadana ante la Ley», que tanto ha servido de manto para amparar injusticias en Cuba! ¿No es cierto que la igualdad no es igualdad si no se le practica, si se limita a mera palabrería?

Stalin ha dicho, refiriéndose a la igualdad de derechos y de hecho en el país donde se está realizando la igualdad de hecho, la Unión de Repúblicas Socialistas Soviéticas:

> Nosotros hemos proclamado la igualdad de derechos y la ponemos en práctica; pero la igualdad de derechos, que en sí tiene una enorme importancia en la historia del desarrollo de las Repúblicas Soviéticas, dista todavía de la igualdad de hecho.

Y ni la igualdad de derechos ciudadanos, ni una libertad real sino al modo que la practican los capitalistas con los obreros, según el válido decir de González Lanuza, era la igualdad que arguyeron invocando la Constitución y las leyes todos los que combatieron o se opusieron a los Independientes de Color.

> Ese es el error —continuó expresando Gr. Lanuza—; yo diría uno de los más graves errores que se han cometido en Cuba,

hasta el punto de que si algunos de los que están en ese movimiento, no están en el error sincero, que solo la sinceridad del error podría salvar; yo considero que comete el más grave pecado, aunque no esté en el Código Penal de ningún país. Yo lo creo, pero están en ese error, ¿y de qué manera pueden salir? Persuadiéndose de que el pasado y el presente no sean un error real, sino del momento actual.

Cuando esta Ley se vote ahora, esas organizaciones existentes ya del partido de color habrán recibido la orden de disolverse. ¿Cómo continuará el partido después de esta Ley? Serán asociaciones ilícitas, prohibidas por las leyes, y cuando no puedan formar partidos, no tendrán más que tres caminos que tomar: convencerse de que no es verdad que en los partidos existentes hoy en Cuba no pueden obtener ninguna satisfacción a sus legítimas aspiraciones: rectificar la tesis que los ha llevado a formar partido de color, abandonar el error y declararse perfectamente persuadidos de que puede haber negros liberales y conservadores, y que los de la raza de uno y otro partido pueden encontrar satisfacción a sus aspiraciones. No es el procedimiento privativo de la Ley el medio de persuasión para convencer a los hombres, aquél contra cuya acción levanta la previsión legislativa, la fuerza pública y los jueces de lo criminal; podrán ser vencidos y podrán resignarse, pero no se convencen de que yo estoy en la razón cuando no combate mis razonamientos sino con la fuerza autorizada por la Ley. Yo creo que no se convencerán, y entonces o se resignan o pelean, señor Viondi.

Estas previsoras palabras de G. Lanuza tuvieron inmediata confirmación; de los tres caminos augurados por él, los independientes de color tomaron el de la pelea frente a la Enmienda Morúa, lucha que no cesó hasta que fue rubricada con la sangre de 1912.

> Y como temo que no se resignen —prosiguió G. Lanuza— para mantener esa paz, que queremos tanto como vosotros, para mantenerla, nosotros hemos arrostrado aquí, desde estos bancos, conscientemente hasta el ridículo en ocasiones, porque somos los que más hemos hecho para conseguirla.
> Estimamos que ese remedio puede traernos males peores; estimamos que la prohibición, la dureza de la Ley, que todo eso, no puede producir más, en el pasado, en el presente y en el futuro los frutos que produjeron siempre en Cuba las prácticas del gobierno español. Y a mí me parece que la experiencia de lo antiguo debe autorizarnos para pensar así en este caso.

Cuando G. Lanuza terminó su discurso ocurrió un ligero escarceo entre él y Viondi; seguidamente, el presidente de la Cámara, Ferrara, puso a votación el voto particular de la mayoría de la Comisión de Justicia y Códigos, siendo éste derrotado por 42 votos en contra y 20 a su favor.

Los representantes negros Risquet y Cuesta Redón, explicaron sus votos contra el «voto particular»; fue una explicación sinuosa politiquera dirigida más que a la Cámara a los electores negros. Eliminado el obstáculo, que para el proyecto de ley procedente del Senado significaba el voto particular, se inició la lectura del proyecto y fueron aprobados todos sus artículos sin interrupciones de importancia, pero después de haber sido aprobado el proyecto, surgió nuevamente la discusión motivada por una enmienda adicional al artículo 18 de la Ley Electoral, que se encontraba en la mesa de la presidencia de la Cámara y que había sido presentada por el representante Lino D'ou.

Su autor, el coronel Lino D'ou, aclaraba en la parte introductiva de la enmienda que su intención inicial había sido presentar un proyecto de ley y no la enmienda como lo hizo, entre otras cosas, por la trascendencia del artículo 18 del proyecto procedente del Senado y también porque creía ese procedimiento más rápido que el dilatorio que seguían las comisiones permanentes de la Cámara.

La parte básica de la enmienda de Lino D'ou expresaba literalmente:

> Artículo 18. El artículo 17 de la Ley Electoral, quedará adicionado con el inciso siguiente: No tendrá vida legal en Cuba ningún partido, asociación o institución política, de enseñanza religiosa, social o de recreo, en que no quepan en igualdad de circunstancias todos los ciudadanos cubanos, cualquiera que sea la raza a que pertenezcan. Las autoridades administrativas de la República procederán a la clausura de las asociaciones, partidos o instituciones anteriormente relacionados, al requerimiento de un ciudadano cubano que demuestre con prueba plena —por el procedimiento probatorio habitual de las leyes— que por razón de su raza o color no haya sido admitido en las predichas asociaciones, partidos o instituciones. Quedan derogados los preceptos de las leyes de asociación, de reunión y las demás leyes civiles, administrativas o penales que se opongan, modifiquen o alteren lo determinado en el presente artículo.

La enmienda adicional de Lino D'ou no solo fue una réplica a la enmienda Morúa, sino una proposición que comprendía medidas justas, tendientes a contener la discriminación racial, a amparar los derechos ciudadanos de la población negra desde el ángulo de la Ley; pero parece que la misma estaba dirigida principalmente a contrarrestar en la Cámara la enmienda de Morúa aprobada por el Senado, mostrando de ese modo la otra cara del problema debatido: el de la discriminación racial, que Morúa y sus partidarios no quisieron tener en cuenta.

El autor de esta enmienda adicional, Lino D'ou, no se hallaba presente en esta sesión del 2 de mayo, lo cual ofreció oportunidad al representante Risquet para proponer que la misma fuese retirada, expresando en el afán de lograr su objetivo:

> Creo efectivamente —manifestó Risquet— que si la Cámara de Representantes votara esa Ley o enmienda, votaba la disolución de la sociedad cubana, sobre todo, del altísimo concepto que debemos tener de lo que son las asociaciones humanas desde el punto de vista del ejercicio del derecho, especialmente en una República nacida como ésta de un principio de igualdad legítimamente adquirida y legítimamente ejercitada. Creo que esa enmienda plantea un problema extra-social, para entrar en el cual no está preparado absolutamente ningún cubano. Creo que se ha ido más lejos de donde se ha pretendido ir. Creo que se están allanando a priori derechos que debieron ser siempre por todos respetados ante todo y sobre todo; creo que la enmienda viene a plantear un problema mucho más grave todavía que pudiera ser, según se mire, como buena o como mala, la enmienda del señor Morúa. Creo, por último, que estamos en presencia de uno de esos proyectos de Ley o enmienda de los cuales hay que decir sencillamente estas palabras: Conviene más no mirarlos, para no tener el dolor de tratar sobre ellos: conviene más dejarlos pasar.

¡Risquet, J. Felipe Risquet, justificó su apoyo a la enmienda de Morúa y se alarmó ante la enmienda de Lino D'ou! Se asustó ante lo que podía según su modo de ver las cosas, traer, «la disolución de la familia cubana», es decir, frente a medidas que contribuían a ponerle coto a la segregación racial, dándole a ésta, derecho inmutable, eterno, de «concepto que debemos tener de lo que son las asociaciones humanas desde el punto de vista del ejercicio del derecho», vale decir: el derecho a mantener y practicar el prejuicio racial.

Eludió la preterición del negro considerándola problema fuera de lo social; pero es que hablaba un hombre negro trabado en situación difícil, cogido entre los compromisos de su partido y el electorado de su raza, y Risquet, frente a la disyuntiva, optó por pasar por encima del problema, pero contribuyendo a limitar los derechos ciudadanos de su raza.

Cuando el presidente de la Cámara puso a votación la enmienda de Lino D'ou, ésta obtuvo un solo voto a su favor, el del general Silverio Sánchez Figueras. Este significativo voto no fue casual. Sánchez Figueras fue un gran patriota y guerrero y un representante a la Cámara recto y cívico. Se consideraba representante del pueblo por encima de banderías de partidos, opuesto a las injusticias y partidario de cuantas medidas útiles y beneficiosas se hiciesen en favor del pueblo. Esta fue, así terminó, la trayectoria de la enmienda Morúa por la Cámara de Representantes que la aprobó tal como le había llegado del Senado.

La enmienda como fue presentada originalmente por su autor:

> No se considerará en ningún caso, como partido político o grupo independiente, ninguna agrupación constituida por individuos de una sola raza o color, ni por individuos de una sola clase con motivo del nacimiento, la riqueza o título profesional.

La enmienda o modificación de Gonzalo Pérez:

> No se considerarán como partidos políticos o grupos independientes, a los efectos de esta Ley, a las agrupaciones constituidas exclusivamente por individuos de una sola raza o color.

Proposición final de Recio que le fue agregada a las enmiendas de Morúa y Gonzalo Pérez:

> ...que persigan fines racistas.

Como pasó a la cámara procedente del senado la enmienda y fue aprobada por ésta sin modificación:

> No se considerarán como partidos políticos o grupos independientes, a los efectos de esta Ley, a las agrupaciones constituidas exclusivamente por individuos de una sola raza o color, que persigan fines racistas.

Conclusiones sobre la enmienda Morúa

Los puros principios democráticos sustentados en los primeros tiempos de la República por hombres como Cisneros Betancourt y Laguardia, se evidenciaron en la sesión del Senado del 11 de febrero, frente al reaccionarismo de Morúa y Gonzalo Pérez. El respeto a las libertades públicas, a los derechos ciudadanos amparados por la Constitución del país, fueron gallardamente defendidos por los primeros frente a los segundos, que no solo olvidaron estos principios sino que sofísticamente trataron de arroparse en ellos para vulnerarlos y lograr un afán político y retrógrado: impedir la existencia del Partido Independiente de Color y de cualquier otro partido que fuese concurrente en la arena electoral, en el campo de la lucha social, de los partidos Liberal y Conservador.

Un partido de raza, con proyecciones y fines racistas, era entonces y será siempre impermisible; pero ése no era el carácter ni los fines perseguidos por el Independiente de Color.

En la sesión del 14 de febrero, Laguardia se eximió de participar en la discusión dejando a Cisneros Betancourt como único oponente polemista de la enmienda. Pero en esta sesión, como en la del 11, Morúa ni Gonzalo Pérez pudieron exponer razones de peso, convincentes, en favor de sus respectivas enmiendas.

Cuando el Senado aprobó definitivamente la enmienda, Cisneros se equivocó de buena fe al exclamar que la dictadura quedaba en la puerta de la República; no fue la dictadura lo que quedó en rigor sino una medida discutida democráticamente, pero que en su fundamento y contenido era reaccionaria y antidemocrática.

Morúa, Gonzalo Pérez y todos los partidarios de esta medida limitatoria de los derechos ciudadanos y democráticos, se escudaron en subterfugios para eludir la realidad: la desigualdad del negro en los Partidos Liberal y Conservador, la existencia del prejuicio racial en todas las esferas de la vida nacional.

El Partido Independiente de Color no había surgido por la obcecación caprichosa de sus fundadores y alentadores; las causas productoras de efectos, de su existencia, emanaban de esta desigualdad político-electoral prevaleciente en el liberalismo y el conservadurismo, del prejuicio de raza contra el negro enseñoreándose en la República, de la actitud indiferente en el orden programático y de la actuación pública de los partidos de entonces respecto a esta desigualdad ciudadana.

El procedimiento noble, equitativo, que entonces cabía y cabe aún para los que no han rectificado su conducta política frente a este hecho, que es equiparar en el aspecto de los derechos al negro con el resto de la nacionalidad, era y es rectificar actitudes, revisar programas y actuación frente al prejuicio racial, luchar por extirparlo de nuestra patria y no desconocerlo como Morúa y Gonzalo Pérez, como todos los que se asieron a la enmienda Morúa, no para resolver la desigualdad ciudadana, sino para mantenerla estacionaria, poniéndole un dique coercitivo a los empeños reparadores, igualitarios.

Los opositores de la enmienda en la Cámara de Representantes, más armados en el orden jurídico y más diestros en las lides parlamentarias que Laguardia y Cisneros, fueron más audaces y terminantes al emitir sus argumentos contra ella. La porción del Voto Particular, referente a lo inadecuada e improcedente que era la enmienda, bastaba por sí sola para llamar a juicio a los que libres de pasiones e intereses politiqueros, hubiesen querido actuar en favor de la razón válida, es decir, contra la enmienda, rechazándola.

Viondi Vera enarboló en la Cámara de Representantes la bandera de Morúa y Gonzalo Pérez, y esgrimió los argumentos usados por ellos en la defensa de la enmienda; pero éstos resultaron pálidos frente a los vigorosos y realistas razonamientos de González Lanuza. La enmienda fue aprobada en la Cámara como en el Senado, por la sinrazón expresada en forma de mayoría de votos, de esos votos que anticipadamente, aun antes de iniciarse los debates o discusiones están inclinando la balanza hacia a un lado: al de un propósito justo o injusto, bueno o malo, en este caso, el de la enmienda, estuvieron inclinados hacia el lado injusto y malo de un afán politiquero.

¿Por qué la Cámara no aprobó la enmienda de Lino D'ou, que amparaba, aunque limitadamente, los derechos ciudadanos de la población negra, que era en cierto modo un contén a los prejuicios raciales?

La Cámara rechazó esta enmienda como la hubiese rechazado el Senado, porque la de Morúa no estaba dirigida a impedir el cacareado «peligro» de lucha de razas sino a lograr un fin; político electoral: eliminar a los independientes de color, hacer volver a sus afiliados al seno del liberalismo y del conservadurismo.

Se invocó un presunto «peligro», se adoptaron medidas contra el mismo; pero a un hecho real, innegable, no presumido, que gravita desde siglos sobre la población negra: la segregación racial, no se le quiso tomar en consideración y se le rechazó, con pretexto tan absurdo como el de Risquet, porque de haberse aprobado lo propuesto por L. D'ou, se hubiese producido «la disolución de la sociedad».

En torno a la enmienda Morúa se han suscitado las más diversas opiniones.

Los desconocedores de la trama que la motivó y los partidarios políticos de Morúa, aún la defienden como fórmula «sabia», que pudo evitar antagonismos de razas; pero, ¿por qué, si no lucha de razas produjo la rebelión, que tenía como objetivo su derogación? Sencillamente, porque los independientes comprendieron que la enmienda no solo trataba de impedirles la defensa de sus derechos ciudadanos, sino el electoral, que como partido habían conquistado con la participación en las elecciones del 14 de noviembre de 1908.

A la enmienda Morúa pudieron responder los independientes variándole el nombre al partido, adoptando cualquier otro nombre y dándole cargo de dirección a ciudadanos blancos. Esta solución, en la apariencia, es tan clara, tan convincente, que muchas personas se preguntan todavía sobre las causas que determinaron el que los independientes no la hicieran suya. La bondad de esta solución no admite dudas a primera vista; con otro nombre y abriéndoles la puerta de la dirección del partido a ciudadanos blancos, el problema que le creaba la enmienda Morúa quedaba resuelto desde el ángulo legal; pero, ¿qué solución había para ellos desde el electoral inmediato, es decir, de su participación en las elecciones parciales del 19 de julio y del 1 de diciembre de 1910? Tengamos presente que, por prescripción del Código Electoral vigente entonces, los únicos partidos que tenían facultades para intervenir en estas elecciones parciales, eran el Liberal, el Conservador y el Independiente de Color, por haber participado en unas elecciones anteriores: las del 14 de noviembre de 1908. De lo que se infiere que el cambio de nombre significaba por entonces para los independientes la pérdida de un derecho legítimamente adquirido: la participación en las elecciones parciales de 1910.

La enmienda Morúa, al disolver el Partido Independiente de Color, le arrebató este derecho, e inconforme con este coercitivo procedimiento, los independientes orientaron sus pasos, no hacia el cambio de nombre del partido, sino a la derogación de la enmienda antes de que se iniciase el período electoral y se realizaran las elecciones parciales del primero de julio de 1910.

X. Detención y proceso de los independientes

El 22 de abril de 1910, fueron detenidos los principales dirigentes del Partido Independiente de Color, a los que se acusó por el supuesto delito de asociación ilícita. Más tarde la acusación fue modificada contra los detenidos, a los que se procesó por un nuevo e imaginario delito: el de conspiración para la rebelión.

La modificación de la acusación contra los independientes fue realizada estando encarcelados éstos ya. Fueron detenidos por un supuesto delito y luego se les atribuyó otro de mayor gravedad. La maniobra encaminada a lograr la total paralización de sus actividades salta a la vista: hubo el empeño de atemorizarlos, pero esto fue frustrado por la convicción y firmeza de los independientes, principalmente por la de su líder Estenoz.

El 25 de abril de 1910, el licenciado Alberto Ponce dictó auto de procesamiento contra los detenidos. La porción más sustancial del auto de procesamiento expresaba:

> pero lo más grave de todo ese proceso de malsana división de los elementos que constituyen la masa del país estriba en que llegó a definirse y tomar carta de naturaleza la conspiración para la rebelión con la mira de derrocar las instituciones públicas y asumir ellos su dirección, citándose jefes del movimiento, día y consigna para un levantamiento armado.

Fueron procesados y se les exigió 10.000 pesos en fianza hipotecaria y en moneda americana para gozar de libertad provisional, los siguientes detenidos: Evaristo Estenoz Corominas, Antero Valdés Espada, Mauricio López Luna, Agapito Rodríguez Pozo, José Inés García Medera, Ramón Miranda Cárdenas, Clemente Rodríguez Castañeda, Francisco de Paula Luna, Claudio Pinto Iribarren, Joaquín Barbosa Rodríguez, Gerónimo Morán Fernández, Ramón Calderón Moncada, Francisco H. Ordóñez, Agustín Campa, Plácido Rodríguez, Manuel Montero, Ricardo Curbelo, Pedro Ibonet Echavarría, Enrique Fournier, Jerónimo A. Guerra, Gregorio Surín, Anacleto Hernández Miralles, Ascensión Milián y Belén.

Y fueron procesados el propio 25 de abril, exigiéndoseles fianza hipotecaria de 3.000 pesos para gozar de libertad provisional: Javier Molina Montero, Francisco Valdés López, Crispín Pitalán González, Gaspar Rosales Velazco, Salvador Balanza, Felipe Valdés Hernández, Manuel Ingarriza Betancourt, Juan Pitalau González, Victorio Schaque Uquies, Emilio Soler González, José Suárez Peña, Pedro Pablo Pórtela Solís, Pablo Bacallao, Manuel Alvarez y Alvarez, Francisco Jorrín Velázquez, Tomás Linares Rivero, Rogelio Núñez Heredia, Gonzalo Muñoz Lámar, Juan Coll González, Felipe Díaz Valdés, José Claro Peñalver Garzón, Bonifacio González Leal, Martín Campos Hernández, Marcelino Cabrera Burgos, Eligió Oliva Molina, Dionisio Freyre Ugarte, Valentín Barroso Arteaga, Daniel Casaña, Ramiro Rodríguez y Rodríguez, Bienvenido Jaime Forsal, Pedro Pascual Martínez Vergara, Rafael Rodríguez Casanova, Nolasco Herrera Laferté, Cirilo Rodríguez Isasi y José Ignacio Cabrera.

Posteriormente fueron detenidos o incluidos en el proceso el 28 de abril de 1910, los siguientes miembros del Partido Independiente de Color: Concepción Pérez, Inocencio Pérez, Pascual O'Reilly, Jacobo Estenoz, Bartolomé Santana, Blas Valdés Estenoz, Leoncio Molina García, Evaristo Pedroso, Francisco Carrasco, Sebastián Castillo, Simón Veitía, Eulogio Pérez, Abelardo Rodríguez, Cornelio Quintana y Santiago Rey Bravo; a Francisco Carrasco y Sebastián Castillo, se les exigió la cantidad de 10.000 pesos como fianza y al resto de los procesados de este último grupo, la cantidad de 3.000 pesos en hipoteca y moneda americana.

En marcha este proceso, murió el senador Morúa Delgado, autor de la Enmienda que lleva su nombre y a consecuencia de la cual fueron ilegalizados los independientes, perseguidos y encarcelados sus líderes y muchos de sus afiliados.

Martín Morúa Delgado falleció en Santiago de las Vegas, el 28 de abril de 1910, dejando en gestación este proceso jurídico, quizás ignorando el próximo trágico capítulo de esta lucha entre los independientes y quienes se les opusieron a sus propósitos, que culminó en mayo de 1912.

Como a los procesados se les exigió la absurda fianza de 10.000 y 3.000 pesos moneda americana y en hipoteca para que pudiesen gozar de libertad provisional, ante esta injusticia que significaba una condena previa, ya que ninguno de los encarcelados contaba con recursos económicos para situar la fianza, exigida, un grupo de los procesados envió el 16 de mayo de 1910 una carta al presidente y a todos los miembros de la Cámara de Representantes. Firmaron esta carta: Clemente Rodríguez, José Inés García, Francisco P. Luna, Gregorio Surín, Enrique Fournier, Ricardo Curbelo, Joaquín Barbosa, Pedro Ibonet, Julián V. Sierra, Agustín Campos, Claudio Pinto y Gerónimo Morán.

La carta señalaba que, siendo la mayoría de los firmantes veteranos de la independencia, no podían dejar pasar inadvertida la fecha patriótica del 20 de mayo, y que mientras ellos habían sido calumniados, ofendidos y encarcelados por haber integrado un partido que tenía como divisa principal el afán de lograr «La República igualitaria sin odiosas preteriferiones raciales», ese día 20 de mayo los enemigos de la Revolución Redentora y de la República, apurarían champagne en la fiesta de la Nación en tanto sus familiares estarían sufriendo las consecuencias de su injusto encarcelamiento.

Aclararon que no solicitaban benevolencia de nadie, que solo deseaban que el 20 de mayo de 1910 no se encontrase con la vergüenza de su injusto encarcelamiento y que los llamados a resolver su situación eran los congresistas de la República.

Observemos que entre los firmantes no aparece el nombre del líder máximo de los independientes, el general Evaristo Estenoz.

La Cámara tuvo conocimiento de esta carta, en su vigésima cuarta sesión ordinaria, el 18 de mayo de 1910. El general Silverio Sánchez Figueras solicitó la lectura de la carta en la Cámara, y Ferrara, presidente de la misma, ordenó que se le diese lectura.

Leída la carta, usó de la palabra el general Sánchez Figueras, expresando que unos ciudadanos en el pleno uso de los derechos constitucionales se habían reunido legalmente y constituido un partido tan lícito como los restantes que existían en la República.

Pero que mediante falsas propagandas y otros procedimientos se les habían atribuido a ese Partido propósitos que él, Sánchez Figueras, era capaz de responder con «su cabeza» que ese fin no había existido en Cuba.

Se refirió a la situación de los independientes, que después de haber sido privados de la libertad y procesados, se les había exigido una fianza tan elevada para su excarcelación, que la mayoría de ellos no podían cubrir.

Infiriendo S. Figueras que en virtud de no habérseles encontrado a los procesados ningún documento ni prueba acusatoria, «lejos de haber razón para exigírseles la enormísima e injustificada fianza de 10.000 pesos en hipoteca que se les ha exigido a esos acusados, debían estar en libertad APUDACTA, o sea, con la obligación de presentarse cada dos, tres o cuatro días o todas las semanas, o bien como al señor Juez de Instrucción le pareciera que lo hicieran».

Finalizó S. Figueras proponiendo la intervención de la Cámara, para que actuase cerca del presidente de la República y a fin de que éste resolviese la situación que confrontaban los procesados.

El representante Enrique Roig Forte de Saavedra aclaró a S. Figueras y a la Cámara que ésta no debía conocer este asunto por tratarse de un problema jurídico, cuya solución estaba en la vía de un recurso de HABEAS CORPUS. Propuso Roig que, de acuerdo con el reglamento de la Cámara, no había lugar para la deliberación, y fue aprobada su proposición por la mayoría de la Cámara, con los votos en contra de S. Figueras y Audiver.

El 17 de septiembre de 1910, la Sala Tercera de lo Criminal de la Audiencia de La Habana, mediante auto, declaró no haber lugar a un recurso presentado en favor de los procesados.

Pero el 23 de septiembre, seis días después, el Tribunal Supremo de Justicia declaró con lugar el propio recurso de Habeas Corpus, que fue presentado por el licenciado Fernando Freyre de Andrade.

Después de diversas consideraciones, el Tribunal Supremo resolvió que era excesiva la fianza hipotecaria que se había exigido a trece de los procesados, determinando reducirla a la cantidad de 3.000 pesos moneda americana, como fianza a los procesados Pedro Ibonet Echavarría, Ramón Calderón, Enrique Fournier, José Inés García, Tomás Landa García, Francisco P. Luna, Manuel Montero, Gerónimo Morán Fernández, Rufino Peruyero Valdés, Claudio Pinto Iribarren, Agapito Rodríguez Pozo, Plácido Rodríguez, Gregorio Surín, Julián Valdés Sierra y Evaristo Estenoz Corominas, para gozar de libertad provisional si prestaban esa fianza, con la obligación de concurrir semanalmente ante la autoridad judicial que conocía de la causa.

La Sala que conoció de este recurso estaba integrada por los magistrados Antonio González Govín, Rafael Cruz Pérez, José Cabarroca Hortas, Joaquín Demestre y Juan Gutiérrez Quirós.

Se ofrecieron para prestar la fianza exigida a los procesados, algunos de sus antiguos compañeros de la Guerra de Independencia y destacadas personas de la oposición al gobierno de Gómez. A Estenoz, se la ofreció su antiguo compañero de la manigua, Aurelio Hevia; a Claudio Pinto, el coronel Cosme de la Torriente; a Ramón Calderón Moncada, el director del diario *Cuba*, Miguel Espinosa; a Rufino Peruyero, el doctor Ignacio Cardona; a Pedro Ibonet, el doctor Eduardo Dolz; a Julián V. Sierra, el coronel Manuel M. Coronado.

Los enemigos del Partido Independiente de Color pretendieron utilizar estos ofrecimientos para demostrar, ante la opinión pública, que la aceptación de los mismos implicaba el renunciamiento de parte de los procesados a sus principios e ideales.

Impuesto de esta malévola propaganda, el general Evaristo Estenoz, líder principal de los independientes, redactó y firmó en la cárcel de La Habana, el 8 de octubre de 1910, una vibrante replicadora carta dirigida a la opinión pública.

> Y personalmente —refutó Estenoz a sus detractores— nadie puede confundirse y menos tergiversar con aviesas pretensiones mis actos pasados, presentes y futuros, que pronto han de estar ajustados a las ideas que profeso, a los principios que defiendo y a mi conducta, conocida ya por todos en la vida pública y privada.

Hizo constar que en cualquier circunstancia que le hiciese vivir el odio de sus enemigos, de sus adversarios, siempre procedería como un hombre honrado y decente, y como un ciudadano consciente de sus deberes y derechos. También declaró que las fianzas que algunos de sus compatriotas habían prestado o se disponían a prestar por los procesados, no determinarían la apostasía de sus principios ni que vendiesen éstos o fuesen a dar sus votos, «por odios a unos para favorecer a otros».

> Ni conservadores ni liberales: independientes de color solamente, precisamente. Independientes —expresó Estenoz— aunque recorramos el calvario, y se nos haga apurar la cicuta. Independientes de color porque al separarnos de los partidos existentes lo hicimos con el convencimiento de que a los fines, intereses y progreso de la raza de color solo así convenía, evitando de una vez para siempre el caer de rodillas unas veces ante los conservadores y otras ante los liberales.

La carta hacía referencia a las vejaciones sufridas por los negros tanto en el Partido Liberal como en el Conservador, de las que participaban incluso las leyes, y esto último era una alusión a la Enmienda Morúa.

Concluía la carta manifestando que nadie tenía derecho a suponerle intenciones distintas a la que hasta entonces había sido la línea de conducta que había regido todos sus actos. Esta carta, esta actitud de Estenoz, paralizaron la aviesa campaña de sus enemigos, que creyeron oportunidad propicia para el ataque, las fianzas que se habían ofrecido a prestar en su favor algunos compañeros y amigos de los procesados.

El 11 de octubre de 1910, fueron puestos en libertad amparados en fianzas: Evaristo Estenoz, Plácido Pérez López y Gregorio Surín, poniéndose Estenoz nuevamente al frente de la campaña contra la Enmienda Morúa y por la liberación del resto de sus compañeros que habían quedado en la prisión.

La detención y el proceso de los independientes fue uno de los más arbitrarios procedimientos políticos y jurídicos realizados en Cuba. Con la detención y proceso de los dirigentes del Partido Independiente de Color, se pretendió complementar la Enmienda Morúa y la liquidación del Partido.

Pero este pretendido tiro de gracia resultó fallido a sus autores, que tuvieron que continuar enfrentándose con las contingencias de unos hombres y mujeres firmes, decididos a todo menos a cejar en sus empeños.

XI. Escisión del partido en la prisión

En la cárcel de La Habana, cuando se encontraban presos los líderes del Partido Independiente de Color, surgió una división entre los mismos, motivada por unas declaraciones que redactaron e hicieron públicas los siguientes dirigentes del Partido: Antero Valdés Espada, presidente de la Asamblea Municipal de La Habana; Rufino Peruyero, de la Asamblea Municipal de Matanzas; Ricardo Curbelo, del Comité de Yaguaramás; Joaquín Barbosa, presidente de la Asamblea Municipal de Guanabacoa; Anacleto Hernández Miralla, del Comité de Consolación del Sur; José Inés García; Clemente Rodríguez, de la Asamblea Municipal de La Habana; Enrique Fournier, de la Asamblea Provincial de Oriente; y Mauricio López Luna, de la Asamblea Provincial de Santa Clara.

Estas declaraciones fueron hechas públicas el 20 de julio de 1910, y, entre otras cosas, expresaban:

> hemos acordado, a virtud de la Enmienda Morúa, dar por disuelto dicho partido —se referían al Independiente de Color— al cual pertenecimos como miembros directores; y a su vez, recomendamos a nuestros correligionarios disuelvan sus respectivas Asambleas primarias, toda vez que la mencionada Enmienda Morúa reforma la Ley Electoral y anula de derecho, al citado Partido.

Con la actitud liquidadora de los firmantes de estas declaraciones, se inició una dicha ideológica entre los dirigentes del Partido Independiente de Color, que guardaban prisión.

Estos antagonismos giraron fundamentalmente entre Evaristo Estenoz y los disidentes. Estenoz mantuvo firme el punto de vista de sostener a toda costa la bandera del Partido Independentista y de arrostrar las nuevas contingencias que se le presentaron con la aprobación de la Enmienda Morúa.

Los firmantes de la declaración pública acataron la Enmienda Morúa y sus derivaciones, incluyendo la disolución del Partido Independiente de Color.

Esta pugna fue ofreciendo, durante el curso de su desarrollo, el criterio firme de Estenoz y las vacilaciones de los otros, algunos de los cuales cayeron en el oportunismo político, abjurando de los principios del Partido Independiente de Color.

¿Por qué los dirigentes de un partido, que son detenidos y encausados arbitrariamente en un proceso judicial, lo dan por disuelto encontrándose en prisión y aceptan una enmienda que se discute y aprueba por el Congreso de la República contra ellos, sin darles la oportunidad, la posibilidad democrática de oponerle opiniones, por razón de impedírselo la prisión injusta que sufrían?

La falta de fe en las gestiones futuras del Partido o el deseo de reconquistar la libertad, de salir de la prisión, parecen haber sido las causas determinantes de la decisión que adoptaron los firmantes de esta declaración pública liquidacionista. Evaristo Estenoz replicó enérgicamente a los desertores.

Mediante una carta pública fechada en la cárcel de La Habana el 2 de agosto de 1910, Estenoz refutó a los liquidadores, expresando entre otras opiniones las siguientes:

> Por eso, contestando a unos, desmintiendo a otros y orientando a mis correligionarios que, de buena fe siguen nuestros principios y mantienen nuestros ideales, es por lo que puedo asegurarles a todos que no ha habido tal disolución, ni aun siquiera cambio de nombre. Es más, creo que para los leales a los principios sustentados por el Partido Independiente de Color, no habrá bastante motivo para cambio alguno, puesto que no han desaparecido y sí aumentado los motivos que informan esta agrupación política, y que a nuestro juicio es la única que responde con fidelidad a las necesidades y motivos que nos impulsan a ello.
>
> Por otra parte, los fines perseguidos por los Independientes de Color son lícitos y legales y en lo que se refiere a la actual crisis provocada por nuestra prisión, no es más que una tregua impuesta por las modificaciones introducidas en la Ley Electoral. Así, pues, no hay tal disolución; lo que solo es cierto que algunos correligionarios se han dado de baja en nuestras filas y han renunciado los cargos que desempeñaban en las distintas asambleas.

Este pronunciamiento de Evaristo Estenoz refleja la energía y firmeza de su ideología y proceder, características relevantes en su persona, íntegra y apasionada hasta la vehemencia.

El 3 de agosto de 1910, y desde la cárcel de La Habana, Mauricio López Luna, Antero Valdés Espada, Clemente Rodríguez, José Inés García, Rufino Peruyero, Joaquín Barbosa, Anacleto Hernández, Enrique Fournier y otros, respondieron a la réplica de Estenoz, haciendo constar en la misma que reafirmaban su criterio anterior de dar por disuelto el Partido y que habían roto todas las relaciones que habían mantenido con Evaristo Estenoz.

La escisión se mantuvo mientras estuvieron presos en la cárcel de La Habana, y cuando todos fueron puestos en libertad por sentencia absolutoria de la Sala Tercera de lo Criminal de la Audiencia de La Habana, ésta, la división, se prolongó.

La mayoría del Partido, los independientes que seguían las orientaciones del líder Estenoz, cercados por las derivaciones de la Enmienda Morúa, se orientaron hacia gestionar del gobierno de Estados Unidos la anulación de esta Enmienda, fundamentando su criterio en el hecho de que había sido el gobierno interventor de Mr. Magoon el que le había dado licitud, derecho de partido, al Independiente de Color en el año 1908.

Partiendo de estos antecedentes, concibieron el propósito de enviar una comisión a Washington para que plantease lo concerniente a la invalidación de la Enmienda Morúa.

Algunos de los escisionistas de la cárcel de La Habana se opusieron a este propósito, al envío de la comisión a Estados Unidos, pero no lo hicieron con criterio patriótico y antiimperialista, sino impulsando afanes politiqueros, habiendo derivado ya hacia un marco político electoral que distaba mucho de la ideología de los Independientes de Color, es decir, convertido ya en grupo político electoral, que había abjurado de la causa alentada por el Partido Independiente de Color y su líder Evaristo Estenoz.

Los opositores al envío de la comisión a EE.UU., bajo el título de «Aclaración al Pueblo», hicieron público un manifiesto que firmaron entre otros: Miguel Palacio, Octavio Betancourt, Adriano Palacio, Alfredo Díaz y José Mesa. El manifiesto vio la luz pública en febrero de 1911; y en el mismo, sus firmantes hacían constar que eran opuestos al envío de la comisión del Partido Independiente de Color a EE.UU., proclamaron que se habían convertido en «liberales avanzados», y que estaban dispuestos a colaborar con el gobierno del general José Miguel Gómez.

Cuatro meses después, el 9 de junio de 1911, muchos de los firmantes del manifiesto aludido se entrevistaron con el entonces secretario de Gobernación —y uno de los principales enemigos de los independientes de color— Gerardo Machado y Morales, al que participaron que habían constituido el «Partido Independiente Republicano». Figuraron en esta comisión, entre otros, Gregorio Surín, Mauricio L. Luna y Sabino Acosta.

La lucha de principios habida en la cárcel de La Habana creó dos grupos en el seno del Partido Independiente de Color: uno, el de los que tácitamente abandonaron la lucha independentista, declarando disuelto el Partido; y el otro, animado e impulsado por Estenoz, que se abrazó con más entusiasmo aún a la bandera e ideología de los independientes de color. La tendencia liquidadora se adentró por la senda del oportunismo político; primero se declaró «liberales avanzados» y dispuestos a colaborar con el gobierno del presidente Gómez y más tarde se constituyó o trató de constituirse en «Partido Republicano Independiente», y siempre en disposición de colaborar con el gobierno del general Gómez. Esta tendencia se convirtió en legalista, ausente de revolucionarismo y carente de principios ideológicos.

A partir de la promulgación de la Enmienda Morúa, Estenoz y sus partidarios se fijaron, como objetivos tácticos, lograr, obtener, la derogación de esta Enmienda. Sus actividades principales las encaminaron hacia la conquista de este propósito, logrando realizar en torno al mismo un fuerte movimiento de opinión pública en todo el país, que convirtió al Partido Independiente de Color en una organización política de envergadura.

Esta tendencia, la de Estenoz, al triunfar sobre la liquidacionista, logró arrastrar tras de sí a muchos liquidadores de significación, que, como Surín, se reincorporaron al Partido, y fueron participantes activos en la lucha por la derogación de la Enmienda Morúa y en la protesta armada de mayo de 1912.

XII. Las sesiones del juicio oral

El 14 de noviembre de 1910, tuvo inicio el juicio oral que se les siguió a los independientes de color por conspiración para la rebelión. Las sesiones se efectuaron en la Sala Tercera de lo Criminal de la Audiencia de La Habana. La Sala Tercera estaba formada, en el acto de la sesión primera, por el doctor Juan M. Menocal como presidente y los doctores José M. Aguirre y Luis Gastón como magistrados. Los abogados defensores fueron: Fernando Freyre de Andrade, Emilio E. Mármol, Kieardo R. Duval y Octavio Ortiz Casanova.

El ministerio público estaba representado por el teniente Fiscal Licenciado Pedro Pablo Rabell.

El fiscal calificó los hechos de que se acusaba a los procesados como constitutivos de un delito de conspiración para la rebelión, previsto en el artículo 244 del Código Penal y en relación con el 237 del propio Código y penado con arreglo a lo dispuesto en el Real Decreto de 20 de mayo de 1880, que había modificado la pena fijada para ese delito. En sus conclusiones provisionales el fiscal solicitó el sobreseimiento de la causa para cincuenta de los acusados y para los restantes, con excepción de Gerónimo Morán, pidió la pena de tres años, seis meses y veintiún días de prisión correccional a cada uno y el pago de las costas como abono de todo el tiempo en que habían estado sufriendo prisión preventiva; a Gerónimo Morán, le apreció el fiscal la agravante de haber sido condenado por atentado y le pidió la pena de cuatro años, nueve meses y once días de prisión correccional.

Comenzó el juicio ordenando el presidente de la sala la prueba de confesión. Los procesados, acogiéndose al derecho que les daba la Ley, se abstuvieron de declarar, con las excepciones de Antero Valdés Espada, que lo hizo para mostrarse en desacuerdo con las acusaciones del fiscal; y Ramón Miranda, que negó ser independiente de color y alegó su condición de liberal, atribuyendo a un error policíaco el encontrarse entre los procesados.

Seguidamente dio comienzo la prueba testifical, siendo los primeros en declarar:

EDUVIGIS GONZÁLEZ, Jefe de la Policía Especial de Gobernación, que declaró haber realizado investigaciones por haber tenido «confidencias» de que el Partido Independiente de Color estaba preparando una rebelión; a preguntas del Fiscal, confesó que, personalmente, él no había realizado ninguna investigación y que lo que sabía del supuesto hecho lo conocía por «rumores» y confidencias.

JOSÉ UGARTE, Jefe de la Policía Secreta, declaró que todo lo que conocía de la «conspiración» lo había obtenido por la vía de los rumores y las confidencias.

ANTONIO AINCIARTE, capitán de la Policía, declaró que el rumor público le hizo sospechar sobre el molimiento y que inmediatamente había comisionado a tres policías y un sargento para que investigasen lo que hubiese de cierto; y que ni sus subordinados ni él pudieron precisar ni lograr ninguna prueba concreta; que había detenido a José Inés García por las relaciones que éste tenía con Evaristo Estenoz.

PEREIRA, capitán de la Policía, declaró que creía que el asunto era «más bien una cuestión social que política», y que las armas encontradas a Julián Valdés Sierra estaban mohosas, impropias para ser usadas en una rebelión.

RAMÓN MONFORT, miembro de la Policía Judicial, declaró que lo único que podía exponer era que en Regla se reunían los hombres de color; no precisó de qué modo ni para qué fines se reunían.

Segunda sesión del juicio oral

Esta sesión tuvo efecto el día 15 de noviembre de 1910, en la propia Sala Tercera de la Audiencia de La Habana. Declararon en esta segunda sesión, los siguientes testigos:

JOSÉ LORENZO R. VALDÉS, vecino de Regla, expuso que tenía alquilada una accesoria en la calle Fresneda, que en ella se reunían negros y blancos, y que oyó rumores por la calle de que pretendían hacer una matanza de blancos.

ELIZARDO MACEO URBIZO manifestó que había hecho pública una carta contra el movimiento y que había tenido conocimiento del mismo por las informaciones de la prensa diaria.

JOSÉ MARICHAL QUESADA, miembro de la Policía Secreta, declaró que se había enterado del movimiento por conducto de otras personas.

FELIPE VIGIL RODRÍGUEZ declaró que lo habían puesto a vigilar la casa ubicada en Martí N.º 158 de Regla, en la que había visto entrar a muchas personas de color; se enteró por rumores de que existía el propósito de atacar el cuartel de bomberos de Regla.

TRANQUILINO FALENCIA, citado como testigo para que declarase en esta sesión, no concurrió a la misma, como tampoco Blas Nicolás Llanos, recomendando el letrado defensor Freyre que fuese buscado por la Policía Judicial, pues, en su opinión este testigo era una persona imaginaria, inexistente.

Tercera sesión del juicio oral. 16 de noviembre de 1910
Declaró, como primer testigo en esta sesión, Jesús Hernández, policía, el que expuso que había asistido a algunas fiestas políticas organizadas por los independientes y que habían sido llevadas a efecto en los parques de Jesús María y Cristo. Acusó a los procesados Antero Valdés Espada, Surín y Estenoz de haber manifestado desde la tribuna «que estaban en iguales condiciones que los blancos para gobernar el país y alternar en sociedad, porque ésos eran derechos adquiridos en la Revolución». Que Antero Valdés Espada le había manifestado que el Gobierno estaba constituido por hombres corrompidos, ineptos, incapaces de dirigir el país y que si era necesario echarlo del poder con la guerra se apelaría a la guerra. Que habiendo recorrido la Isla en varias ocasiones, había podido observar como en la Estación de

Villanueva era esperado Estenoz por sus amigos y que éste los alentaba diciéndoles:

> No desmayéis en vuestro noble empeño. Ya se aproxima el momento crítico.

JOAQUÍN HURTADO, policía secreta, declaró que había oído diversas manifestaciones a los procesados y entre ellas las siguientes:

> Que era necesario librar al negro de la presión de los blancos y que si para lograr esto era necesario adoquinar las calles con cabezas de blancos, se haría.

Agregó este testigo que los procesados estaban enemistados con Morúa Delgado y Juan Gualberto Gómez.

FÉLIX LANCÍS, policía secreta, declaró que había asistido a los mítines celebrados por los independientes en los parques Colón, Cristo y la India; que había escuchado a Rurín, Estenoz y V. Espada manifestarse en pro del derrocamiento del gobierno de Gómez; y, además, que había visto a Estenoz entrar en la casa del Ministro de Haití.

ENRIQUE TOMÁS, Jefe de la Policía Secreta de Oriente, declaró que había oído a los procesados manifestarse en los siguientes términos:

> Que había llegado el momento de que los hombres de piel negra abriesen los ojos y enseñaran a los blancos a gobernar; que era necesario apoderarse del Gobierno Provincial y del Ayuntamiento y enviar a Mayarí las maestras blancas que trabajan en Santiago de Cuba.

Concluyó su declaración este testigo, haciendo constar que no había nada de conspiración ni de rebelión, pero que las familias de Holguín, Songo y Cobre, «estaban alarmadas porque oían hablar de cortar las cabezas que no fueran ásperas».

ELIA PÉREZ BENÍTEZ, jefe de la Policía de Aguacate. En sus declaraciones, este testigo acusó al procesado Lafferté de celebrar reuniones en su domicilio, expresando que había oído decir que era necesario derrocar al Gobierno, y terminó su declaración exponiendo «que no sabía nada personalmente contra Lafferté».

OSCAR HERNÁNDEZ, guardia rural destacado en el Ingenio Averhoff, declaró que se había enterado de que Lafferté asistía a reuniones secretas y que «una noche oyó una conversación entre éste y su esposa y ésta trataba de persuadirlo de que no fuera al monte».

Cuarta sesión del juicio oral. 17 de noviembre de 1910

LEÓN GONZÁLEZ PÉREZ, policía de Aguacate, expuso en sus declaraciones que no conocía a ninguno de los procesados, que había recibido instrucciones superiores para vigilar a ciertas personas de color sobre las que recaían sospechas de celebrar reuniones secretas, que nunca oyó hablar mal del Gobierno, ni que el procesado Lafferté pensara alzarse, ni que tuviera relación con La Habana.

CARLOS RIVERO RIVERO, guardia de la colonia Averhoff, hizo constar en sus declaraciones que había oído a seis o siete personas expresarse en estos términos:

> Tenemos que buscar la manera de acabar eso; hay que arreglar a los blanquitos.

Que nunca oyó hablar mal del Gobierno a pesar de que él y otros estuvieron rondando mucho tiempo la casa de Lafferté.

MAGÍN TORRES, ex jefe de la Policía de Ranchuelo, declaró que los hombres de color pedían el reconocimiento y la obtención de sus derechos, lo que trataban de alcanzar pacíficamente; pero que si no lo lograban por esa vía, «irían a Palacio, tomarían al presidente y lo colgarían de la estatua de Martí». Finalizó su declaración este testigo, haciendo constar que personalmente nada sabía y que sus declaraciones se fundamentaban en rumores; acusó al alcalde de Ranchuelo de haber asistido a un mitin de los independientes y de haber aplaudido a los oradores.

SERAFÍN TOBO FREGO manifestó que los independientes, en la tribuna pública, mostraban empeño en que se les reconocieran sus derechos y amenazaban con que si no los obtenían en Cuba, irían a EE.UU., a reclamarlos.

NICOLÁS BERBER, corresponsal del diario *La Lucha*, en Santiago de Cuba, declaró que había publicado un artículo contra el movimiento «porque entendía que no era posible la separación de razas». No supo que se hiciera política hostil al Gobierno. No oyó a Surín ninguna frase que hiciera pensar en una revolución.

GONZALO CORRALES, periodista; lo más importante que expuso este testigo fue que los independientes «hablaron de apelar a todos los medios para obtener todos sus derechos».

FÉLIX ARANDA manifestó que recibió órdenes de vigilar a los independientes, y que éstos realizaban sus campañas en todos los barrios y que éstas eran para derrocar al Gobierno.

Al ser interrogado por los letrados de la defensa no pudo mencionar el nombre de quien le suministró la confidencia por no saberlo.

Quinta sesión del juicio oral. 18 de noviembre de 1910
Depusieron en esta sesión los testigos:

FEDERICO ROSADO, policía especial de Gobernación, expresó que en el mitin efectuado por los independientes en la Alameda de Paula, lo más importante que había observado en él fueron los ataques que se le habían hecho al proyecto de Ley del Canje del Arsenal por los terrenos de Villanueva, y que en este acto había tenido participación el representante a la Cámara general Silverio Sánchez Figueras.

AGUSTÍN SOREGUI, sargento de la Policía Nacional, declaró que había sido comisionado para vigilar a los independientes, pero que sus pesquisas no tuvieron resultados positivos, obteniendo solamente algunas noticias de las actividades de los independientes por confidencias.

MANUEL SANJURJO, de la Policía Nacional, declaró que había sido comisionado para vigilar a Estenoz, teniendo como posta fija la Acera del Louvre y el Parque Central, y que no había podido lograr ningún dato concreto ni personal del vigilado.

ANTONIO PÉREZ, de la Policía Nacional, declaró que no tenía ningún dato adquirido personalmente.

JOSÉ MIGUEL NÚÑEZ, ex policía de Santa Clara, declaró que lo que sabía del movimiento «lo había oído» y supuesto.

ALFREDO DOMÍNGUEZ HERRERA, cabo de la Guardia Rural, declaró que «oyó hablar de que se pensaba derrocar al Gobierno».

Sexta sesión del juicio. Oral 19 de noviembre de 1910
Declararon en esta sexta sesión del juicio oral los siguientes testigos:

G. H. ZANETTI, jefe de la Policía Especial de Matanzas, que se refirió a que por rumores había tenido conocimiento de la conspiración y de supuestos depósitos de armas que tenían los conspiradores.

MIGUEL RODRÍGUEZ BATISTA, vecino de Camajuaní, expuso que en un mitin llevado a efecto por los independientes en ese lugar, Ramón Calderón Moncada, uno de los oradores del mismo, había manifestado desde la tribuna:

> si no nos dan lo que queremos, se acabará la República para siempre. Tenemos al efecto dispuestos 45.000 negros, entre ellos 10 o 12 generales y 200 coroneles.

PABLO TORRES, jefe de la Policía de Guantánamo, expresó que los mítines de los independientes en esa ciudad habían producido gran agitación y alarma entre la población, principalmente los discursos de Estenoz; acusó a Bernardino Ruiz de conspirar para derrocar al Gobierno.

RAFAEL CARABALLO: la declaración de este testigo careció de importancia.

Séptima sesión del juicio oral. 21 de noviembre de 1910
Depusieron en esta sesión los testigos:

JOSÉ DEL CASTILLO, detective de la Policía Secreta, que declaró haber asistido a los mítines efectuados por los independientes y que había oído rumores de que éstos pensaban derrocar al Gobierno mediante un golpe de estado para acabar con los blancos.

JOSÉ ACOSTA, alcalde Municipal de Aguacate, acusó al procesado Lafferté de conspirar, ocurriendo un hecho simpático: al pedirle la Sala a José Acosta que señalara a Laffertè de entre los procesados y no pudo hacerlo porque no lo conocía.

DIEGO FRANCHI, alcalde de Guanabacoa, lo único que declaró fue que, según noticias que recibió, los independientes pretendían derrocar al Gobierno.

ISIDRO ACEA, policía especial, declaró que en el órgano de prensa de los independientes se injuriaba al Gobierno y que nada conocía de la conspiración.

BLAS NICOLÁS LLANO Y ALONSO, lector de tabaquería y músico, fue el individuo a quien Freyre calificó en sesión anterior de personaje imaginario, inexistente. Llano Alonso se contradijo en sus declaraciones, vaciló y negó su anterior y extensa declaración escrita que obraba en el sumario.

JUAN DE DIOS RODRÍGUEZ, cabo de la Guardia Rural de Holguín, expresó que oyó decir «que ese elemento estaba descontento», habiéndose enterado de la constitución de un comité de los independientes en Holguín y que en esta ciudad había corrido el rumor de que «iban a arrancarles la cabeza a los blancos».

JESÚS GUTIÉRREZ, guardia rural de Holguín, lo único que declaró fue que allí se «hacía propaganda».

MANUEL PUPO, soldado destacado en San Andrés (Holguín), se limitó a declarar que se había enterado de que le «habían ocupado unos papeles a determinado individuo que había allí de La Habana», agregando haber oído hablar de «cortar la cabeza a los blancos».

ANTONIO CURBELO, guardia rural, manifestó que personalmente no pudo adquirir en sus investigaciones ningún dato.

ROSENDO DURÁN BACALLAO, inspector de la Policía Especial de Gobernación, declaró que anduvo por toda la Isla investigando la conspiración y aunque oyó por dondequiera hablar de ella, no pudo encontrar ningún indicio ni dato concreto sobre la misma; a preguntas del Licenciado Freyre, respondió que como ciudadano tenía la opinión de que no había nada de lo dicho, es decir, de la conspiración.

VALERIANO HIERREZUELO expuso que conocía de reuniones efectuadas por los independientes, pero que ignoraba todo lo concerniente a la conspiración.

MANUEL TAMAYO concretó su declaración a exponer que todo lo que sabía de la conspiración lo conocía por comentarios que había oído alrededor de la misma.

FLORENTINO MAS MILANÉS declaró haberse enterado de la conspiración por un hermano, habiendo oído rumores sobre «barcos filibusteros» sorprendidos en Guantánamo, y de un comentario circulante que atribuía a los hombres de color estas expresiones: «Ya llegó el momento de que no haya más cabezas sino con pasas».

Octava sesión del juicio oral. Noviembre 22 de 1910
Declararon en esta octava sesión:

JUAN GUALBERTO GÓMEZ, director de *La Lucha*, expuso la no existencia de la supuesta conspiración, expresando que a pesar de haber seguido cuidadosamente el curso de la propaganda de los independientes y del proceso que se les estaba siguiendo, no había encontrado nada que confirmase las acusaciones que a éstos se les hacían.

JUAN BAUTISTA JIMÉNEZ, jefe de la Policía Especial de Santa Clara, expuso que, habiendo recibido órdenes de vigilar a los independientes, se las hizo llegar a sus subordinados y que ninguno de ellos le pudo traer informes de la conspiración, habiendo sido el general Esquerra, jefe de la Guardia Rural de la provincia, el que le había hablado de la misma.

DR. ALFREDO ZAYAS Y ALFONSO, vicepresidente de la República, manifestó que se había enterado de la conspiración por rumores y que no les concedía ningún crédito a éstos.

RAFAEL ZARRAGA, jefe de la Policía del Cobre (Oriente), señaló que los independientes hacían propaganda contra el Gobierno, pero que desconocía la existencia de la conspiración.

Novena sesión del juicio oral. 23 de noviembre de 1910
Declararon en esta sesión:

DR. CLEMENTE VÁZQUEZ BELLO, ex presidente de la Junta de Educación de Santa Clara, quien hizo constar que no creía en la tal conspiración ni en que estuviese en peligro la existencia del Gobierno como se rumoraba.

TRANQUILINO PALENCIA, representante a la Cámara por la provincia de Oriente, manifestó que no daba crédito a la supuesta conspiración y que sí reconocía la exaltación tribunicia de los independientes; negó haberle informado al gobernador Manduley que en Alto Songo se conspiraba.

EDUARDO VÁRELA ZEQUEIRA, redactor del diario *El Mundo*, aseguró al tribunal que en ningún lugar de la Isla se había conspirado.

MODESTO MORALES, director de *El Triunfo*, órgano de prensa del Gobierno, declaró que nada sabía ni nada había investigado en relación con la conspiración, habiéndole sorprendido la detención de Ramón Miranda, a quien consideraba un buen liberal y amigo del general Gómez y de M. Morúa Delgado.

GENERAL JESÚS RABÍ, veterano de la Independencia, declaró que nada había oído hablar de la conspiración y sí de reclamar derechos.

GENERAL JULIÁN BETANCOURT, también veterano, afirmó que no había tal conspiración sino una trama mal urdida por los policías de Gobernación.

JUAN DE DIOS CEPEDA: nada sabía ni nada pudo decir sobre la conspiración.

JACINTO ALLENDE: declaró ser amigo de los procesados y no pudo aportar nada más que fuese de interés.

Décima sesión del juicio oral. 28 de noviembre de 1910
MANUEL VILLALÓN, gobernador de Santa Clara, manifestó que solo conocía el movimiento conspirativo mediante confidencias y que en su provincia solo había habido alarma en Cruces y Lajas.

RAFAEL MANDULEY, gobernador de Oriente, expuso que había realizado investigaciones sobre la conspiración, enterándose de que en Alto Songo, Palma Soriano y Baracoa era donde mayor auge tenía ésta; pero que no tenía ninguna prueba que acusase directamente a los procesados.

ANTONIO COLAS, director de Comercio de la Secretaría de Agricultura, Industria y Trabajo, declaró que había estado en Oriente y que trató de comprobar la existencia de la conspiración, pero que sus pesquisas no le arrojaron nada positivo.

PEDRO TORRES, jefe de la Policía de Matanzas, hizo constar que nada sabía y que nada podía exponer en relación con la conspiración.

En el curso de las sesiones del juicio oral, dejaron de concurrir algunos testigos, entre ellos Joaquín Hernández, Ambrosio Grillo, Manuel Fernández Guevara, Prisciliano Espinosa, Rafael Rodríguez Calderón, Bernardo Viera, Pablo Rodríguez, Rafael Salas, Pedro Estaffé, Pedro A. Pérez y otros que fueron renunciados finalmente por el fiscal.

Con la décima sesión del juicio oral, se dio por terminada la prueba testifical.

Décima primera sesión del juicio oral. 2 de diciembre de 1910

En esta sesión, el fiscal retiró la acusación que había formulado contra los procesados Francisco de Paula Luna y Rufino Peruyero, manteniendo los cargos y las penas solicitadas para el resto de los procesados. Al hacer sus conclusiones, el fiscal solicitó de la Sala fallo condenatorio para todos los procesados, basándose su petición en la «situación política cubana» y como una medida encaminada a impedir nuevas conspiraciones.

En esta misma sesión, Freyre, apoyándose en las declaraciones de los testigos y en la no comprobación de las acusaciones que se imputaban a los procesados, demandó la formación de causa por falsa denuncia y perjurio contra todos los que habían incurrido en estos delitos en el curso de las sesiones del juicio oral.

Décima segunda sesión del juicio oral. 3 de diciembre de 1910

Los letrados defensores doctores Ortiz y Emilio H. del Mármol, informaron en esta sesión, argumentando en favor de sus defendidos la absolución de los mismos.

Décima tercera, cuarta y quinta sesiones del juicio oral 6, 9 y 13 de diciembre de 1910

El informe del Licenciado Freyre de Andrade se inició el 6 de diciembre y terminó el 13 del propio mes. Durante el curso de tres sesiones estuvo informando Freyre sobre la falsedad de la acusación, la contradicción de los testigos y el fondo politiquero que movió la trama del proceso; concluyó su informe solicitando la absolución de los procesados y el encausamiento de los agentes de la autoridad acusadores.

Concluso para sentencia el Juicio oral, el 24 de diciembre de 1910, la Sala Tercera de lo Criminal de la Audiencia de La Habana dictó y firmó el fallo de absolución en favor de los procesados; al mismo tiempo la Sala declaró no haber lugar para la acusación que había formulado Freyre contra los agentes policíacos y testigos, por falsa denuncia y perjurio.

Ese propio día, 23 de diciembre de 1910, fueron puestos en libertad los últimos procesados que aún guardaban prisión y que eran: López, Rodríguez, Miranda, Montero, Landa, Fournier, Campo y Morán.

Este proceso injusto, maniobra politiquera de mala ley, no aminoró la actuación del Partido Independiente de Color y de sus integrantes; al contrario le sirvió de acicate para persistir tercamente en su caro afán: la derogación de la Enmienda Morúa.

XIII. Linchamiento moral o discriminación racial

El linche, la bárbara costumbre que se practica en el Sur de los Estados Unidos contra los derechos y la vida del negro, en opinión de los independientes de color, tenía en Cuba su reverso como moneda repulsiva y odiosa, en el linche moral, como ellos denominaron a la discriminación racial.

Haciéndose eco de la repercusión y repulsa que los linchamientos de negros en Estados Unidos producían en Cuba, los independientes arguyeron al respecto:

> Mucho se comentan en esta tierra heroica, los casos de linchamientos que se realizan en los Estados Unidos de América y periódicamente el cable nos los relata. Esta costumbre, que no queremos calificar, no es propia de un país civilizado. Y debemos advertir que al tratar sobre esta materia no nos preocupa en lo más mínimo su espíritu ni su forma.

Al expresar que no les preocupaba ni el espíritu ni la forma del linche, quisieron hacer constar los independientes no que no les interesase el problema, sino que no temían al hecho de que éste se practicase en Cuba. Y esto lo definieron de la manera siguiente:

> No creemos que en Cuba se dé nunca un caso de esta naturaleza. Todas las cosas existen donde tienen razón de existencia. El medio no es igual en todas partes. Aquí en Cuba no podrá suceder jamás lo que pasa en los Estados Unidos y viceversa.

¡Quién les iba a decir a los independientes entonces, que lo que ellos aseveraron tan categóricamente que no sucedería en Cuba, iba a ocurrir veinticinco años después de haber hecho ellos su afirmación, en 1934, en la ciudad de Trinidad, y en la persona del joven periodista negro Justo Proveyer, que fue linchado brutalmente!

> Los linchamientos que se verifican con los negros americanos —expresaron los independientes— si se realizara uno solo en Cuba, sería el final de la postergación en la cosa pública de nuestra raza.

Y pintaban el siguiente cuadro de la posible reacción que produciría un linchamiento en nuestro país:

> El día que tal cosa sucediera en Cuba, no iría una multitud abigarrada, soez e inhumana, enronquecida por el alcohol, a presenciar estas fatídicas ejecuciones, sino que, por el contrario, en las rojas llamaradas que se abriesen paso a través de las impenetrables columnas de denso humo, rodarían mordiendo el polvo todos los que ríen al anuncio de una próxima caída de la República Cubana.

Sigamos considerando lo que ellos caracterizaron como LINCHAMIENTO MORAL:

> Si bien es verdad —expusieron los independientes— que no debemos preocupar nuestra mente, porque aquí no se efectuará un linchamiento tal como se realiza en los Estados Unidos, es decir, que sea la manifestación de odio del blanco para el hombre negro, debemos preocuparnos muy seriamente por otra clase de muerte que, por no ser tan aparatosa como la de que ya hemos hablado, no deja de ser menos cruel y antihumana: nos referimos al linchamiento moral de que somos objeto todos los negros de Cuba.
>
> Y agregaron:

> En este terreno, los preocupados yanquis se quedan muy atrás de los que padecemos en esta bendita tierra.
>
> Aquí es tan refinada y perversa la suspicacia de los que tratan de homogeneizar este país de negros, indios y sus descendientes, que solo una alta preparación moral se da perfecta cuenta. El medio en que vivimos ha preparado este refinamiento de nuestros compatriotas blancos.

La mentida «Conspiración de la Escalera» fue, en opinión de los independientes, la máxima expresión del linchamiento habido en Cuba:

> Allá por el año 1844 —escribieron ellos—, no pudiendo aceptar la nivelación que habían alcanzado honradamente los negros por medio del trabajo y del estudio, cuando ya poseíamos cuantiosas heredades y numerosos profesionales educados en París y Madrid, notables poetas y escritores, inventaron la Conspiración de la Escalera, para asesinar, cobarde y criminalmente, a tantos negros que en cualquier otro lugar del mundo hubieran merecido el amparo, el respeto y el cariño de seres menos criminales y perversos.

El juicio de los independientes sobre los crímenes de 1844 no fue exagerado ni lejos de la verdad; pero, injusto al atribuírselos a la población blanca cubana, otros criterios sobre la supuesta Conspiración de la Escalera son más severos y condenatorios del hecho. Vidal Morales y Morales, en el Capítulo X de su obra *Iniciadores y primeros Mártires de la Revolución cubana*, titulado «La llamada conspiración de los negros», emite esta opinión sobre la supuesta conspiración:

> la crítica más investigadora no ha logrado todavía sorprender el hilo de la trama; pero la crónica popular, que no siempre es leyenda y fantasía, repite con horror los pormenores de aquella carnicería, recordando que las víctimas eran escogidas entre la clase de color acomodada, poniendo a cada grupo por guías y cabezas aquéllos que gozaban de renombre por sus sobresalientes aptitudes... Para hacer como hicieron —agrega V. M. Morales— mucho dinero a costa de negros y mulatos ricos y de amos que quisieron salvar a sus esclavos de la Escalera y el látigo de las comisiones militares.

Para los independientes, los horrores de la Escalera se manifestaban en 1909 de otro modo: en forma de discriminación racial o linchamiento moral e hicieron el siguiente símil un tanto exagerado de una situación comparada con la otra:

> Este 1844 —escribieron ellos— tiene un procedimiento que emplean contra nosotros, y es, el linchamiento moral, mil veces más cruel y más criminal que el linchamiento de los americanos.

En 1909, los independientes de color se volvieron retrospectivamente hacia 1844 para argumentar que este año, el de la Escalera, era idéntico en cuanto a procedimiento a una serie de hechos discriminatorios que se producían y ocurrían entonces.

1844, decían los independientes de color:

> Es el mismo que prefiere a un godo, un cualquiera, para todos los trabajos que puedan darle pan a una familia antes que el paisano de color más oscuro a quien utilizó en la lucha electoral con perjuicio de sus intereses particulares.

> Es el que cierra las puertas a nuestros obreros y favorece al inmigrante blanco.
> Es el mismo que en los actuales momentos constituye una República eminentemente BLANCA CUBANA, menospreciando a despecho de la civilización y de la revolución vencedora a su compatriota negro, eliminándolo de todos los cargos retribuidos y de relieve.

Para los independientes de color, no hubo ninguna esfera donde se manifestase la discriminación racial que le fuese inaccesible; a todas ellas llegaron con su denuncia enérgica, las pupilas penetrantes, observadoras de las más sutiles e imperceptibles manifestaciones del prejuicio racial; nada se les escapó a estos fustigadores de la lepra vergonzante que es el prejuicio de raza.

De los prolíficos pronunciamientos que a este respecto hicieron los independientes, traemos a colación, sin comentarios, reduciéndolos, éstos que ofrecen una idea, una ligera idea, de lo que fue su ubérrima cosecha en este campo de lucha.

Refiriéndose al hecho de que se le hubiese erigido una estatua a José Martí y que no la tuviese Antonio Maceo, escribieron en diciembre de 1908:

> Martí, blanco, tiene estatua; téngala también Maceo, negro, para que ambos sirvan de admiración y de ejemplo a los cubanos que nos sucedan.

Sobre la discriminación racial en el Palacio Presidencial, expusieron en diciembre de 1909:

> En la nota facilitada a la prensa sobre el orden de la recepción de Año Nuevo, que se efectuará en el Palacio Presidencial, desde las 10 a. m., hora que se señala para recibir al Cuerpo Diplomático, hasta las 4 y 30 p. m. hora también en la cual será recibido el público, determínase en este espacio de tiempo a distintas corporaciones e instituciones sociales, inclusos los centros regionales españoles, siendo de notoria significación que, en el conjunto, admítese la exclusión total de los centros pertenecientes a la raza de color. Pero hay más: el clero y las sociedades españolas son para nuestro Gobierno más necesarias que la entidad social que aquí representan las sociedades de color.

Sobre la discriminación racial en el colegio privado de «Melitón», donde cursaban sus estudios tres o cuatro niños negros, escribieron los independientes en noviembre de 1909:

> El niño Ramón Rodríguez, de doce años de edad, es interno por vivir su familia en el campo. El mismo Melitón en persona trata al referido Rodríguez de NEGRO y ya en todo el colegio no lo conocen más que por el vejaminoso mote. El pobre muchacho, por la humillación oficial en que se le tiene, muchas veces protesta de lo que ya es un abuso y tal manifestación de dignidad le vale la prolongación del injusto castigo, y es: tenerlo de pie siempre, perpetuamente; sin comer, es decir, a pan y agua; sin dejarlo salir a la calle en ningún tiempo, pues sabemos que su señora madre suplicó mucho para que lo dejasen a su lado durante la vacante, a lo cual se resistió el verdugo maestro so pretexto de que su padre le daba autorización para castigar a su hijo.

Finalmente, los independientes aconsejaban al padre del

niño que lo enviase a Francia para que se educase libremente sin sufrir las consecuencias de los prejuicios racistas.

Pero, ¿la discriminación racial era realizada solamente en las escuelas privadas y por los melitones? No. Ella se enseñoreaba en las escuelas públicas, en las sostenidas por el Estado Cubano.

Veamos la siguiente crítica de los independientes a este respecto:

> En las Escuelas Públicas se tiene separadas a las niñas blancas de las negras y en las escuelas privadas, incluyendo las religiosas, no se admite a las niñas negras.

Oponiéndose al pretenso propósito de excluir a la población negra de participar en los *invernales* invernales, le llamaron la atención del siguiente modo al alcalde de La Habana en 1909:

> El supremo festejador invernal ha inventado un Carnet Sportivo que, confesamos nuestra incapacidad, no hemos entendido todavía; pero sí comprendemos perfectamente que el camagüeyano Berriatúa piense proceder en los *invernales* en la misma forma que han venido celebrándose hasta ahora, prescindiéndose en absoluto de los negros como si no formáramos parte de esta sociedad. Al constituirse la Unión Atlética de Cuba, Berriatúa ha olvidado que quizá lo más que nos sobra a los negros cubanos son músculos. Queremos recordarle, más que a Berriatúa, al alcalde de la ciudad, que nos importa muy poco que a los americanos a quienes como siempre se piensa explotar en los *invernales* invernales, no les gustemos los negros. A muchos blancos cubanos preocupados tampoco les gustamos; pero mientras vivamos en esta tierra con el indiscutible título

> de sus libertadores, esos preocupados no pueden hurtar nuestra presencia, no aceptaremos que para un negocio de Berriatúa y sus aliados logren extranjeros más o menos pérfidos esa iniquidad.

Concretando más su denuncia sobre la exclusión de la población negra en la organización y disfrute de los carnavales invernales, expresaron los independientes:

> Para la realización de los *invernales* invernales no se cuenta para nada con ninguna de las sociedades de la raza negra que aquí existen.

Esto fue manifestado el 30 de noviembre de 1909.

Pero ¿hasta dónde penetraron estos cívicos y valientes flageladores de la discriminación racial? Su aguda percepción les hizo ir hasta los partes de policía que diariamente ofrecía la prensa de la época. A este respecto dijeron ellos:

> Aquí el timador, la infanticida, los eróticos callejeros y los jugadores, aunque tengan don o se les denomine señores, son tan blancos carne de presidio o de burdel, como los negros de la misma ralea. ¿A qué entonces esa distinción Manuel Ma...?

Seguidamente comentaron los independientes que los partes de policía, cuando se trataba de un negro, a lo primero que apuntaba la información, era a la raza del aludido o aludidos en ella. Observemos los siguientes ejemplos que ellos mostraron:

> Al hospital número 1 fue remitida la negra X, vecina de Cepero 72, la que sufrió lesiones graves en diversas partes del cuerpo al ser arrollada...
>
> Detenido por robo
>
> A la voz de ataja fue detenido el negro X, vecino de Guanabacoa.
>
> Ladrón detenido
>
> En la madrugada de ayer, el vigilante 436, de la Cuarta Estación de Policía, detuvo en el Mercado de Tacón al mestizo X, por haberle ocupado...
>
> Y argumentaron los independientes:
>
> Cuando se refiere a un estafador blanco no dice que lo es y con eso cualquiera que no conozca a los cubanos puede pensar que aquí los negros somos los únicos criminales.

Y señalaron, entre otros ejemplos comprobatorios de su afirmación, el siguiente:

> X, vecino de la calle de Buenos Aires número 3, ayer acusó a tu tío X, del mismo domicilio, de un delito de estafa.

Los independientes acusaron de proceder de este modo parcial, discriminatorio, al *Diario de la Marina*, *El Diario Español*, *La Discusión*, *El Triunfo* y *La Unión Española*.

Observemos las siguientes apreciaciones sobre los prejuicios alentados por los dirigentes de los dos grandes partidos políticos de aquel período republicano:

> Los blancos cubanos preocupados, liberales y conservadores, esgrimen contra nosotros la conjura del descrédito, nos vejan, nos injurian y nos calumnian para seguir alimentando en la sombra el propósito de Saco de exterminar a los negros cubanos, por todos los medios morales e inmorales. Lo necesario, lo preciso, es ir al fin.

Y ¿cómo consideraron los independientes la discriminación en el trabajo, la discriminación a los obreros negros? Veamos el siguiente ejemplo:

> En Tiscornia —denunciaron en noviembre de 1909— existen unos talleres de carpintería de ribera de los ciudadanos Prío y Cuervo, en cuyo seno se ha formado un gremio que monopoliza los trabajos que en ellos se realizan. El otro día dos individuos de la raza de color solicitaron ingreso en dicho gremio —que consta hasta la fecha de noventa trabajadores, todos de la raza blanca y muchos de ellos españoles— contando con el beneplácito del socio agremiado señor Lorenzo Blanco, el que firmó con ellos la planilla, apoyando la solicitud Eso no obstante, la directiva del referido gremio, formada por un señor de apellido Castro, director, y otro de apellido Moya, maestro encargado de los talleres, y Juan Batuti, vicetesorero, resolvieron secretamente no tan solo no admitir en su seno a los solicitantes de color, sino expulsar al agremiado señor Lorenzo Blanco por haberlos apoyado firmando con ellos la planilla de solicitud, y negándose a dar ninguna explicación sobre el caso.

Y finalizaron su denuncia los independientes, expresando:

> Si nuestras autoridades no ponen coto a esos abusos o nuestras cámaras legislativas no dictan leyes encaminadas a matar ese exclusivismo, es preferible que se hunda todo antes que doblar la cerviz al yugo que nos aniquila.

¡Intervención de las autoridades en los casos de discriminación en el trabajo! ¡Leyes sancionadoras del prejuicio racial! ¡Hay que reconocer que los independientes de color fueron los abanderados y precursores de la lucha contra la discriminación racial en la República!

Refiriéndose a la discriminación racial existente en la carrera diplomática, escribieron el 12 de noviembre de 1908:

> No dejen de fijarse nuestros hermanos de color en el hecho de que aún no han querido encontrar nuestros compatriotas blancos a un cubano de la raza de color ilustrado a quien confiarle una legación diplomática ni siquiera un consulado.

La discriminación racial practicada y alimentada por el catolicismo en Cuba, no se manifestaba exclusivamente en los colegios controlados por el clero; iba mucho más lejos, dividiendo a los feligreses en blancos y negros, como se observará en la siguiente denuncia de los independientes:

> Los reverendos padres Franciscanos de esta católica ciudad mantienen dos asociaciones tituladas de Siervas de María Santísima. Pero en una ingresan negras y en otras blancas.
>
> Los carmelitas de La Habana, repetimos, les ponen el escapulario a nuestras mujeres, les sacan el dinero, y, en las grandes solemnidades, al pretender éstas ocupar su puesto, les dicen

sonrientes: PERDONE, HERMANA; HA LLEGADO DOÑA JORGE DE CARBAJAL, MUY AMIGA DE LAS NEGRAS.

Y agregaban los independientes:

> Al igual de nuestro señor obispo, el de Estrada, que señala en día determinado ayuno a los blancos y en otro a los negros.

Le disputaron palmo a palmo el terreno al prejuicio racial. Las manifestaciones excluyentes del cuadro de Armando Menocal, que representa la muerte del general Antonio Maceo, y que fue adquirido por el Ayuntamiento de La Habana, donde actualmente se exhibe, no les fueron indiferentes, emplazando y criticando a su ejecutor, el pintor Menocal, del siguiente modo:

> El trabajo presentado por el artista cubano señor Armando Menocal al público habanero en estos últimos días, representando la heroica muerte del general Maceo, es, como todas las obras de su autor, magnífico; pero a nuestra humilde opinión le falta un detalle tan importante, que sin él pierde mucho de su mérito histórico; y es el no figurar entre los soldados cubanos que tomaron parte en ese combate, ningún individuo de la clase de color, cuando el mundo entero sabe que el Ejército Libertador tenía una inmensa mayoría de cubanos negros en sus filas; pero hay algo más importante que la raza de color no debe pasar desapercibida de ello. Ese cuadro es el mejor espejo que la situación pudiera haberle puesto frente al rostro de la raza negra de Cuba, para que fijándose en él entienda que los hombres libres, antes de soportar vejaciones y tiranías, prefieren caer como cayó Maceo: de cara al Sol, combatiendo por la libertad.

La prensa de aquel período republicano tuvo en los independientes de color a sus críticos más implacables en el orden político, en la defensa de la cubanidad y en las manifestaciones prejuiciosas que ésta expresaba con insólito desenfreno. Veamos cómo respondieron a unas manifestaciones de esta índole que hizo el diario *La Discusión*:

> Con esa irrespetuosidad que dignifica a la prensa indigna, comentaba hace días *La Discusión* el hecho ocurrido en el bar Plaza, con un negro americano, al que después de servirle, rompieron tras él, el baccarat, y dice: ese caso es raro entre nosotros, pero sucede a diario en la gran República de los Estados Unidos.

A Foyo, ministro de agricultura, le colocaron estas banderillas de fuego en 1910:

> Una sola cosa falta al señor Foyo para resultar del todo popular. Esta es que no alimente preocupaciones de razas, ni menos imite a su compañero el de Estado, para quien los negros, mientras él sea Ministro, no entrarán en su departamento.

Y en la Armería Nacional, ¿qué ocurría en 1909?

Sencillamente lo siguiente, dejemos que nos lo expresen los independientes de color:

> En la Armería Nacional, departamento que dirige un tal Coll, armador de buques que fue en tiempos de la Colonia y amigo fiel de Weyler, ni siquiera por asombro existe, entre los que trabajan allí, un solo hombre de la raza negra.

Evidenciando cómo en los primeros tiempos de la República eran favorecidos por el Estado cubano elementos representativos del antiguo régimen colonial, que además eran recalcitrantes prejuiciosos raciales, escribieron los independientes la siguiente protesta contra el dueño de La Casa Grande, Inclán:

> Ideó y empezó a organizar una asociación secreta denominada «Sociedad del Cuchillo», con el propósito —en su oportunidad— de entrar a degüello con los cubanos residentes en esta población, en La Habana. No pudo realizar Inclán tamaña monstruosidad, gracias a que fue descubierto su diabólico plan y conocido del pueblo, que se preparó para que, llegado el caso, le saliera la criada respondona al *petit* Weyler.
>
> Y este mismo tipo que ha logrado hacer una Casa Grande en la patria que los negros conquistaron, guarda incólume en su alma el odio más acendrado a esta pobre raza, mirándola con menosprecio y ultrajándola con procedimientos vejaminosos cuando entran en su Casa Grande.

Inclán suministraba ropas, etc., a diversas dependencias del Estado cubano.

Y sobre la discriminación en el Ejército cubano, ¿qué dijeron los independientes? Los pocos oficiales negros que existían en el Ejército Permanente, en 1909, eran circunscriptos a los cuarteles, dándoles poca oportunidad para que se mostrasen en público en funciones de servicio.

A esta preterición se refirieron los independientes de la siguiente manera:

> En el Ejército Permanente —en cuyo Cuartel general pueden emborracharse los jugadores de pelota americanos y las mujeres que los acompañaron vestidas con las insignias, gorras y sables de los generales cubanos— con tal de que no se les vea en La Habana con mando de fuerza, no nombran para el servicio de patrulla, que las más de las veces se realiza en la zona de prostitución, a ningún negro. Temen que las meretrices sean capaces de dejarse «seducir» o quizás que las «violen» los oficiales negros.

Ante la proximidad de unos exámenes que se iban a efectuar en 1909, en la Academia del Cuerpo de Artillería del Ejército cubano, los independientes se preguntaron y lo hicieron a la opinión pública:

> ¿En qué situación quedarán los estudiosos e inteligentes jóvenes de color, que venciendo un sinnúmero de dificultades han podido llegar hasta los exámenes de oposición? ¿Tendrá en cuenta el Tribunal examinador, al hacer las calificaciones, la competencia sin fijarse en el color blanco o negro del aspirante?

Y días después de los exámenes afirmaron categóricamente los independientes:

> En el Cuerpo de Artillería no hay ni habrá por ahora ningún oficial de raza negra porque la preocupación le opone pérfidamente una barrera insuperable.

Enjuiciando lo que aún hoy es una verdad vergonzante, señalaron en 1909 la siguiente realidad que no ha sido desmentida por los hechos de entonces a acá:

> Exclusión total, absoluta, del negro cubano, aunque se llame Juan Gualberto Gómez o Martín Morúa Delgado, de la Secretaría de Estado.

Al clero católico le encajaron estos maravillosos, finos y punzantes alfilerazos:

> De la nada sacó Dios al blanco como al negro, según la Biblia. Del polvo organizó a los dos. Vida e inteligencia concedió a ambos. En el clero católico cubano, no pueden ni ejercer la modesta plaza de sacristanes los negros cubanos; no anotamos esta proscripción porque lastime nuestras creencias, no; nosotros vivimos muy lejos de la clerecía en general y de los demás cultos; señalamos el hecho. Solo los Seminarios, digámoslo muy alto, permanecen cerrados para el hombre de color, que puede ser médico, abogado, farmacéutico, militar, ingeniero, representante, senador, hasta presidente del Senado; puede serlo todo, menos sacerdote del Dios de los cristianos.

Entonces, como ahora, existían numerosos establecimientos de servicio público en los que no se les permitía a los ciudadanos negros el acceso:

> En la mayoría de las barberías —dijeron los independientes— así como en algunos establecimientos y espectáculos públicos, como la fonda La Reguladora, de la calle de Amistad, y Miramar Garden, con fútiles pretextos o interpretaciones caprichosas de la ley, no se admite a los negros cubanos.

Ahora observemos esta otra manifestación de la discriminación racial, que los independientes denunciaron ante la opinión pública cubana:

> En las rumbas científicas pagadas por el Estado —escribieron los independientes— y conocidas por Conferencias de Beneficencia y Corrección, está sistemáticamente excluido el negro.

Refiriéndose a la exclusión de peloteros negros en los inicios del base ball organizado en Cuba, expresaron los independientes:

> Se encargó de justificarlo el Club San Francisco, que lo componían solamente jugadores de nuestra raza, y para poderlo contrarrestar tuvo que abolirse cierta cláusula de la Liga y reformar sus estatutos para que reforzaran a dichos clubs (a los exclusivistas) con playeres de color.

Después de señalar el brillo que le habían dado y le daban al deporte los atletas negros, reprocharon del siguiente modo la práctica discriminatoria de algunos clubes deportivos y en algunas manifestaciones del deporte en Cuba:

> Sin embargo en el Havana Tennis Club no admiten negros ni contienden con los negros.

Y de la discriminación racial en la Cruz Roja Cubana, ¿qué dijeron los independientes de color? Pues cosas muy sencillas y claras como las siguientes:

> En la Cruz Roja Cubana, que preside el democrático bayamés doctor Diego Tamayo, no figura ningún negro cubano. Los blancos cubanos no creen al negro cubano capaz de ningún acto de altruismo.

El caso Melgares

Queremos llamarle así a éste que ahora nos ocupa, por haber sido víctima del mismo el ciudadano Francisco Melgares, del barrio de Jacán, término municipal de Colón. Fue un caso verdadero de linchamiento judicial. A catorce años, ocho meses y veintiún días de prisión fue condenado este hombre que era del todo inocente. Se le atribuyó un supuesto delito de violación; pero ése fue el pretexto. La verdadera causa de la acusación y condena radicó en la condición racial de Melgares, en que era negro.

¿Qué ocurrió en Jacán? Llanamente, que Francisco Melgares sostenía relaciones amorosas con una joven de la raza blanca nombrada Carmelina. Estos amores se convirtieron en carnales con el consentimiento de ambos. Estas relaciones eran del dominio público entre los vecinos de Jacán; es más, todo el mundo esperaba allí este humano desarrollo de las mismas: la unión matrimonial de los novios.

Pero las cosas tomaron otro curso, llenando de estupefacción a los sanos e ingenuos vecinos de Jacán. Los familiares de Carmelina, cegados por el prejuicio racial, concibieron y pusieron en práctica la idea criminal de hacerle pagar caro a Melgares la osadía de haber conquistado amorosamente a la muchacha.

Los familiares de ella, mediante un asedio implacable, vejándola, insultándola y amenazándola por el «baldón» que había echado sobre ellos, agobiaron a ésta de tal manera que, abatida, accedió al propósitos de los mismos: acusar a Melgares de haberla violado.

Máximo Arango, que se dirigió en 1909 a los independientes, denunciándoles el hecho y demandando actuación para reparar la injusticia, señaló el proceder de la Audiencia de Matanzas, en este acto, del modo siguiente:

> Melgares, según me han explicado personas que conocen la causa, ha presentado dos cartas de puño y letra de la que era su novia, y que le fueron entregadas indistintamente por un niño, a más de objetos que éste también recibiera, y todo por orden de la misma. La Audiencia de Matanzas cree, y en ello descansa el peso de la acusación, que dichas cartas les fueron arrancadas a Carmelina en el momento en que Melgares realizara el supuesto acto brutal.

En torno a este hecho se movilizaron diversas entidades cívicas y ciudadanos de todas las razas. Félix Fernández, encargado de recoger firmas para solicitar el indulto de Melgares, la obtuvo de blancos y negros, incluyendo la del policía municipal del barrio de Jacán. La Sociedad Nueva Aurora, de Colón, indignada ante el hecho, propuso que todas las sociedades negras de la isla se dirigieran al presidente de la República, solicitando, no el indulto de Melgares, sino la revisión de la causa para que se hiciese verdadera justicia.

Los independientes de color se pusieron al frente, en la vanguardia de la acción reivindicadora que reclamó la rectificación de este crimen judicial. Refiriéndose al hecho, los independientes dijeron, entre otras cosas, las siguientes:

> Los hipócritas, los que exteriormente aparecen justos ante los ojos de los hombres, pero que interiormente están llenos de iniquidades y podredumbres, los que diariamente se empeñan en sostener que en Cuba la justicia es y ha sido una, y la ley igual para todos, los que se desgañifan gritando día y noche que los hombres de color de Cuba, nuestro país, en comparación a otros países se hallan en el mejor de los mundos posibles y que disfrutan al igual que los blancos, de todas las garantías,

> de las bienandanzas y prerrogativas que les son reservadas a los ciudadanos de una patria libre, ésos, de seguro que no recibirán el menor asombro al leer lo que sigue.

Seguidamente los independientes insertaron la carta de Máximo Arango, a que ya hemos hecho referencia.

El caso del joven Pedro Crucet

A un joven negro, Pedro Crucet, le ocurrió un caso singular en 1909, según la versión de los independientes, que denunciaron la trama que se urdió contra Crucet. Este, en ocasión de hallarse trabajando de albañil en «una casa donde la toga tenía su asiento», tuvo la ocurrencia de fijar su atención en una de las jóvenes de la casa aludida; y encontrando aceptación y simpatía, le formuló por escrito una declaración amorosa que fue interceptada por los familiares de ésta.

La indignación estalló en el ánimo de los familiares de la joven pretendida por Crucet. El maestro de la obra fue llamado por éstos e impuesto de lo que sucedía y Crucet amenazado con ser envuelto en una causa criminal si no abandonaba sus ideas amorosas. Bien porque Crucet insistiese en sus propósitos o porque los «ofendidos» familiares quisieron hacerle pagar caro su «osadía», lo cierto fue, según denunciaron los independientes, que la amenaza se cumplió cabalmente: Crucet fue acusado de robo y condenado a tres años, ocho meses; como dijeron los independientes, «acusación que le hace la familia de la muchacha, que aseguran efectuó en la misma casa, en la que rindió culto al amor».

Y concluyeron su opinión los independientes sobre este caso, señalando:

Y si Dios no ilumina a los magistrados del Supremo, irá a cumplir condena al presidio, consumándose de este modo un linchamiento moral más grande que el que llevan a cabo los salvajes americanos del Sur de los Estados Unidos del norte americano; por eso, negros cubanos, *1844 no es una fecha, es un hombre de piel gris y alma cobarde.*

El caso del inspector escolar Pedro Pablo Navarro

En el año 1910, solamente había en la provincia de La Habana un inspector de la raza negra: Pedro Pablo Navarro.

Navarro había encontrado innúmeros obstáculos para lograr su nombramiento no obstante su probada idoneidad para desempeñar este cargo. Refiriéndose a este hecho, expresaron los independientes:

> Pues bien, el superintendente provincial José Manuel Carbonell, de acuerdo con su satélite Ismael Clark, le han echado una zancadilla para que la mancha oscura desaparezca.

Después de relatar las peripecias que había sufrido Navarro en sus gestiones para lograr el nombramiento, expusieron los independientes:

> Al fin tuvo que acceder —se referían a Carbonell— pero he aquí que pasa el tiempo, y cuando creen que nadie se ocupa del asunto, le tiran la zancadilla del modo más escandaloso que darse pueda. Lo acusan de enamorar a una maestra blanca (cosa que nada tendría de particular si fuese cierto, puesto que los blancos enamoran a las mujeres negras) y la que se da por enamorada es una protegida del propio encargado de proceder contra el inspector. La trama se ve claramente —concluían los independientes—: no lo pudieron eliminar cuando los nombra-

> mientos, y ahora le ponen un lazo para excluirlo del puesto que él ocupa.

El caso de Desiderio Padrón

Este ocurrió en Güira de Melena, en el año 1910. La víctima fue Desiderio Padrón. ¿Que en qué delito incurrió Desiderio Padrón? Sencillamente en haber nacido negro y haberse atrevido a transitar por una finca de Falcan y que a tres mujeres se les ocurriese gritar que se las quería robar. Padrón era de filiación liberal y hombre de reconocida y probada conducta; las tres mujeres eran de la raza blanca. Al denunciar el hecho, los independientes hicieron constar:

> También córrense rumores de que ha sido un complot entre el dueño de dicha finca y unos guardias rurales.

Luego se preguntaron los independientes:

> ¿Podrían informarnos por qué a pesar de no existir nada en el sumario en contra de Padrón se le tiene preso?

El caso Nodarse-Montejo

El 12 de febrero de 1910, los independientes hicieron circular por todo el país un manifiesto en el que denunciaban la situación política imperante y los atropellos de que estaban siendo objeto; para demostrar estas anormalidades señalaron una serie de ellas entre las que figuró la siguiente:

> Y esta capital acaba de presenciar el hecho inaudito de que un condenado a tres años, cuatro meses y ocho días de prisión correccional, por ser un favorecido de la actual situación política,

el coronel Orencio Nodarse Bacallao, ha sido indultado antes de los 45 minutos de haber ingresado en la cárcel.

Y para demostrar la existencia de la discriminación racial y de los privilegios, respondieron a los alegatos que se hicieron en favor de Nodarse de que éste había sido indultado por su condición de veterano, expresando, el 15 de febrero de 1910 los siguientes juicios sobre el asunto:

> El Comandante Montejo (oriental y negro) vino desde Oriente hasta Pinar del Río en la Invasión, terminando la guerra en Occidente y no en el Gobierno, sino frente a las fuerzas que mandaba, y después en la paz, si no se pone a trabajar de albañil, se muere de hambre, y nosotros preguntamos, ¿si porque el compañero Nodarse figuró en la guerra, es motivo suficiente para ser tomado en consideración, por qué al compañero Montejo, que no solo figuró sino que combatió desde Oriente hasta Occidente, se le deja abandonado a su suerte y sin atender al Consejo de Veteranos que pidió la gracia? Pues sencillamente porque es negro, porque si se va a ver la causa de uno y la del otro, Montejo se vio obligado a defenderse de un agresor que si no se lo quita de encima lo mata, mientras que a Nodarse no le pasó eso; como libertador, Nodarse no se ha sacrificado como otros blancos que pueden compararse con los negros y presentar a la consideración pública sus servicios de guerra.

Seguidamente señalaban otros casos de veteranos negros encarcelados y a quienes no se indultaba, entre ellos el coronel Enrique Sánchez, que sufría condena por disparos de arma de fuego y lesiones.

El caso del Hotel Plaza

En el año 1910, ocurrió un caso de discriminación racial en el Hotel Plaza de La Habana, que fue objeto de la más acre censura por parte de los independientes de color: Sucedió que varios ciudadanos negros que solicitaron servicios en el mismo fueron vejados racialmente. Los independientes entendieron que ese ultraje no solo alcanzaba a los que sufrieron personalmente la ofensa, sino a todos los negros, incluyendo a Morúa, que entonces era presidente del Senado, a los negros representantes a la Cámara, y a los oficiales negros del Ejército.

Aprovecharon la ocasión para criticar del siguiente modo la actitud de Juan Gualberto Gómez:

> De ese ultraje no se salva nadie, ni el mismo Juan Gualberto Gómez, que ha sido siempre poder moderador entre la indigencia del negro y la concupiscencia del blanco.

Y dándole riendas sueltas a la irritación anímica que a veces privaba en sus pronunciamientos, expresaron en relación con este caso:

> En plena colonia española, un negro que se hubiese dado cuenta que él era un perfecto caballero, en un caso igual hubiera roto en mil pedazos los asquerosos labios del dueño o dueños que hubiesen cometido un atropello parecido a los del Plaza.

Y refiriéndose al propio caso del Hotel Plaza, expresaron cabalmente la situación que iniciaba el auge de la discriminación en la República:

> El dueño del café Plaza ha descubierto un plan con eso de negarse a despachar a los ciudadanos de color o cobrarles el precio sextuplicado. Tal vez algún otro comerciante, deseoso de medrar, haya pensado en la conveniencia de proceder de igual manera; pero quien lo piense, que tenga mucho ojo y ande con tiento, pues es un filón peligroso de explotar.

Numerosos, muchos casos más pudiéramos citar, demostrativos del tesón, de la lucha persistente con que los independientes enfrentaron a la discriminación racial.

Pero, ¿cómo procedían cuando se le hacía justicia al negro, cuando se le reconocía en cualquier orden sus derechos a la población negra!

En presencia de la igualdad ciudadana por la que tanto combatieron, noble, lealmente reconocían el hecho, respiraban la satisfacción de quien lucha por un anhelo y siente el goce de haber logrado parte de su afán, grande, limpio, justiciero.

Veamos una de sus expresiones de esta índole:

> Un oficial negro del Ejército Permanente, el digno patriota y consecuente liberal señor Eliseo Manfugás, fue designado ha pocos días para el servicio de patrullas en La Habana. Ya era tiempo.

Observemos las siguientes opiniones elogiosas que hicieron a un juez que procedió rectamente condenando, en enero de 1910, a un propietario de barbería de la Carretera de la Coloma (Pinar del Río), que se negó a afeitar a tres ciudadanos negros, poniéndoles como condición para servirles la de que cada uno le entregase un centén en oro, y por adelantado:

> Conocedor del hecho el señor Juez Correccional —expusieron los independientes— en juicio oral y público, a cuyo acto asistió inmenso público, el recto e imparcial Salcedo, después de una brillante oración, en que rebosaba su ya reconocido espíritu de justicia, haciendo valer el derecho que asiste ante la ley a los ciudadanos de la República, impuso al extranjero infractor la multa de $10.00 oro americano por cada uno de los ciudadanos de color que se negó a afeitar, o sea $30.00 moneda oficial, cantidad que en su cuarto de afeitar no hará en todo un mes.

A un partido, a gentes sectarias, nada les hubiera importado la existencia del prejuicio racial en zonas distintas a su radio de acción y motivadas entre sí por personas blancas; a los independientes les interesaba todo lo que fuese lucha o actitud frente al prejuicio racial, todo lo que se relacionase con este proceder les era incumbente a ellos; por eso en 1908 escribieron las siguientes líneas elogiando el proceder que a este respecto habían adoptado los organizadores de los catalanes en Cuba:

> La colonia catalana sigue sus trabajos de «organización». Y entre los acuerdos concretos, concretísimos, hasta ahora tomados por ella, figura el de abrir su lista de asociados, no tan solo a los naturales de Cataluña, sino a sus oriundos, sin distinción de razas.

Y concluían los independientes, expresando:

> Tomen ejemplo los Centros Asturiano y Gallego.

Apasionados, exagerando la tónica apreciativa a veces, los

independientes fueron, sin embargo, leales y sinceros en su lucha contra el prejuicio racial.

Hay que situarse en la década en que iniciaron su vida como organización, la primera de la fundación de la República, para comprender cuánta decepción rezuman estos alegatos antidiscriminativos en hombres que frente a la realidad republicana, saturados aún por el fragor de los combates mambises, no concebían tan brusca frustración de lo que fue esperanza acariciada y acicate impulsor en la lucha liberadora frente a la metrópoli colonialista: la igualdad ciudadana plena en la República de todos.

Hoy, a tanta distancia de los enjuiciamientos independentistas de color, subsisten los mismos hechos discriminatorios que ellos enfrentaron aunque el marco ambiental es distinto. La discriminación muchas veces se encubre veladamente, pero sus consecuencias mermadoras del derecho ciudadano al negro son idénticas a las que combatieron con denuedo en su época los independientes de color.

XIV. El antiimperialismo de los independientes

El fenómeno de la penetración imperialista en los países de Sur, Centroamérica, y del Caribe, fue observado y enjuiciado severa y certeramente por los independientes.

El mérito de la sensibilidad antiimperialista de ellos radica en la forma y época en que lo comprenden y condenan: Enero de 1910.

Al pasar revista a toda la actuación del imperialismo estadounidense en nuestros países, la inician con los siguientes presagios, que se apoyan en el ejemplo de Panamá y que le auguran a Nicaragua:

> Lo que en Panamá es punto menos que imposible; lo que en Panamá consume millones de hombres y de dólares; lo que allí hizo estrellarse el genio inmortal de Lesseps, que convirtiera al África de península en continente, en Nicaragua es fácil. El canal de Nicaragua ha sido otro de los sueños del insaciable yankee; un lago fácilmente canalizable y que ofrecería una bahía inmensa, capaz de contener todas las flotas del Universo; clima benigno, terreno mucho menos sinuoso y otras grandes ventajas que esto tiene sobre su rival de Panamá, hacen la empresa realizable, y no serán sin duda los yankees quienes se detengan en tanto quijotismo para acometerla y realizarla.

Este juicio no fue erróneo; el afán imperialista por la realización del Canal de Nicaragua había de producir años más tarde la heroica lucha del pueblo nicaragüense y una de las más épicas actuaciones antiimperialistas de nuestros países.

Refiriéndose a estas mismas ambiciones de Estados Unidos sobre Nicaragua, expusieron los independientes:

> He aquí uno de tantos ejemplos de la política imperialista yankee, sedienta de expansión.

Denunciaron la voracidad del imperialismo de Estados Unidos, que pretendía el dominio de Nicaragua; pero no se limitaron a estos emplazamientos. Con pleno conocimiento de los procedimientos depredatorios del imperialismo en la mayoría de los países de Sur, Centroamérica, y del Caribe, lo fueron enumerando sin dejar de señalar el peligro que también se cernía para Cuba:

> Así como hace sesenta años fomentó el yankee la rebelión texana —dijeron los independientes— que dio oportunidad

para declarar la guerra más injustificada y cruel que registra la Historia Moderna y echar la garra después en ese territorio, resultado final perseguido por ellos con tesón y paciencia desde luengos años, causa de su política y de su protección a Texas; así ahora el deseo de apoderarse por cualquier medio de la zona del canal de Nicaragua, cuya importancia estratégica y comercial a nadie se oculta, es al fin a que conducen los manejos actuales de que el mundo es espectador. México, más tarde Colombia, hoy Nicaragua, y, dentro de poco Cuba; he ahí las vivientes pruebas de la nefasta influencia de la sucia política del coloso yankee en Latinoamérica.

Y poniendo al descubierto o señalando el hecho, referente al juego usado por el imperialismo en más de una ocasión, consistente en avivar o fomentar fricciones entre los pueblos escogidos como presuntas víctimas de su actuación dominadora y voraz; o entre los gobernantes o aspirantes al poder de un país determinado, para mejor realizar sus empeños monopolizadores de la vida de estos pueblos, expresaron los independientes con perfecto conocimiento del problema:

> He aquí la aventura iniciada, es decir, en vía de realizarse, pues su iniciación data desde que Estrada Cabrera, el Nerón de los tiempos modernos, fiel y dócil instrumento de su amo yankee, fomentó la revolución contra su eterno rival Zelaya, a quien por fin ha logrado derrocar; pues ya éste anuncia que, debido a la presión del Departamento de Estado de Estados Unidos, abandona la presidencia de su país.

Refiriéndose nuevamente al desmembramiento de Colombia mediante la secesión de Panamá, se interrogan de la manera siguiente sobre si Nicaragua correrá esta misma suerte o no:

> Que para hacerse de la Zona del Canal de Panamá fue necesario crear esta república, desmembrando a Colombia, ¿y qué? Se sacará otra república de Nicaragua; esto hará más sencillo el protectorado, más realizable la empresa.

El 5 de febrero de 1910, toman unas declaraciones del representante al Congreso por el Estado de Massachussetts, Mr. Mac Cali, relacionadas con la actitud que debía optar Estados Unidos, no aumentando sus territorios por medio de la conquista, de la que era partidario el aludido representante Mac Cali, el que al mismo tiempo expresaba sus deseos de que otras naciones observasen igual conducta; y la comentan con ironía. Y, consecuentes con su actitud antiimperialista, expresan:

> Estados Unidos de Norteamérica, que por mucho que sea su preocupación por el negocio, y el crecimiento de la raza negra en su territorio, no puede, no debe permanecer indiferente al progreso mundial, aceptará esa fórmula que limita la adquisición de nuevos territorios por medio de la conquista armada.

Los independientes de color fueron enemigos acérrimos del imperialismo mundial y defensores del derecho de los pueblos por dos causas básicas: una, la opresión y métodos represivos que éste mantiene sobre los negros en todo el mundo y principalmente en EE.UU., cuya población negra de más de doce millones de seres humanos, está bajo la coyunda del acorralamiento económico, de una segregación cruel, que se matiza frecuentemente con la sangre de los linchamientos de negros; y la otra causa fue la originada de sus postulados democráticos, liberadores, de respeto al derecho individual y de los pueblos que el imperialismo pisotea y subyuga.

Su actitud antiimperialista no fue una mera pose, sino reacción innata frente al hecho injusto y a la institución que lo produce. En ciertas ocasiones, los independientes amenazaron con recurrir a EE.UU. para que hubiese intervenido en la querella sostenida por ellos, y quienes les negaron sus derechos políticos, principalmente a raíz y después de haber acordado el Congreso de la República la Enmienda Morúa, que les limitó como entidad legal. La decepción que les produjo la actitud adoptada contra ellos por el congreso y el entonces presidente de la República, José Miguel Gómez, el antecedente de haber sido inscripto como partido el Independiente de Color, estando Cuba intervenida por las fuerzas de ocupación de EE.UU., cuyas autoridades no pusieron ninguna objeción a su existencia legal; seguramente que les hicieron concebir estas amenazas, entrando en su cuenta además el valor que tenían las decisiones del gobierno interventor, la influencia ejercida por los gobernantes de EE.UU. sobre los nuestros, y también otro factor: el psicológico, que quedó en el espíritu y la conciencia nacional después de la Revolución de agosto de 1906, que veía como un verdadero espantajo nacional, una nueva intervención, de Estados Unidos en nuestros asuntos internos.

A pesar de que en la apariencia estos factores les parecieron favorables a su actuación, los independientes nunca debieron de recurrir erróneamente a esta amenaza, que pretendía poner como tribunal en su querella contra la Enmienda Morúa, al Gobierno de EE.UU., que ejercía tutelaje sobre nuestra soberanía y negaba sus derechos elementales a millones de negros en los propios EE.UU.

XV. Firmeza de principios

La línea de conducta firme, el batallar incansable de estos hombres que se abrazaron a un ideal con fe inquebrantable, dispuestos a todo menos a abandonarlo, y que mantuvieron invariable en una lucha que duró cuatro años, se perfila ya en octubre de 1908, con relieves inalterables, cuando fustigan a algunos vacilantes que surgieron en el seno de su agrupación:

> En nuestras filas no caben los espíritus pusilánimes, tibios, que cambien de criterio como la luz de colores —dicen entonces defendiendo la consistencia ideológica y la unidad orgánica de la agrupación, y agregan—: necesitamos hombres viriles, de nervios, que vayan a todas partes y no conozcan necios y pueriles temores, ni se asusten de nada, venga lo que venga y suceda lo que suceda.

¿Qué categoría de combatientes es la de quienes exigen como condición previa a los militantes de su organización, virilidad, disposición de ánimo para todas las contingencias de la lucha y estas fuerzas prestas a enfrentarse a todas las peripecias de la misma, manteniendo siempre firme la adhesión a los principios adoptados colectivamente? La simple práctica del electorerismo no impone a nadie estas condiciones; «cambiar de criterio como la luz de colores» es innato del electorerismo, y es en este campo donde más se produce esa gama de deserción de un bando hacia el otro, de una a otra bandería vocinglera, intrascendente, carente de médula ideológica, de nobles finalidades. En oposición a estas corrientes que pretendieron contaminar a los independientes y a los que se dejaron influir o estuvieron a punto de ser influidos por ella, fueron dirigidos los anteriores reproches, que aún hoy constituyen un modelo de integridad, de firmeza política ideológica.

En el propio mes de octubre de 1908 acaeció un hecho que ofreció oportunidad a los independientes para mostrar su conducta política, nueva, inexistente hasta entonces en la arena política nacional y en la vida pública cubana. Los miembros de la «Junta Patriótica» Salvador Cisneros Betancourt (el Marqués de Santa Lucía), Manuel Sanguily, Carlos García Velez y José Manuel Govín sostuvieron una entrevista con el líder de los independientes, Evaristo Estenoz. Los miembros de la Junta Patriótica insinuaron a Estenoz fórmulas patrióticas y armonizadoras, que obedecían a juicios erróneos y torcidas interpretaciones que sobre la actuación de los independientes tenían. Estenoz, después de haber escuchado a los comisionados, les manifestó entre otras cosas las siguientes:

> Yo, Marqués, interpretando fielmente los sentimientos y el criterio de mis amigos, me complazco en declararos y hacer público que por nada ni por nadie haremos dejación del programa que nos hemos señalado; pero esto no es óbice para que la Agrupación que presido no muestre sus simpatías, entendedlo bien, por todos aquellos cubanos que lejos de detener la obra de la Revolución redentora, están dispuestos a continuarla.

Asidos al programa que se habían dado, los independientes expresaron, mediante su principal líder, que miraban con simpatías a los hombres y a las ideas que, lejos de embridar los principios de la revolución emancipadora, estuviesen dispuestos a que éstos continuasen la senda primaria de progreso y justicia reparadora que imperó en la manigua. Su concepción patriótica estaba imbuida por un pleno conocimiento de la realidad nacional y por la particular que confrontaba la población negra, demandante no de la limitación ni la adulteración al uso entonces de los postulados de la Revolución de 1895, sino su más estricta práctica en la República. Estenoz, hablando en nombre de su Agrupación, señaló lo que para ellos implicaba su programa y el afán que tenían de que la obra revolucionaria del 1895 saliese del anquilosamiento en que la mantenía postrada el predominio de factores económicos y políticos de la antigua colonia, influyendo en la República, con la evidente tolerancia de muchas figuras de la propia independencia nacional. Además el «entendedlo bien» de Estenoz expresa el interés y el celo de un hombre que cuida el que no sean tergiversadas sus opiniones y las del núcleo que representa, que tiene empeño en que sean comprendidas cabalmente en su alcance y contenido.

Para los independientes de color no había, no podía haber tregua con los hombres que abandonaban o adulteraban sus ideales. Conocidas son las inconstancias de las ideas anarquistas, su contenido utópico y cómo se desvanecen ellas y sus propugnadores como pompas de jabón; pues bien, el anunciado arribo a Cuba de algunos anarquistas expulsados y procedentes de Buenos Aires en abril de 1910, fue ocasión propicia para que los independientes pusiesen en evidencia pública la volubilidad de algunos anarquistas que habían actuado en Cuba haciéndoles poco honor a sus ideas:

> Los anarquistas españoles expulsados de Buenos Aires —decían los independientes— si llegan a estas playas, como los otros que les han precedido, se le acabarán los ideales y apagándose el fuego de sus corazones, perderán los bríos, y, en fin,

como los anteriores, se encanallarán de tal modo, que cada uno de ellos y todos se han de convertir en burgueses.

Y para dejar más aclarada sus apreciaciones agregaban:

Sobre todo, han de entrar a formar parte del sectarismo, sustrayéndose así de los núcleos sociales, perdiendo las ideas socialistas, dentro de poco los veremos convertidos en catalanes, gallegos, asturianos y bizcaitarros pero de ningún modo anarquistas y menos obreros del bien; de todo no les quedará nada porque tan pronto les den las brisas cubanas han de hacerse enemigos de los obreros del país.

Mas los independientes no se limitaron a fustigar a los anarquistas tránsfugas, sino que la emprendieron contra el anarquismo en quien no vieron una actitud justa frente a la discriminación racial y los derechos ciudadanos de la población negra, sino a gentes que en el orden de los negocios se sumaban a los burgueses y en el social a los discriminadores del negro, de ahí que escribiesen al respecto:

De ello no nos queda duda, como a los demás los veremos sumándose a los burgueses en el orden de los negocios y a los blancos en el orden social, sobre todo, porque ven hasta que esta condición les ha de favorecer al pisar esta desgraciada tierra.

Cuando los independientes escribieron:

Los hombres de PREVISIÓN no alcanzaremos el nombre de la vaga fama de redomados ni de hábiles en el difícil y artero arte de la política.

Estaban precisando tácitamente lo que era su actuación seria, ausente de utilitarismo y del electorerismo mendaz.

Y cuando hicieron constar:

> Cristo siempre decía que se le acusara de todo, menos de falta de castidad. A nosotros se nos podrá tachar de espíritus irreflexivos y faltos, tal vez, del oportunismo que practicara Gambeta;

se reafirmaron en su criterio invariable basado en la honestidad y en la ausencia de equilibrismos turbios.

Para mostrar su recia contextura ideológica apelan a Jano, el personaje mitológico, y hacen la siguiente imagen:

> No tenemos como Jano dos caras y en sus dos caras dos semblantes.

Sobre el patriotismo, tan desfigurado y cuyo nombre ha sido tan mal empleado tantas veces, dijeron a modo aclaratorio los independientes:

> Resultamos en nuestros actos, como en nuestros escritos, no patrioteros, sino patriotas.

La decepción que les produce el anarquismo llega a su grado extremo cuando afirman:

> Se vuelven unos desvergonzados tan pronto como se dan cuenta de que ellos tienen el mejor elemento para prosperar en este país: que es ser blancos.

Y concluyen sus opiniones sobre los anarquistas y los procedimientos puestos en práctica por ellos en Cuba, haciendo la siguiente referencia:

> Y si no, vean a los anarquistas italianos, que son tan feroces por allá, véaseles cuando están aquí; si no pueden ser representantes —observad la manifiesta alusión que hacen a Orestes Ferrara—, se meten en la policía presidencial; todos se esfuman cuando llegan a esta Babilonia del bienestar.

Es evidente que los juicios críticos que anteceden de los independientes, además de señalar su inflexibilidad con los tránsfugas y adulteradores de ideales, muestran plenamente a unos hombres que fueron capaces de descubrir la endeblez del anarquismo que se proclamaba principio universal libertario y cuyos mantenedores en Cuba se mostraron indiferentes y hasta opuestos a los principios igualitarios y justicieros que demandaban para la población negra los independientes.

XVI. Amplitud del pensamiento liberador de los Independientes

De liberador puede caracterizarse el pensamiento de los independientes. Las inquietudes sociales de su época no les fueron ajenas. Lidiando en campo donde florecía con sus más variados matices el electorerismo, tuvieron suficiente alcance en las pupilas y afán escrutador para ver lejos y acercarse solidariamente a todas las ideas que entonces se proyectaban en el mundo, como panacea a los males sociales, y con pretensiones reparadoras y justicieras.

El abogar para Cuba, en 1909, por la implantación del socialismo parlamentario, corriente oportunista del socialismo revolucionario, marxista, es decir, que pretendía adulterar a éste, pero superior y progresivo en relación con la práctica del electorerismo predominante entre los partidos existentes en la República, sitúa a los independientes en el plano de precursores en el orden de las ideas progresivas en nuestro país.

Anticipándose al tiempo y al medio en que actuaron, escribieron entonces y llamaron al negro a solidarizarse con estas prédicas:

> sí, todo esto y lo que después venga, necesita el pueblo cubano, no solo como derivado de las instituciones republicanas, que se ha señalado, sino también por imperiosa exigencia de la civilización que no puede detenerse en su marcha vertiginosa y ha de girar, al fin y al cabo, en el radio del socialismo científico imperante en Inglaterra, en Alemania, casi gobierno en Francia y única fórmula que defiende y ha de defender, de aquí en adelante, todo hombre de color, que de culto se aprecie y por culto y adelantado se distinga.

Querían para la nación cubana y para la población negra una democracia, fundamentada en la plena libertad y el derecho igualitario.

> Venimos de la esclavitud —dijeron los independientes— claro está, que los principios de la democracia son nuestros principios. Pero no una democracia a lo Grecia, a lo Roma, con privilegios y castas, democracia falseada, en oposición perenne con el espíritu igualitario de nuestros tiempos, no. Sino democracia que no vea colores, que no distinga razas, sino que mire

> hombre; en una palabra, que no riña con la *noción derecho*, proclamada en nuestro gigante siglo XX.

Aclarando su posición no reaccionaria, no conservadora, sino de amplias proyecciones que comulgaban con todas las grandes ideas progresistas de entonces, hicieron constar en 1908:

> Somos no conservadores, sí partidarios de los graneles ideales de nuestro siglo; pero somos hombres de color, que por ser esto y sentir esto, consagramos todas las energías de maestra voluntad, a que cesen las preocupaciones sociales que vician y deshonran a la Nación Cubana.

Se burlaron de los partidos Liberal y Conservador, de sus postulados y procedimientos, y a ellos les colocaron magistralmente esta bella y punzante banderilla de fuego, obra perfecta de caracterización política y de agudo ingenio popular:

> Para PREVISIÓN, los conservadores resultan ser una oligarquía universitaria... y los liberales, ¡oh los liberales! unos demócratas de guante gris.

El pensamiento ágil de la dirección de los independientes actuó, se movió aquí y allá, no hubo para ellos obstáculos, dondequiera que vibró una voz justiciera; al unísono, hicieron sentir la suya, la de sus hombres, la de su partido. Idénticamente procedieron frente a las injusticias y a los hechos reprobos perpetrados por la opresión internacional. El asesinato del líder socialista español Manuel Ferrer, fundador de la Escuela Moderna, fue una de estas chispas que encendieron con vehemencia su ira.

Alrededor de la muerte de Ferrer, escribieron el 20 de octubre de 1908:

> ¿Qué importa la muerte de un luchador más? Nada. La idea vive. El ansia de emancipación perdura. El destino del redentor es que siempre le escupa el redimido. Digamos con el formalismo oficial de los Papas: Ferrer ha muerto, ¡viva Ferrer!

Las opiniones que anteceden parecen mal hilvanadas, y la referencia al destino del redentor vejado por el redimido tienen un dejo de la decepción que tuvieron que afrontar los independientes, producida por muchos presuntos redimidos de la población negra; y raro parece el símil entre el formalismo oficial en la muerte de los Papas y el de ellos, en ocasión de la muerte de Ferrer; mas eso no fue todo lo que escribieron a raíz de este crimen. Observemos el sentimiento condenatorio de la tiranía, del crimen político, que contienen los siguientes reproches:

> La sangre que derraman los tiranos, no corre en balde... Cada gota de ella ha servido siempre como el más poderoso estímulo de la propagación de la idea que trata de ahogarse y como aliento para la mano noble que en un momento de suprema justicia borra de un golpe esa lepra social que denominan tirano.

Dudan y llegan a afirmar el que en Cuba hubiesen entonces muchos hombres que pensasen en el bienestar del pueblo y menos que lo hiciesen en sentido universal y humanista, haciendo público en enero de 1910, éste, su modo de opinar al respecto:

> Actualmente la República Cubana no tiene hombres que piensen por el pueblo cubano, ni hombres cuyos pensamientos pertenezcan a la humanidad.

Recurrieron a los regímenes esclavistas, feudales y monárquicos, para enjuiciarlos con ejemplos de Roma y de Francia:

> La clasificación de patricios y de plebeyos (escribieron) que arranca de la antigua Roma en que se encarna más luego el espíritu feudal de los tiempos medioevales y por último afianza la absurda institución de la monarquía hereditaria, no fue abatida sino cuando, por entre la humareda de la Bastilla derruida, asomó su faz resplandeciente la Democracia, enarbolando la bandera de la libertad, la igualdad y la fraternidad entre los hombres.

¡Y con qué agudeza de juicio enfocan la realidad que confrontaban los principios democráticos adulterados universalmente! El desencanto que les produce esta democracia, lo expresaron de este modo maravilloso:

> Sin embargo, los principios fundamentales que dieron forma y vida a la gran Revolución Francesa han sido falseados y contravertidos en casi todos los pueblos, que aun siendo republicanos, no han llegado a comprender el alcance de la verdadera democracia, por encima de la cual ponen sus atávicos rencores, afeándole el rostro con afeites que le dan aspecto de matrona aristocrática.

La universalidad del pensamiento liberador de los independientes, constituyó un rico joyel de ideas y grandes propósitos, que ellos alentaron con absoluta sinceridad, asidos al afán de que cristalizasen no solo en Cuba, sino en todo el mundo, para beneficio de la humanidad en general y en particular del negro y de otras razas oprimidas, que solo en la libertad plena, en la democracia sin mistificaciones, pueden convivir en medio del respeto y la consideración ciudadanas.

XVII. El proyecto de ley proponiendo la derogación de la Enmienda Morúa

En la lucha contra la Enmienda Morúa, los independientes emplearon cuantos medios y procedimientos legales estuvieron a su alcance. En rigor, a la lucha por la derogación de esta enmienda dieron los independientes sus mejores entusiasmos y bríos, en el empeño de lograr una rectificación congresional que la invalidase.

En torno a este propósito realizaron una gran campaña agitativa y propagandística que alcanzó su mayor volumen en abril de 1912, porque el 22 de este mes y año se cumplía el segundo aniversario de la detención que les mantuvo encarcelados y sujetos a un proceso desde abril de 1910, hasta noviembre de ese propio año.

Le dio fuerza y sirvió de basamento a esta campaña, la existencia en la Cámara de Representantes de una proposición de ley que había sido presentada a la Cámara el 13 de noviembre de 1911, por Fernando Freyre de Andrade, Andrés García Santiago, Armando André, Gustavo Pino y Antonio Pardo Suárez.

Esta proposición de ley contra la Enmienda Morúa, expresaba:

> Artículo Único. Se deroga el inciso quinto del artículo 17 de la Ley Electoral vigente en la forma en que está redactado, que será sustituido por otro con el mismo número que diga lo siguiente: NO SE CONSIDERARAN PARTIDOS POLÍTICOS AQUÉLLOS QUE TENGAN POR OBJETO MERMAR O SUPRIMIR LA INDEPENDENCIA Y SOBERANÍA DE LA REPÚBLICA.

El 25 de enero de 1912, la Comisión de Justicia y Códigos de la Cámara, dictaminó favorablemente esta proposición de ley y recomendó a la Cámara de Representantes su aprobación y la del informe dictaminador. Firmaron el dictamen de la Comisión de Justicia y Códigos, su presidente Freyre de Andrade y su secretario Santiago Cancio Bello y Arango.

El dictamen, entre otras cosas, alegaba lo siguiente contra la Enmienda Morúa:

> Los que defendieron la prohibición de esas organizaciones no se atreverían a invocar los argumentos que entonces utilizaron; los que al cerrárseles la puerta de la legalidad no han apelado a medios que la contradicen, no deben ser temidos por los que entienden que el orden es una de las condiciones fundamentales de existencia en toda sociedad.

Ciertamente, los argumentos que se esgrimieron para abogar en favor de la Enmienda Morúa, fueron los de que los independientes constituían un foco de perturbación, etc.

El ponente del dictamen, S. Cancio Bello Arango, creyó pertinente agregarle a la proposición de ley sometida a la consideración de la Comisión de Justicia y Códigos, las palabras «conocido y claro el», antecediendo a la parte que expresa, «mermar o suprimir la independencia y soberanía de la República»; quedando redactada en el dictamen del modo siguiente:

> No se considerarán partidos políticos aquéllos que tengan por objeto CONOCIDO y CLARO el mermar o suprimir la independencia y soberanía de la República.

El celo que indujo a Cancio Bello a agregarle a la proposición de ley las palabras anteriormente mencionadas, obedeció a la previsión y perspicacia de quien quería, por su condición de oposicionista al régimen de Gómez, ponerle todas las trabas y no dejar ningún resquicio legal para los «abusos del poder».

En el dictamen aparece este párrafo expresivo de esa previsión sobre las posibles exacciones gubernamentales:

> Siempre fue peligroso hacer inaccesible la legalidad a los que, convencidos de la licitud de su causa, se proponen ejercitar el derecho de reunirse, emitir el pensamiento por los múltiples medios que la civilización ofrece y la Constitución garantiza.

Freyre de Andrade, que asumió el papel de líder en favor de la modificación de la Ley Electoral o derogación de la Enmienda Morúa, trató en diversas ocasiones de que la mencionada proposición fuese incluida con premura en la orden del día de la Cámara.

En la sesión de este organismo efectuada el 10 de abril, Freyre insistió en la inclusión y obtuvo del presidente de la Cámara, Orestes Ferrara, la siguiente respuesta:

> Se incluirá en una próxima orden del día, dentro de dos o tres sesiones.

En ocasión de efectuarse la sesión ordinaria de la Cámara el 24 de abril de 1912, Freyre se dirigió al presidente provisional Borges, para rogar a él y a la mesa cameral la inclusión de la proposición de ley en uno de los primeros lugares de la subsiguiente orden del día.

> Este proyecto ha tenido origen en esta Cámara —expuso Freyre— y ha de pasar al Senado antes de ser ley; y el período electoral está muy cerca, y la demora en aprobarlo sería demostración de la voluntad de impedir que rija. Y creo que todos estamos dispuestos a votarlo, porque se trata de suprimir un precepto dictado a virtud de razones circunstanciales y épocas de suspicacias, ya pasadas.

El presidente provisorio de la Cámara, Borges, ofreció seguridad a Freyre de que su petición sería trasladada al presidente y secretario de la Cámara, que integraban la mesa en propiedad.

En la sesión ordinaria de la Cámara llevada a efecto el 26 de abril de 1912, Freyre volvió a tratar el asunto; pero en esta ocasión para señalar que estando próximas las elecciones urgía discutir la proposición de ley, si era que se quería rigiese en las mismas, arguyendo que el presidente y la mesa de la Cámara habían complacido su petición anterior incluyendo el proyecto en la orden del día; pero que había sido colocado en el último lugar de la orden del día, en el epígrafe 25.

> Yo ruego a la mesa —dijo Freyre— que en la próxima sesión lo coloquen en sitio no tan lejano, para que sea posible llegar a

> discutirlo, o por lo menos, para tener esperanza de que quizás se discuta.

Ferrara respondió a Freyre que pondrían el proyecto modificativo en lugar preferente. Replicóle Freyre, que eso implicaba no discutirlo. Entonces le pregunta Ferrara: «¿Por qué?», a lo que le respondió Freyre que el punto que antecedía a su proyecto en la orden del día era el proyecto de ley conocido por «cuenta corriente» de Cancio Bello el que produciría un debate prolongado, no así el suyo que constaba de un solo artículo y podía ser discutido brevemente. Ferrara expresó a Freyre que incluirían el proyecto de ley en la próxima orden del día inmediatamente después de la «cuenta corriente», y que en la siguiente orden del día ocuparía un lugar preferente para que fuese segura su discusión.

La Cámara efectuó su séptima sesión ordinaria de la propia legislatura de ese año, el 19 de mayo de 1912. Esta sesión conoció una nueva petición de Freyre de Andrade relacionada con la alteración de la orden del día, para que fuese tratada preferentemente la derogación del párrafo último del artículo 17 de la Ley Electoral: la Enmienda Morúa.

Freyre arguyó que era de mayor urgencia la discusión sobre la modificación de la Ley Electoral, que el punto de la orden del día en turno y que se contraía a la subvención del Ferrocarril de Caibarién a Nuevitas, alegando además que estaban muy próximas las elecciones. Lores Llorens contestó a Freyre que faltaban tres meses aún para las elecciones, respondiéndole Freyre que «los partidos no se organizaban en dos días», replicándole L. Llorens que faltaban «muchos más días».

Después de este pequeño incidente continuó Freyre en el uso de la palabra exponiendo ante la Cámara que las personas que esperaban esa derogación (los independientes de color) no podrían «presentar candidatura ni ser reconocidos como partido político», y que si se demoraba la discusión del proyecto derogativo,

> tardaría en desaparecer una traba a los derechos individuales que existen en ese artículo 17 de la Ley Electoral. Por tanto pido a la Cámara se sirva acordar de conformidad con la alteración que tengo solicitada.

A continuación de Freyre, usó de la palabra Cuesta Rendón para oponerse a los propósitos de Freyre:

> El señor Freyre, ilustre defensor de la raza de color —dijo irónicamente C. Rendón—, habrá desde luego de sostener un criterio diametralmente opuesto al que habremos de sostener aquí el que tiene el honor de dirigiros la palabra, el señor Generoso Campos Marquetti y el señor Hermenegildo Pombert, individuos de la raza blanca y tal vez...

Marquetti le interrumpió para colaborar con C. Rendón y decir en tono irónico: «De mí, ¿quién lo puede dudar?». C. Rendón continuó después de la interrupción de Marquetti:

> que parece no se interesan por la defensa de sus propios derechos, que están encomendados al señor Freyre. Como este asunto figuraba con el número 17 de la orden del día y nosotros no estamos suficientemente preparados para los discursos que hemos de pronunciar y como esto pudiera ser una sorpresa, el señor Freyre accederá a la súplica de que se apruebe la discusión para cuando llegue el momento señalado en la orden del día, o en su defecto que la Cámara se oponga, a fin de que

> podamos nosotros discutirlo más tarde viniendo preparados suficientemente aquí.

De este modo Cuesta Rendón y otros representantes negros se opusieron a la discusión urgente de la modificación de la Ley Electoral y aprovecharon la ocasión para tratar de justificar su actitud opositora a la enmienda e ironizar a Freyre, que había sido abogado defensor de los independientes de color en 1910, y quien por simpatía hacia los independientes, por interés político o por hacer oposición a los liberales se había convertido en tenaz partidario de las modificaciones a la Ley Electoral o derogación de la Enmienda Morúa.

Freyre seguidamente aclaró a C. Rendón que no había pedido la inmediata discusión de la modificación de la Ley Electoral, que su propósito no era sorprender a la Cámara como podía suponerse, que su interés era el de adelantar, apresurar la discusión sobre el asunto para que fuese considerado antes que el proyecto sobre la subvención al Ferrocarril de Nuevitas a Caibarién.

> En cuanto a que yo soy defensor de la raza de color —expresó Freyre—, yo creo que está en un error el señor Cuesta. Yo defendí a unos ciudadanos que estaban perseguidos por una causa criminal, que contra ellos se inició, y los defendí con tan buen éxito que los tribunales de justicia reconocieron que yo tenía razón, y que aquellos hombres que estaban sometidos a rigores de vigilancia y cuidado eran inocentes.

> Mis defensas a las reformas estas —continuó Freyre— no son de la raza de color, sino de las libertades del país. Yo no creo que esta ley perjudique solo a los individuos de la raza de color. Cuando se hace una injusticia con determinada parte de la población, son víctimas de la injusticia aquéllos que la sufren y

> aquéllos que la cometen. La esclavitud negra en Cuba ha costado también sangre a la raza blanca.

El representante Cortina Santiago interrumpió a Freyre para decirle:

> Para que fueran todos iguales.

Freyre le replicó:

> Precisamente eso es lo que nosotros queremos, que todos seamos iguales, que no haya diferencia y que aquí no se hable de razas.

Cortina Santiago insistió:

> Precisamente, eso es lo que se está haciendo.

Contestóle nuevamente Freyre:

> Pero no que en la ley se establezca una distinción en este punto. Por consiguiente sostengo mi petición y pido que se someta a votación.

Ferrara, presidente de la Cámara, interrogó a Freyre sobre si insistía en la modificación de la orden del día, a pesar de su ruego, respondiéndole Freyre que sí. Puesta a votación nominal la proposición de Freyre, votaron a favor de la misma 13 representantes y 33 en contra. De esta manera fracasó otro intento de Freyre encaminado a lograr la rápida discusión de este proyecto de ley.

Después la Cámara se reunió en diversas ocasiones, pero en ninguna de ellas se interesó por discutir el proyecto modificativo o anulador de la Enmienda Morúa. El 3 de mayo de 1912, tuvo lugar la octava sesión ordinaria.

Su atención la dedicó al debate sobre la subvención del Ferrocarril de Nuevitas a Caibarién.

La novena sesión ordinaria se efectuó el día 6 de mayo de 1912; la décima sesión ordinaria, el 8 de mayo de 1912; la undécima sesión ordinaria, el 10 de mayo de 1912; la duodécima sesión ordinaria, el 13 de mayo de 1912; la decimotercera sesión ordinaria, el 17 de mayo de 1912. Todavía en esta sesión se discutía lo referente a la subvención al ferrocarril de Nuevitas a Caibarién.

Y la paciencia agotada de los independientes de color estalló, en protesta «armada», el 20 de mayo de 1912; dejaron la vía legal y la proposición derogativa figurando en la orden del día de la Cámara de Representantes, para lanzarse a la manigua en el afán de lograr por ese procedimiento y en ese terreno su caro empeño: destruir, romper la traba que para ellos implicaba la Enmienda Morúa.

Segunda parte

XVIII. La protesta armada (discusión y acuerdo sobre la protesta armada)

Defraudados en sus empeños relativos a que el Congreso le hiciera justicia, derogando la Enmienda Morúa mediante la aprobación de la proposición de ley que estuvo figurando en la orden del día de la Cámara de Representantes, el Comité Ejecutivo Nacional del Partido Independiente de Color acordó llevar a cabo una reunión para considerar y discutir el estado de sus gestiones dirigidas a obtener esta derogación.

Esta reunión tuvo efecto a principio del mes de mayo de 1912, en la casa sita en Virtudes número 95, y participaron en ella, entre otros: Evaristo Estenoz Corominas, Casimiro Fariñas González, Urbano Hechevarría, José Inés García, Julio Cachacha, Casimiro García, Antonio Derronselett, Agapito Rodríguez Pozo, Guillermo Laza, Pedro Ibonet, Eulogio Fariñas, Francisco de Paula Luna, el coronel Armenteros, Juan Bell, Abelardo Pacheco y otros.

La reunión consideró todo lo concerniente a las dificultades que venía confrontando el partido, principalmente la actitud asumida por el entonces secretario de gobernación, Gerardo Machado y Morales, que había decidido impedir la actuación pública que venían realizando los independientes, a pesar de la existencia de la Enmienda Morúa.

Hubo partidarios de continuar la lucha dentro de los marcos legales sorteando las nuevas dificultades, y otros propusieron y se decidieron por la protesta armada.

Todos los participantes de esta reunión, a quienes hemos consultado sobre los pormenores de la misma, afirman que

Evaristo Estenoz fue opuesto a recurrir a la medida extrema de la protesta armada.

Los reunidos acordaron definitivamente permanecer en sesión permanente y consultar, utilizando el procedimiento de clave previamente convenido, a todos los comités del partido, para actuar de acuerdo con el resultado de la consulta.

La consulta arrojó una abrumadora mayoría que se pronunció por la protesta armada. Y acatando el criterio mayoritario, los reunidos decidieron, más que organizar, realizar la protesta, sin gran preparación previa, con mucho de festinación y saturada de ilusiones que resultaron caras a los directores y participantes de la misma.

Estenoz aceptó el acuerdo de la mayoría con reservas; pero hombre de disciplina y cuidadoso de su honor personal y colectivo, se puso al frente de la misma.

Vale señalar que entre las medidas consideradas por los independientes para sortear los escollos que le creó la Enmienda Morúa, figuró el de cambiarle el nombre al Partido Independiente de Color, asunto que no se logró, a pesar de las diversas consideraciones que se hicieron en torno a este problema.

En el curso de las reuniones del Comité Ejecutivo Nacional del Partido Independiente de Color, se quiso conocer la opinión del presidente de la República, general José Miguel Gómez, con respecto a su modo de pensar en relación con la derogación de la Enmienda Morúa y sobre las medidas que había adoptado el secretario de Gobernación, Gerardo Machado, que estaban dirigidas a impedir la actuación pública, legal, de los independientes de color.

Los reunidos designaron a los siguientes comisionados para que se entrevistasen con el presidente Gómez: general Pedro Ibonet, Juan Bell, Antonio Derronselett, Urbano Hechevarría, Julio Cachacha, Abelardo Pacheco y otros más. Estos comisionados se entrevistaron con el presidente Gómez, a quien expusieron las medidas que contra ellos había adoptado el secretario de gobernación. El presidente Gómez estuvo afable con los comisionados, les prometió resolver el problema del secretario de gobernación y se mostró partidario de la derogación de la Enmienda Morúa.

Según refieren algunos de estos comisionados que se entrevistaron con el presidente Gómez, éste les deslizó durante la conversación que con ellos sostuvo que él era «amigo de Evaristo Estenoz, pero que éste no quería ser amigo de él». Y así fue: después del incidente en Palacio en el año 1910, Estenoz tuvo una actitud de dignidad personal que le mantuvo frente a Gómez en este orden y en el político.

Inicio de la protesta armada

La protesta armada o rebelión de los independientes de color estalló el 20 de mayo de 1912. No parece casual que hubiesen escogido esta fecha conmemorativa de la instauración de la República, para hacer su protesta demandando la derogación de la Enmienda Morúa y plenitud de derechos ciudadanos.

Ocupaba la Presidencia de la República, en el momento de iniciarse la protesta, el general José Miguel Gómez. El Gabinete de Gómez estaba integrado en aquel momento por las siguientes personas: Manuel Sanguily, secretario de estado; coronel Laredo Bru, secretario de gobernación; doctor Jesús Menocal, secretario de justicia; Manuel Gutiérrez Quirós, secretario de hacienda; doctor Mario García Kohly, secretario de instrucción pública; doctor Manuel Yarona Suárez, secretario de sanidad y beneficencia.

El general Monteagudo era el jefe de las Fuerzas Armadas y el general Demetrio Castillo Duany lo era de la Policía Nacional.

El presidente Gómez sabía que la protesta no estaba dirigida contra él, sino que obedecía y tenía como objetivo presionar al Congreso de la República para que éste derogase la Enmienda Morúa. Él, Gómez, incluso había llegado a un entendimiento con los protestantes y les había ofrecido sancionar la derogación de la Enmienda si el Congreso de la República la acordaba.

En su lucha, en la campaña contra la Enmienda Morúa, los independientes lograron arrancarle esa promesa a José Miguel Gómez, que tergiversada después por los enemigos de éste, principalmente por Armando André desde las columnas de *El Día*, dio origen a las calumnias que tanto daño moral y material ocasionaron a los independientes, a sus principios y propósitos, y que aviesamente pretendieron situarlos en el plano de convivencia con Gómez y a éste como auspiciador y alentador de la rebelión.

Es cierto que el presidente Gómez, al iniciarse la protesta, no mostró gran afán en combatirla; pero esto obedeció, en realidad, a que él conocía el carácter pacífico de la misma, no obstante denominarse «armada» y haber sido realizada fuera de lo legal, en la manigua.

¿Acaso no había tolerado Gómez la actuación pública de les independientes, a pesar de haber sido disuelto el partido en virtud de la aprobación de la Enmienda Morúa?

Es indudable que esta actitud tolerante de Gómez obedeció a los propósitos reeleccionistas que éste alentaba. Político hábil, Gómez comprendió que tenía que vérselas con un movimiento político nuevo por su característica, por la firmeza y el arresto de sus animadores, que no se doblegaban ni cejaban ante nada; él, más que ningún hombre público de entonces, se dio exacta cuenta de lo que significaban y podían los independientes en el seno de la población negra, y, observador perspicaz, vio todo el alcance del hecho.

Los independientes habían sido obstaculizados desde el inicio de su aparición en la vida pública cubana; primero fue la campaña desenfrenada que en torno a sus principios, programa y propósitos, realizaron sus enemigos; más tarde se le pretendió inutilizar mediante la Enmienda Morúa; y para asegurar la liquidación de su partido, se fraguó el proceso que por supuesta «conspiración para la rebelión» se siguió a sus principales dirigentes.

En presencia de tal obstinación, ante la persistencia de este partido y sus hombres, que lejos de arredrarse frente a estas dificultades se crecieron oponiéndose a ellas e hicieron más vigorosa la organización, Gómez, a pesar de que los independientes le atacaron su administración despiadadamente, optó por dejarlos actuar en la lucha contra la Enmienda Morúa, que desarrollaron dentro de los marcos de la lucha cívica, hasta el momento de la protesta armada.

José Miguel Gómez, acariciando la reelección presidencial, no quiso chocar con esta poderosa fuerza política. De ahí su actitud tolerante, que después fue utilizada por sus enemigos políticos y los de los independientes para adulterar los verdaderos hechos.

Condescendiente fue la actitud de Gómez, durante los primeros días, con la protesta armada y sus organizadores.

El paso erróneo: camino de la manigua

A Santiago de Cuba, capital de la provincia de Oriente, llegó Evaristo Estenoz, principal líder de los independientes de color, el 17 de mayo de 1912.

Ya habían optado por la protesta armada, su gran paso erróneo, el que les produjo el descalabro y sus secuelas cruentas.

Reunidos en Santiago de Cuba, Estenoz, Ibonet y otros dirigentes de la protesta, ultimaron los detalles de la misma. En esta reunión, Ibonet propuso el secuestro del Gobernador de Oriente, Manduley, para mantenerlo como rehén hasta tanto se lograse el objetivo principal de la protesta: la derogación de la Enmienda Morúa. Esta proposición fue rechazada, teniendo como principal opositor a Evaristo Estenoz.

La llegada del líder Estenoz a Santiago de Cuba fue celebrada con una gran demostración de fuerza, con un gigantesco mitin en el que usaron de la palabra los más significados dirigentes del partido, se distribuyeron miles de proclamas contra la Enmienda Morúa y la siguiente y original «invitación para un baile», que contenía en realidad la consigna indicando el lugar de la concentración para el inicio de la protesta:

> Reunión familiar en Belona para las noches del 18 y 19 de mayo de 1912.
> Los que suscriben, tienen el honor de invitar a usted para las que tendrán lugar en el punto y fecha indicadas, y sea usted la primera en embellecer con su presencia nuestros salones. Le anticipamos las gracias, s. s. q. s. m. b.

Firmaron la invitación más de doscientos padrinos y madrinas.

Y para un baile que se efectuaría en Belona, salieron cientos de hombres hasta alcanzar millares, en la ingenua creencia de que esa actitud determinaría el logro de un caro empeño: la derogación de la Enmienda Morúa.

El 19 de mayo de 1912, salió Estenoz de Santiago de Cuba, rumbo a la Maya, dirigiéndose más tarde a la finca «San José», que en Belona poseía el general Pedro Ibonet.

A Estenoz le acompañaron, al salir de Santiago de Cuba, más de cuarenta independientes. Las autoridades provinciales y el propio Gómez parece que no eran ajenos a estos preparativos y preludios de la contienda, que Estenoz y sus gentes no ocultaron, con el ánimo de presionar al Congreso y obtener sus objetivos.

Las primeras tropas que salieron para Oriente iban al mando del coronel Machado y partieron de La Habana el 22 de mayo de 1912. Eran un total de 600 hombres. Les siguieron fuerzas armadas mandadas por el general Pablo Mendieta, que fue designado jefe de operaciones de la provincia de Oriente.

Rumbo a Guantánamo salieron en el buque de guerra *Patria* 450 soldados mandados por el teniente coronel Puyol. Y en el buque *Cuba* salieron para la misma provincia 400 soldados más del Ejército Permanente, al mando del comandante Carrillo.

Tanto las tropas del gobierno, como los núcleos de independientes alzados, rehuyeron chocar en los inicios de la lucha.

Pero una intensa campaña de incitación y de alarma fue desarrollada por la prensa opositora a Gómez, para que las fuerzas gubernamentales atacasen a los protestantes. Algunos periódicos de EE.UU., influidos por la propaganda de la prensa cubana y por los enemigos de Gómez, publicaron una serie de informaciones alarmantes, que después eran reproducidas por los periódicos que se editaban en Cuba.

Veamos la siguiente porción de un cable fechado en Washington, el 23 de mayo de 1912:

> Se insinúa aquí que el Gobierno Cubano podía sentirse inclinado a alentar el movimiento rebelde con la esperanza de mantenerse en el poder merced al apoyo que le preste en esta circunstancia el gobierno americano.

Y agregaba el cable:

> También se ha dicho que el general Gómez ha perdido el control sobre el Partido Liberal por haberse resistido a eliminar al elemento español de los destinos públicos.

Informaciones de este tono publicadas por la prensa cubana y de EE.UU., unidas a las medidas que inmediatamente adoptó el gobierno de EE.UU. en relación con la protesta, fueron resortes que movieron la maquinaria bélica de Gómez y determinaron que lo que hasta entonces había sido mera exhibición de «fuerzas» respectivas, se transformase en enconada lucha.

Las medidas adoptadas por el Gobierno de EE.UU. sobre la protesta armada se conocieron oficialmente en Cuba el 25 de mayo de 1912, mediante una nota enviada por la Legación de esta nación en La Habana al secretario de Estado de Cuba.

En la nota se le hacía saber al gobierno cubano que el de EE.UU. había tomado la decisión de enviar un cañonero de su marina de guerra a la bahía de Ñipe y la de agrupar una considerable fuerza naval en Cayo Hueso, como anticipación a posibles eventualidades y para contribuir, en caso de que no pudiese hacerlo Gómez, a proteger las vidas y haciendas norteamericanas en Cuba.

El presidente Gómez comprendió de inmediato la gravedad que entrañaba la nota y apresuradamente envió un cable al presidente de EE.UU., Mr. Taft, informándole de las medidas que había adoptado contra la protesta y que consideraba, no obstante agradecerla, innecesaria por entonces la intervención de fuerzas de EE.UU. en el conflicto.

El presidente William Taft contestó a Gómez mediante otro cablegrama que se complacía en «conocer las medidas enérgicas tomadas por su gobierno para acabar con los disturbios existentes», haciéndole saber al mismo tiempo, que las medidas del gobierno de EE.UU. eran previas para actuar con prontitud si los intereses americanos eran puestos en peligro, pero que ellas no entrañaban propósitos intervencionistas.

Gómez, tranquilizado un tanto, agradeció este criterio no intervencionista de Mr. Taft, y le envió otro cable expresivo de este sentimiento. Pero el día 27 de mayo de 1912, un día antes de haberle enviado este cable a Taft, hizo salir al general Monteagudo para Oriente con 1.200 hombres y acompañado de su Estado mayor.

El Estado mayor que salió rumbo a Oriente estaba integrado por: el mayor general Jesús Monteagudo; el coronel José Martí y Zayas Bazán, el jefe de Estado mayor; el teniente coronel José M. Guerrero Dueñas, auditor general; el teniente coronel José Pereda Gálvez, jefe de sanidad; el comandante Leandro Torriente Peraza, ayudante general (jefe de despacho); el comandante Rigoberto Fernández Lecuona, cuartel maestre y comisario general; el general Rosendo Collazo y García, pagador general; los capitanes Antonio Tonel y Mercano, Andrés R. Campiña y González, Federico Pattersson y Hermoso, que eran los ayudantes de campo.

Así se inició en grande lo que en las esferas gubernamentales se denominó «La campaña de Oriente». Mejor expresado: la persecución sin tregua de los rebeldes. Gómez, al asumir esta actitud, desarmó momentáneamente a sus enemigos políticos y se quitó de encima el fantasma de la intervención de EE.UU. en el conflicto, pero a costa de aumentar cada día el número de bajas en las filas rebeldes.

En la provincia de Las Villas, para combatir los brotes rebeldes del coronel Armenteros y de Abelardo Pacheco, fueron confiadas las tropas del Gobierno al capitán Amiel.

XIX. Actitud del congreso de la república (sesión de la cámara del 22 de mayo de 1912)

En su sesión ordinaria del 22 de mayo de 1912, la Cámara de Representantes conoció por primera vez la situación creada por la protesta armada o rebelión de los independientes de color.

Orestes Ferrara, presidente de este organismo, informó al mismo sobre el estado «anormal» que la actitud de los protestantes creaba al país.

Su información se limitó, principalmente, a señalar que no era aquel momento el indicado aún para que el Congreso interviniese en el problema.

«No incumbe a esta Cámara ni al Poder Legislativo tomar medidas por el momento —expresó Ferrara—; no es nuestro deber ni la persecución ni la atracción...» Luego señaló que sí consideraba deber de la Cámara el sobreponerlo todo al mantenimiento de la estabilidad de la República y que para lograr tal objetivo la Cámara debía cooperar con los otros poderes del Estado, sin esperar auxilio de nadie. Este criterio fue una marcada alusión de Ferrara contra EE.UU. y al temor de que éste interviniese en la pugna suscitada entre el Gobierno de Gómez y los independientes; oposición antiinjerencista, no patriótica sino politiquera, pues el temor de Ferrara a una intervención de EE.UU. radicaba en que el gobierno norteamericano, lo mismo que le había posibilitado y dado derecho de partido a los independientes en 1908, podía entonces haber forzado la derogación de la Enmienda Morúa, causante de la protesta, y enmienda de la que Ferrara era ardiente partidario y defensor.

La esencia del informe de Ferrara fue la línea de conducta que después siguieron las dos Cámaras, la Alta y la Baja, durante el curso de la protesta y que consistió en demostrar abstención en la apariencia; pero en la realidad, prestarle cooperación y apoyo a las medidas de guerra emanadas del Poder Ejecutivo de la República.

Se solidarizaron con el informe de Ferrara y condenaron la protesta de los independientes, los representantes Cuesta Rendón y González Lanuza.

Después, la Cámara pasó a considerar la orden del día de la sesión, pues lo concerniente a la protesta armada no figuraba en ella y había sido tratado por Ferrara como mera información.

Sesión de la cámara del 24 de mayo de 1912

El 24 de mayo de 1912, la Cámara volvió a considerar lo relacionado con la protesta de los independientes. La discusión fue producida por una moción que presentaron Campos Marquetti y otros representantes, en la que solicitaban la adopción de medidas que permitiesen conjurar el conflicto, motivado por la rebelión de los protestantes frente a la Enmienda Morúa.

Generoso Campos Marquetti, el líder de la moción, puso mucho empeño en que la Cámara la discutiese; pero finalmente cedió a la presión opositora y accedió a que por acuerdo unánime quedase ésta sobre la mesa.

La actitud de Campos Marquetti en el curso de estos debates es interesante para el investigador, por cuanto él es el más significado congresista negro en aquel momento, porque él es un producto de la fuerza electoral de la población negra, para ganarse la cual, los partidos de las clases dominantes, Liberal y Conservador, llevaban en uno y otro partido algunos candidatos negros.

Campos Marquetti, surgido de las filas populares, se sentía obligado a defender de los atropellos emanados de la protesta armada a la población negra en general y la vida en peligro de miles de ciudadanos negros, a los cuales debía su elección; pero carecía de los principios firmes y de la orientación revolucionaria para hacerlo consecuentemente.

Cuando este grave problema fue planteado a la Cámara de Representantes, podía haberse adoptado una de estas tres posiciones:

> Primera: la de las clases dominantes, conservadoras y liberales, que estaban decididas a aprovechar la actitud rebelde de los independientes para hacer una matanza, para dar un escarmiento sangriento a la población negra, que le hiciera desistir de todo intento de lucha por la igualdad ciudadana, por su ascenso equiparador en la República.
>
> Segunda: la del movimiento popular, que exigía reconocer plenamente y sin limitaciones de ningún género los derechos

políticos de la población negra, y terminar la protesta sin derramamiento de sangre.

Tercera: una actitud de compromiso, oportunista, que en los hechos sirviese a los empeños de las clases dominantes.

En las discusiones y en todo el curso de estos acontecimientos, Campos Marquetti tuvo muchas vacilaciones, trató más de una vez de evitar la matanza que ante sus propios ojos se preparaba fríamente; pero al fin sucumbió a la posición del compromiso oportunista.

Marquetti pretendió evitar la masacre, quería impedir el aplastamiento del espíritu reivindicativo de las masas negras —del cual dependía en cierta medida su propia fuerza y autoridad política—; pero al mismo tiempo quería conservar los favores de las clases dominantes, los halagos de que le hacían objeto y el calor que le daba el Partido Liberal, al que pertenecía.

Él no supo ser el abogado intransigente que defendiera hasta el fin a los protestantes, casi desarmados, de la represión sangrienta y bestial que habían decidido los altos dirigentes burgueses y latifundistas, liberales y conservadores.

Aun mostrándose en desacuerdo con el camino escogido por los independientes, aun repudiando su táctica de protesta y rebelión armada, él pudo dar la batalla tenaz, firme, hasta el final, contra la matanza. Pero no fue capaz de ello. Una y otra vez sucumbió a las presiones sin saberse mantener intransigente en su actitud. Más adelante nos percataremos de esta actitud de Campos Marquetti.

Sigamos el curso del debate del 24 de mayo de 1912. Argumentando en favor de su moción y dirigiéndose al pleno cameral, C. Marquetti expuso que «dado el interés reinante en todos nosotros por la maldita cuestión planteada por los perturbadores del orden, no se liarán esperar los señores representantes que tuvieran conocimiento de que íbamos a reunirnos aquí para tratar una parte de esta cuestión, que no puede ser dejada ni encomendada al Ejecutivo».

En estas opiniones, ya se observan las contradicciones que anteriormente hemos apuntado. C. Marquetti condena el movimiento de los independientes; pero al mismo tiempo propone y defiende las mejores medidas: la intervención del Congreso en el problema para evitar que la abstención congresional frente al hecho dejara manos libres al Ejecutivo para producir la represión sangrienta y extremada de la protesta.

El objetivo perseguido por estas palabras iniciales de C. Marquetti era tratar de lograr que la Cámara se reuniese al siguiente día, 25 de mayo, para que resolviese el contenido de la moción.

Orestes Ferrara, de la misma filiación política que C. Marquetti, tenía un criterio definido: resueltamente se hallaba, no solo al lado de la abstención congresional, sino que fue su ideador y su más tenaz partidario, como fórmula para facultar la represión sangrienta.

Frente al deseo de C. Marquetti, dirigido a que la Cámara se reuniese el 25 de mayo para considerar la moción, Ferrara mantuvo el mismo criterio expresado en la sesión del 22 de mayo.

> Creo, señores representantes —expuso Ferrara—, que esta misma discusión viene a perturbar los intereses de la Patria; creo que el hecho de querer nosotros, Cuerpo Colectivo, inmiscuirnos en lo que no debe ser nuestra incumbencia, por el momento, dado que no se ha presentado la ocasión para que actuemos, creo, repito, que es ir contra la causa del orden.

Inaceptable es el criterio inhibicionista sustentado por Ferrara, e inconsistentes fueron los argumentos con que pretende justificarlo y darle validez.

La Cámara, como parte del Congreso, del órgano regulador de las funciones emanadas del Poder Ejecutivo, no podía adoptar ese proceder, que le dejaba el camino expedito al Ejecutivo para hacer funcionar sus órganos represivos sobre miles de ciudadanos, que se habían puesto «fuera» de los marcos de la «Ley»; pero que aún el 24 de mayo de 1912 no habían realizado ningún hecho que mereciese ser reprimido sin tasa ni limitaciones y ésa era la puerta que abría al Ejecutivo la abstención cameral, preconizada y defendida por Ferrara.

Toda la razón se hallaba al lado del alegato de C. Marquetti, resaltado en la porción que expresaba:

> tratar una parte de esta cuestión, que no puede ser dejada ni encomendada al Ejecutivo,

es decir, aquella referente a la situación, a las vidas de los independientes protestantes y la de los que permanecían en ciudades y poblados.

C. Marquetti replicó el criterio abstencionista de Ferrara, con estas precisas palabras:

> Nosotros no somos partidarios de esperar los resultados de consecuencias que pueden ser muy graves para el país, somos, por el contrario, adictos resueltamente a prever cuantos males pudieran acarreársenos por la situación presente, evitando en lo posible cuanto convenga evitar.

Pero C. Marquetti no se limitó a refutar el criterio mal intencionado de Ferrara; desde su escaño cameral, llamó al Partido Conservador, para que por su libre determinación y al Liberal por la suya, consideraran

> que era conveniente dictar leyes de amnistía, que no dejasen en el campo revolucionario sino a los que voluntariamente quisiesen ir allí, para que la fuerza pública, en activa y enérgica persecución, castigase la torpeza y la osadía realizada por ellos; pero le dejaremos abiertas las puertas a los que quieran volver, a los que se sientan arrepentidos, a los que comprendan por nuestra predicación en los periódicos y por los sentimientos que se sienten palpitar.

Ofrece una idea plena del estado de ánimo que caldeaba el ambiente de esta sesión, el incidente surgido entre Ferrara y C. Marquetti, al interrumpir el primero al segundo, mientras Marquetti consumía su turno oratorio. Este incidente repercutió en todo el país. La fricción se desarrolló del modo siguiente: Ferrara interrumpió a C. Marquetti para decirle:

> Esta ley de perdón es una ley de miedo. El perdón es cuando se puede otorgar; en este caso, es una ley de miedo, nada más que de miedo.

Contestándole C. Marquetti:

> Yo creo que el señor Ferrara sabe que yo soy un hombre y sabe que yo no tengo miedo.

Ferrara varió la táctica evadiendo lo personal, respondiendo que él se refería a «miedo colectivo» y el representante García Santiago, interviniendo en el incidente, refutó a Ferrara, expresando que los firmantes de la moción no conocían esa clase de miedo.

Marquetti continuó usando de la palabra, señalando que no se podía argumentar el que solamente era posible ahogar a los rebeldes en sangre, cuando se podían poner en práctica los dos procedimientos, el de las armas y el de la persuasión, para acercarse a los rebeldes que un día habían sido compañeros revolucionarios por la independencia de la patria, a los que se podía indicar el error en que se hallaban.

Y cubriendo el terreno de la batalla, propicio a las suspicacias, para despejar cualquier clase de dudas que hubieran podido hacerlo aparecer como tolerante o simpatizante de los rebeldes, condenó a sus jefes, exponiendo:

> Yo no tengo, no sé ninguna clase de piedad para los organizadores de este movimiento.

Elogió seguidamente el celo por el cumplimiento de la ley y su satisfacción por el modo en que venía actuando la Guardia Rural, pero insistiendo en que a los rebeldes arrepentidos que quisiesen retornar a la legalidad había que rodearlos de todas las garantías y no conducirlos a las cárceles, para que sirviesen de ejemplo a los que continuaban en el campo rebelde.

Creyó, y lo expresó, que un medio viabilizador de este propósito era el empleo de las influencias personales y colectivas sobre los protestantes.

Insistió en que éstas habían sido las razones básicas que habían movido las intenciones de los firmantes de la moción y también las que exigían su discusión sin dilación, al siguiente día (25 de mayo), sugiriendo que, como medida previa, se podía cambiar de impresiones con el Poder Ejecutivo y los partidos políticos para aunar voluntades y hacer algo que no sea dejar solo a las armas del gobierno la consecución de la paz.

Freyre de Andrade sucedió en el uso de la palabra a C. Marquetti y se manifestó opuesto al derramamiento de sangre; pero lejos de apoyar la moción que tendía a evitar que la sangre cubana corriese a raudales, eludió la adopción de la moción, apoyándose en una interpretación de las funciones diferentes que correspondían a los poderes Legislativo y Ejecutivo.

Declarándose opuesto a que la lucha se convirtiese en sangrienta, sustentó el criterio de que ése era el modo de pensar de la mayoría del país, que prefería la confraternidad a la «sangre y el exterminio».

Freyre pretendió separar tanto las funciones del Congreso de las del Poder Ejecutivo, que cayó en el mismo plano hipócritamente «abstencionista» de Ferrara. Consideró ineficaz el que la Cámara adoptase cualquier medida, tanto de persuasión como de violencia, y más que ineficaz, la estimó peligrosa, caracterizando de ingerencia impropia el que la Cámara actuase en el problema.

Mostró propensión a que se facilitase ayuda al Ejecutivo en todo lo que fuese «patriótico», si éste la requería; y como en su manera de apreciar los hechos, el Ejecutivo no había procedido mal hasta aquel momento, la Cámara no se debía adelantar a realizar acción de tutelaje sobre el mismo.

Después Freyre se adentró por los recovecos de la duda, para afirmar contradictoriamente lo que antes había negado, expresando que la Cámara no sabía exactamente lo que sucedía en los lugares donde se agitaban las pasiones, corría la sangre y que no se conocía el estado anímico de los rebeldes que se habían alzado en armas «contra el Gobierno legítimamente constituido», infiriendo de esta argumentación, que nadie podía prever cómo hubiesen recibido los rebeldes una ley de rigor o de perdón.

Estas dudas y afirmaciones de Freyre lo fueron conduciendo francamente por el partido de la abstención. Señaló, durante su discurso, que eran preferibles los errores del Ejecutivo, que podían «ser rectificados por el Consejo de amigos», que la discusión que se realizaba, «en campo y arena candente», donde se estaba ensayando un régimen parlamentario no establecido aún y cuando el Gobierno no podía defenderse «ni existían suficientes datos para juzgar su conducta».

Finalizó su discurso Freyre sugiriendo a los autores de la moción que la retirasen, para oportunidad más propicia, evitando que la Cámara apareciese dividida ante la opinión pública, a la hora de la votación.

Así, de este modo, el abogado defensor de los independientes de color en el proceso y juicio oral de 1910, uno de los autores de la proposición de Ley que pretendió derogar la Enmienda Morúa, y uno de los más caracterizados dirigentes del Partido Conservador y de la oposición al Gobierno de Gómez, colaboró con éste e hizo causa común con Ferrara para impedir que la Cámara considerase la moción conciliatoria.

Un nuevo incidente surgió entre Ferrara y C. Marquetti, cuando cesó en el uso de la palabra Freyre.

Ferrara se dirigió a la Cámara, argumentando que si existía alguna necesidad de probar lo inadecuado de la discusión, podía ofrecer como testimonio la confusión del lenguaje que allí reinaba.

«El señor Campos Marquetti habla un lenguaje —dijo Ferrara— y no entiende el mío: yo hablo otro y no entiendo el suyo.» «El mío es catalán», le replicó Marquetti. Ferrara le respondió que no se trataba de filología sino de pensamiento y que ambos pensaban de modo totalmente distinto.

Ferrara continuó en el uso de la palabra, expresando que era partidario de la paz, que la deseaba sobre la base de cualquier pacto, que era el más transigente de todos los representantes reunidos y que era contrario a la «prueba de las armas» y «de la sangre», confesando que no tenía fe en el resultado de las armas; pero que consideraba aquella discusión turbadora del espíritu público, dentro del cual, era su criterio, se debía terminar la rebelión.

«¿Qué queréis, señores —preguntó al pleno cameral— que empecemos a discutir sobre esto, a dudar como yo lo he hecho en este acto por deber de discusión, del éxito de las armas?»

Argumentó que aquella enconada discusión les hacía aparecer divididos, lo que produciría en el país la falta de fe en sus dirigentes.

Ferrara se vio forzado a declarar que era partidario de la paz, cuando en realidad, como más adelante veremos, su criterio era el de la guerra y de exterminio; declaró ser opuesto al choque de las armas, pero se opuso a las medidas que podían evitar que éstas chocasen; dudó del éxito de las armas, pero se arrepintió de estas dudas como el que peca y luego observa con horror su desliz, lo que equivalió a no haber renunciado a la fe puesta en las armas gubernamentales, lo que implicó tomar el camino de la violencia, de la represión, cubriendo sus intenciones aviesas con el hipócrita manto de la abstención cameral.

¿Cuáles podían ser los resultados de un empeño triunfante en la Cámara, que se asentaba en el afán de ocultarle a la ciudadanía lo que estaba ocurriendo, so pretexto de no inquietar a la opinión pública con las repercusiones de la discusión?

La consecuencia de esta actitud no podía ser otra que la de no dejar oír, para conocimiento del país, a las pocas voces que se alzaron en la Cámara tratando de evitar el derramamiento de sangre y que propusieron medidas conciliadoras entre el Gobierno y los protestantes.

Además, el afán de impedir estas discusiones en la Cámara radicó en que, tanto la mayoría de los representantes adictos al Gobierno, como los de la oposición, no querían que su criterio opuesto o favorable a la conciliación fuese forzado a ponerse en evidencia mediante la discusión y votación del asunto.

Ni uno ni otro de los grupos de congresistas desconocía las simpatías de que gozaban los independientes entre la población negra, factor electoral de valía, con la que nadie quería antagonizar. Esta es otra razón explicativa de por qué se quiso impedir la discusión sobre la protesta en la Cámara de Representantes.

También hay que considerar que había sido el Congreso, teniendo como iniciador al Senado, el que había producido la Enmienda Morúa, causante de la protesta armada.

Otra circunstancia que hay que tener en cuenta al considerar este proceder de la Cámara, es la de que en, su orden del día figuraba, por haber sido incluida antes del movimiento de protesta, una proposición de ley demandando la derogación de la Enmienda Morúa.

Los opositores a que la moción se discutiese fingieron gran interés en que la Cámara apareciese unida ante la opinión pública, invocando la abstención. Los adictos al Ejecutivo en realidad adoptaron esta actitud para que Gómez y su Gabinete actuasen sin trabas, sin limitaciones, con plena libertad frente a la protesta. Y los opositores políticos del Gobierno, como Freyre, hicieron de la abstención un criminal juego politiquero: impedir las medidas que lograsen una solución del conflicto sin derramamiento de sangre, dejarle al Ejecutivo la iniciativa y la responsabilidad de la represión, para que se crease el clima sangriento, como ocurrió, que imposibilitase la reelección presidencial del general José Miguel Gómez.

Las verdaderas intenciones de unos y de otros fueron éstas; lo restante, cortinas de humo, invocaciones insinceras, juego de palabrería, que produjeron torrentes de sangre y miles de víctimas indefensas, a quienes el Congreso pudo tenderles el puente de la legalidad, haciéndoles regresar a la ciudadanía útil y no a la muerte inmisericorde que recibieron.

Retornemos a las peripecias del debate cameral.

Ferrara continuando en el uso de la palabra, persistió en mantener sus puntos de vista, sosteniéndolos quebradizamente sobre la negativa, la oposición a que se discutiese la moción; alegó que el país, ansioso de paz, estaba recibiendo aquella tarde una «ducha fría» en su estado de ánimo, que era la pacificación.

Según el modo de pensar de Ferrara, el país esperaba la paz por la vía represiva y la discusión de la Cámara le defraudaba esta esperanza.

Rememoró sus andanzas revolucionarias para argüir que, en ocasiones, cuando él se había encontrado en el plano rebelde, fuera de la ley, y le habían propuesto retornar a la legalidad, mediante el perdón, él lo había rechazado y que de ese mismo modo pensarían los protestantes del perdón que se les pretendía otorgar.

Alegó que se podía perdonar cuando se tenía fuerza y autoridad sobre el que recibía el beneficio del perdón, y que sin haberse iniciado aún la contienda, se pretendía asegurar la impunidad a los rebeldes «cuando las manos no se habían manchado de sangre», diciéndoles que por diez días podían hacer cuanto quisiesen, asesinar, violar y robar. Así fue como Ferrara, prejuzgó la actitud de los protestantes, frente a la amnistía o la conciliación.

La mejor oportunidad para iniciar un entendimiento entre el Gobierno y los protestantes, es decir, cuando ciertamente aún no se había iniciado la pelea en el monte, cuando nadie podía asegurar el resultado que hubiese tenido este entendimiento, que debió ser iniciativa de la Cámara, del Congreso, fue rechazada por Ferrara.

Los augurios que expresó Ferrara sobre asesinatos, violaciones y robos, como la respuesta que darían los independientes a la amnistía o conciliación, fue una criminal contribución encaminada a predisponer a la Cámara y al país contra los protestantes y para precipitar la cruel matanza.

Cuando Ferrara hizo estos presagios trágicos, llevaban cuatro días en rebeldía los independientes y no se les podía acusar de haber realizado ninguno de estos delitos, que no llevaron a cabo en todo el curso de la protesta, pues no realizaron ni un solo asesinato ni una sola violación.

Aquella tarde y con las intenciones que les atribuyó a los protestantes, Ferrara se anticipó, le dio inicio a la desaforada campaña de prensa que criminalmente imputó estos calumniosos delitos a los rebeldes y que giró centralmente alrededor de la supuesta violación y asesinato de la profesora de instrucción pública de Palma Soriano, Concepción

Ureña, la que llena de justa indignación, protestó airada de que se hubiese tomado su nombre para tan vil propósito.

Ferrara caracterizó la moción como propiciadora del desorden y no de la paz. Mencionó que era fácil hablar de piedad; pero que había que tratar de lograr la «piedad general que responda a los intereses de todos», es decir, la piedad también para las víctimas que él atribuyó a los protestantes, que no eran, que no fueron en ningún momento victimarios sino víctimas.

Luego volvió a caer en el aparente plano dual de estar contra la moción y dispuesto a colaborar con medidas que propiciasen la paz.

Señaló que la moción provocadora del debate no se refería concretamente a ninguna amnistía, ya que ella solo hacía referencia a «medidas» sobre la protesta y que si se solicitaba solamente el perdón había que suponer a los rebeldes vencidos, en completo desorden.

> ¿Podemos decir esto nosotros? ¿Podemos creer esto?,

dijo interrogando a la Cámara; C. Marquetti le respondió: «Algunos sí», es decir, que algunos representantes podían aseverar que tal era la situación que reinaba en el campo de los protestantes.

Dudando de la breve respuesta de Marquetti, continuó Ferrara en el uso de la palabra argumentando contra las medidas que se proponían, pero que estaba dispuesto a favorecer cualquier medio que contribuyese a resolver la situación creada con la condición de que alguien le dijese:

> Tengo la paz y la tengo a este pacto, a esta condición.

Este emplazamiento de Ferrara, fue uno de los tantos recursos que usó para impedir que la Cámara discutiese el asunto puesto a su consideración.

Nadie podía asegurarle lo que él puso como condicional, ya que lo único que podía viabilizar la paz, el pacto y sus condiciones, era la intervención de la Cámara o del Congreso, mediante una comisión que tratase con los rebeldes u otra medida que se hubiese interpuesto entre los independientes alzados y el Gobierno; pero como Ferrara era opuesto a la intervención conciliadora de la Cámara en este conflicto, tácitamente era opuesto también al pacto, a la paz, sin sangre.

La intervención de Campos Marquetti, a continuación del discurso de Ferrara fue la expresión lamentable de que cedía a la presión de liberales y conservadores unidos contra el movimiento negro.

No debió de usar de la palabra si estaba, como confesó, «bajo un peso enorme; en una situación de espíritu tal...»

«Mi situación es extremadamente difícil: yo no sé cómo puedo expresar un solo pensamiento; porque, en realidad, el ambiente actual, el ambiente que respiramos en estos días me ahoga», fueron sus palabras iniciales. Luego se adentró en una prolongada digresión para repetidas veces condenar a los independientes en rebeldía y clamar por medidas acogedoras para los que arrepentidos hubiesen querido retornar al seno de la legalidad.

Hizo referencias históricas, que no debió hacer, porque si esa no fue su intención dadas las circunstancias en que fueron señaladas, le hicieron aparecer claudicante, negador de la contribución del negro al logro de los derechos ciudadanos.

A un veterano de la Guerra de Independencia como él, no le correspondía la postura que adoptó para señalar el pasado esclavista del negro y su situación en la República, que él consideró ventajosa, mostrándose él mismo como un ejemplo y olvidando a la mayoría de su raza discriminada, carente de plenos derechos ciudadanos y por la que los independientes de color habían hecho los más grandes y tesoneros esfuerzos equiparadores.

Mencionó la acción patriótica de blancos y de negros por alcanzar la independencia nacional, para criticar y condenar la actitud asumida por los rebeldes; se refirió en términos encomiásticos a Freyre y a los principales opositores a la moción que él defendía. Finalmente, propuso la discusión de la moción para otro día, si así se consideraba pertinente; terminó su discurso en medio de una atronadora salva de aplausos, indicación palmaria de que este discurso, por su tono y contenido, agradó complacidamente hasta a los más recalcitrantes enemigos de la moción.

Freyre aludió y elogió el discurso de Marquetti; y con el campo propicio para el logro de sus deseos opuestos a la moción, propuso que no continuase la discusión sobre la misma y que ésta quedase sobre la mesa para ser discutida otro día; C. Marquetti dio las gracias a Freyre y se unió a su criterio de posponer la discusión de la moción para otro día.

Definitivamente se acordó suspender el debate y los opuestos a que la Cámara interviniese en favor de las medidas humanas, evitadoras de la masacre, obtuvieron otro triunfo en aquella sesión cameral.

Hasta la sesión ordinaria del 27 de mayo de 1912, la Cámara no volvió a considerar lo concerniente al movimiento de protesta de los independientes de color. Pero no lo hizo para tratar la moción que había quedado sobre la mesa en la sesión del día 24, sino para aprobar una RESOLUCIÓN, mediante la cual se felicitaba al presidente de la República por las medidas represivas adoptadas contra los protestantes, medidas que habían sido expresadas por el presidente Gómez al de EE.UU. Mr. Taft, mediante un cable.

La Resolución hacía extensivo al presidente de EE.UU. la satisfacción del Gobierno Cubano por las manifestaciones públicas que había hecho en el sentido de que EE.UU. no intervendría militarmente de inmediato, como era el temor general en las esferas gubernamentales cubanas.

En esta sesión, los abstencionistas de la del 24 de mayo se pusieron en evidencia. Su juego, principalmente el de Ferrara, quedó al descubierto. Abstencionistas y mocionistas se unieron en un coro armónico el 27 de mayo, para cumplir el anhelado deseo «unitario» cameral de Ferrara, y para felicitar unánimemente las medidas de guerra del Ejecutivo y alentarle en el camino del aplastamiento de la rebelión. A partir de ese día, el Gobierno, contando con el apoyo congresional, apresuró la liquidación de la protesta por la vía de ríos de sangre.

Incluso C. Marquetti, el hombre del Gobierno, el que recibía halagos y favores de las clases dominantes, echó a un lado sus otros sentimientos, para figurar entre los firmantes y proponentes de la Resolución, que expresaba entre otras opiniones, las siguientes:

> La Cámara considera al Poder Ejecutivo de la República de Cuba con perfecta preparación y actitud para el restablecimiento de la paz y el cumplimiento de todos sus deberes como nación independiente.

Naturalmente, ante este elogio y reconocimiento, el Ejecutivo y su presidente el general José Miguel Gómez, con el Senado primero y la Cámara después, a su lado, envió un mensaje al Senado, solicitando la suspensión de las garantías constitucionales, vale decir, la autorización legal para liquidar la protesta.

La suspensión de las garantías constitucionales

(Sesión ordinaria de la Cámara de Representantes del 5 de junio de 1912.) En la sesión ordinaria del 5 de junio de 1912, la Cámara, como ya lo había hecho ese propio día el Senado, se pasó definitivamente al plano de apoyo a las medidas represivas del Ejecutivo. Las piruetas abstencionistas del 22 y 24 de mayo, el desplazamiento hacia la cooperación con el Ejecutivo del 27 de mayo, se convirtieron el 5 de junio en el objetivo perseguido por Ferrara y todos los representantes que eran opuestos a cualquier medida que no fuese la venganza implacable contra los protestantes: ganar a la Cámara para el respaldo y aprobación de cuanto hiciese el Poder Ejecutivo contra los rebeldes.

Este día, el 5 de junio, recibió la Cámara de Representantes un proyecto de ley procedente y aprobado por el Senado, que contenía la suspensión de las garantías constitucionales.

El proyecto de ley había sido elaborado por el Senado, que a su vez había recibido un mensaje del presidente Gómez, en el que éste solicitaba la suspensión de las garantías constitucionales en todo el territorio nacional o en parte del mismo.

El Senado consideró suficiente la medida de suspender las garantías exclusivamente en la provincia de Oriente y por el término de cuarenta y cinco días; pero haciendo constar que el Congreso o el presidente de la República, haciendo uso de las facultades que le concedía el artículo 42 de la Constitución, podía prorrogar la suspensión.

Las garantías que quedaban en suspenso eran las establecidas en los artículos 15, 16, 17, 19, 22, 23 y 27 de la Constitución, y regiría en Oriente la Ley de Orden Público del 25 de abril de 1870.

El presidente de la Cámara dio cuenta a ésta del proyecto de ley procedente del Senado, y explicó los artículos de que constaba la misma. Pardo Suárez facilitó la discusión del proyecto haciendo una proposición que, al ser aprobada, consideró urgente su discusión. C. Marquetti trató de demorar el debate, pero no lo logró por pugnar su propósito con el Reglamento interior de la Cámara.

Puesta a discusión la totalidad del proyecto de ley, pidió y usó de la palabra C. Marquetti.

Comenzó expresando que él no sabía realmente si se pronunciaría en pro o en contra del proyecto, mostrándose como el Marquetti hombre en la encrucijada, que no se decidía a tomar partido ni por una cosa ni por la otra.

Pero, seguidamente, comenzó a oponerse no al proyecto de ley, sino a la suspensión de las garantías, medida que estimó delicada, requerida, de estudio y no de la disposición precipitada existente en la Cámara, cuya mayoría pretendía eludir el debate para aprobarla sin discusión.

Calificó a la rebelión de maldita y de haber sido provocada por quien no quería a Cuba ni a la República, que fue una manifiesta alusión a Evaristo Estenoz, cuyo nombre no pronunció. Hizo referencia a su criterio, que era opuesto a los que estimaban necesaria la suspensión de las garantías y a opiniones que al respecto le había hecho el presidente Gómez, quien «se lamentaba de no tener en sus manos una ley que le permitiese actuar de modo fraternal», si esto era posible, «una ley que facultase al Ejecutivo para que aplicase el perdón o el indulto a aquellas personas o en aquellas localidades» donde las circunstancias lo permitiesen. Y se extrañó de que después de los sonados triunfos de las armas gubernamentales, de «nuestras armas», como él dijo, se solicitase la suspensión de las garantías constitucionales.

Luego C. Marquetti hizo mención a la situación de zozobra y desconfianza que reinaba en el país, a la falta de garantías, que sin haber sido suspendidas éstas, ya existía en la Isla.

Trajo a colación ejemplos de la España cruel, que no obstante su duro proceder en Cuba, siempre había abierto la puerta de la legalidad a los insurrectos que hubiesen querido acogerse a ella, y que ese proceder era el que entonces cabía; que se debía unir a la acción de las armas, la de la diplomacia, y no dejarlo todo a las bayonetas.

Pintó un cuadro real de la situación que confrontaba la población negra en todo el país, señalando casos como el de Caimito, donde se había dado la orden de que los negros se fuesen a sus hogares a las siete de la noche, y otros, en que los negros no querían salir de sus hogares durante la noche por temor a ser confundidos y maltratados, aun en lugares donde nunca había existido el Partido Independiente de Color, y que él, C. Marquetti, había sido desalojado de un parque en La Habana, porque los negros no podían formar grupos, en opinión de la policía.

La actitud más firme, más decidida de C. Marquetti en el curso de estos debates, fue la que asumió para señalar lo que implicaba e implicó todo el poder de la suspensión de las garantías en manos del general Monteagudo, «hombre pasional y violentísimo». Estas previsiones no resultaron fallidas: el general Monteagudo, dueño de la Ley de Orden Público, se convirtió en un carnicero.

Expresó un temor no equivocado sobre los resultados que podían acarrear las garantías suspensas, comparando lo que veía venir con la situación prevalente en Cuba cuando llegó Weyler, y esta comparación fue exacta: Monteagudo resultó un Weyler para los rebeldes.

C. Marquetti terminó su discurso señalando que no sabía por qué cosa votaría y que el proyecto se iba a aprobar de todos modos; hizo nuevas referencias a Monteagudo y a la Ley de Orden Público, solicitando la lectura de esta dura y arcaica ley colonial.

Ferrara, presidente de la Cámara, trató de explicarle a Marquetti que sus temores eran exagerados, pidiéndole el último al primero que le aclarase el alcance y le diese lectura a la Ley de Orden Público y no al proyecto en discusión, como hábilmente pretendió hacer Ferrara.

González Lanuza intervino en el debate y lo hizo para hacer una serie de consideraciones sobre el acuerdo del Senado, y las relaciones entre este organismo y la Cámara; pero principalmente para atacar política y mal intencionadamente a C. Marquetti, a quien trató de presentar como un obstruccionista y opositor a las medidas gubernamentales, haciendo énfasis en que él, Lanuza, que pertenecía a la minoría congresional, es decir que era conservador, de la «oposición», defendía la suspensión y apoyaba el deseo del Ejecutivo, en tanto Marquetti, que era liberal y pertenecía a la mayoría, lo combatía.

Puesto en situación difícil, Marquetti se vio forzado a expresar que nadie había combatido la petición del Ejecutivo, ni el proyecto de suspensión, pues él solo había manifestado sus dudas para que la Cámara no aprobase sin estudio la medida propuesta.

Borges Figueredo aclaró, en nombre de la mayoría cameral, que ésta había resuelto su actitud frente a la suspensión de las garantías ese mismo día, en una sesión solemne del Ejecutivo y de la Asamblea Nacional del Partido Liberal, en la que se había acordado aprobar el proyecto que se consideraba; siendo, por tanto, particulares las opiniones de C. Marquetti y no las del Partido Liberal.

Orondo, satisfecho, sin importarle nada el drama trágico que se estaba desarrollando, continuó G. Lanuza en el uso de la palabra, después de haber forzado a Marquetti y a Borges Figueredo a que identificasen su solidaridad con el gobierno y el partido a que ambos pertenecían. Habló; habló mucho tratando de justificar las razones de las medidas contenidas en el mensaje presidencial y en el proyecto de ley en discusión, por cuyas bondades la minoría estaba dispuesta a aprobarlo.

G. Lanuza hizo una extensa exposición jurídica sobre los artículos de la Constitución que quedarían en suspenso si se aprobaba el proyecto que se debatía y trató de aminorarle trascendencia y peligrosidad al hecho, para que, días después, Monteagudo y los voluntarios de Occidente lo desmintiesen, no con palabras, sino con torrentes de sangre.

Cuando G. Lanuza terminó su perorata, O. Marquetti le indicó que faltaba algo por explicar y que no era otra cosa que el alcance de la Ley de Orden Público, a la que no había mencionado G. Lanuza. Cogido infraganti, G. Lanuza explicó que él no podía abarcarlo todo; pero que se podía suspender el debate para que los que no conocían esta ley la leyesen y estudiasen.

A continuación de G. Lanuza, usó de la palabra C. Marquetti. Aclaró que en la Asamblea Nacional del Partido Liberal se había adoptado el acuerdo de no apoyar la suspensión de las garantías, si antes no era consultado el presidente de la República, y que habiéndose mostrado éste conforme con la suspensión, la Asamblea había acordado apoyar el proyecto que se estaba considerando; pero que también se había acordado que él, C. Marquetti, quedase en libertad para oponerse o apoyar las medidas contenidas en el proyecto de ley. El representante B. Figueredo asintió y ratificó estas aclaraciones de C. Marquetti.

¿Por qué los liberales no estaban decididos, desde el inicio, a apoyar la suspensión de las garantías, medida que indudablemente favorecía al Ejecutivo?

¿Por qué el propio presidente Gómez aleccionó a los congresistas que le eran adictos para que no adoptasen ninguna actitud con respecto a este asunto, si previamente no le era consultado el mismo, y él le daba el asentimiento? Y la oposición que casi siempre —aunque persiga objetivos meramente políticos— aparece como opuesta a la concesión de prerrogativas al Gobierno, ¿por qué estaba tan decidida y apoyó tan resueltamente las proposiciones represivas del Ejecutivo? Las respuestas a estas interrogaciones hay que ir a buscarlas a la unidad de las clases dominantes contra el movimiento negro y al fondo politiquero que movió todo este proceso. Tanto los congresistas liberales como los conservadores trataron con este criterio lo concerniente a la protesta armada.

Aunque con notoria frecuencia invocaron la patria, la paz y el orden, éste, el político, fue el interés que rigió la actuación de los congresistas de ambos partidos, con la excepción a veces titubeante de C. Marquetti.

Los líderes y congresistas del Partido Conservador Nacional trataron de sacarle el mayor provecho político electoral a los errores y debilidades del Gobierno de Gómez, y éste, atento a las posibles críticas de la «oposición», actuó muchas veces durante el curso de protesta armada bajo el influjo de este temor.

Continuemos observando el desarrollo de este debate cameral.

Marquetti continuó en el uso de la palabra; declaró sentirse ofendido y lastimado por «la maldita revuelta», se mostró partidario de «investir» al Gobierno de «todos los poderes», para que batiese lo más rápidamente posible a los que se habían puesto fuera de la ley; y volvió a insistir en su fórmula, que tanto repitió en el curso de estos debates: manos duras para los reacios y perdón para los arrepentidos.

Insistió en su oposición a la Ley de Orden Público basando su argumentación en las opiniones que él hizo expresar a G. Lanuza: suspender el debate para que se estudiase esta Ley.

Reprochó a la Cámara el no haber hecho una sola gestión para conseguir la paz sin sangre; de haberse cruzado de brazos ante el estallido de la revuelta y la urgente movilización que se hizo de tropas represivas, impidiéndole al Ejecutivo que dictase un decreto u otra medida de perdón para los rebeldes arrepentidos:

> No quisimos —expresó C. Marquetti— abrirles las puertas a aquellos elementos que fueron por engaño allí, sino que las mantuvimos cerradas como si tuviéramos interés en que hubiese guerra; ésa es la verdad.

Mencionó algo importante e inesperado que había sido silenciado por Borges Figueredo, cuando informó sobre los acuerdos de la Asamblea Liberal de la mañana de aquel día y que consistió en que la aludida Asamblea había acordado aprobar, junto a la suspensión de las garantías, una ley de amnistía.

¿Por qué Borges, Ferrara y los otros congresistas liberales, con la excepción de C. Marquetti, que lo hizo al finalizar la discusión no mencionaron este acuerdo y le dieron cumplimiento.

La explicación de este hecho insólito hay que irla a buscar al mismo fondo politiquero que ya hemos apuntado. La Asamblea Liberal, mirando hacia el futuro político de su partido, quiso atenuar los efectos adversos que ya le estaban produciendo la actuación de Gómez y su Gabinete frente a los rebeldes.

Ella, la Asamblea Liberal, pretendió neutralizar esta situación mediante la presentación de la proposición de ley de amnistía junto al de suspensión de las garantías; pero en presencia, frente a actitudes como la de G. Lanuza, la mayoría de los congresistas liberales que como Ferrara era tercamente opuesta a lo que no fuese represión, optaron por silenciar el acuerdo de su Asamblea Nacional y no presentaron la proposición de ley de amnistía.

Marquetti terminó su discurso señalando la responsabilidad que había contraído la Cámara por no haber empleado la fórmula de las armas y el perdón, recordando el deseo y acuerdo de la Asamblea Liberal, consistente en este punto de vista.

Puesto a votación la totalidad del proyecto de ley de suspensión de las garantías constitucionales, fue aprobado por unanimidad. Los articulados corrieron igual suerte al ser puestos a votación, con la excepción de C. Marquetti, que se opuso exclusivamente al artículo tercero que no votó y lo hizo constar en acta, porque no lo conocía. El artículo tercero era el que se refería a poner en vigor la Ley de Orden

Público, en sustitución de los artículos de la Constitución que quedaban en suspenso por el proyecto de ley aprobado.

Monteagudo se frotaría las manos con fruición ante esta decisión congresional, que le hizo entrega de la Ley de Orden Público, dándole potestad de señor de horca y cuchillo.

La «oposición» se regodeó ante los éxitos de su política: atizar la represión para que sus resultados pesasen sobre Gómez; él, que ya no podría aspirar a la reelección, y si lo hacía, no tendría los resultados victoriosos de las elecciones del 14 de noviembre de 1908.

Armando André, vocero de la «oposición», refiriéndose a esta situación de Gómez, que ellos contribuyeron a crear, gozando anticipadamente de la derrota de José Miguel Gómez en sus propósitos reeleccionistas, escribió el 10 de junio de 1912 estas opiniones:

> ¿José Miguel? pues José Miguel como ya no necesita votos... metiendo leña, acaso demasiado leña.

Y por los campos y poblados pacíficos, los hombres que sin armas cometieron el error de irse a protestar a la manigua, no tuvieron a partir del acuerdo de suspensión de las garantías otra alternativa que la de huir y ser cazados en el monte.

El Congreso de la República pudo evitar el sacrificio inútil de miles de víctimas y raudales de sangre. No lo hizo; y sobre todos los hombres que pudieron evitar esta matanza y no lo hicieron, pesa esta responsabilidad histórica.

Un millón de pesos para reprimir a los rebeldes

La sesión ordinaria de la Cámara de Representantes, del 7 de junio de 1912, adoptó dos acuerdos-leyes relacionados con el movimiento de los independientes de color.

El primero fue concederle quince días de licencia al presidente de la Cámara, Orestes Ferrara, para que se trasladase a EE.UU. en misión del Gobierno cubano cerca del de EE.UU, viaje que tenía como objetivo fundamental convencer al Gobierno de EE.UU. de que no era necesaria su intervención armada en Cuba y también para ganarse el apoyo de EE.UU. en favor del Gobierno de Gómez y contra los protestantes.

El otro acuerdo consistió en la aprobación de un proyecto de ley procedente del Senado, que autorizaba al presidente de la República para alistar y organizar fuerzas armadas en la proporción en que éste lo estimase necesario y mientras durase la rebelión.

Este proyecto de ley constaba de dos artículos. Ya hemos hecho referencia al primero, ¿qué autorizaba el segundo?

El segundo de los artículos de este proyecto de ley, autorizaba al presidente de la República para disponer de un millón de pesos, no afectados por otras obligaciones, que se dedicarían al alistamiento y organización de las fuerzas armadas a que hacía referencia el artículo primero del proyecto de ley.

¡Un millón de pesos! Pero lo extremadamente grave no fue solo esto; lo inconcebible fue que el proyecto de ley, en su totalidad y articulados, fue aprobado sin discusión, sin una sola objeción. El silencio en torno y la aprobación unánime rubricaron esta nueva medida de guerra y de apoyo al Ejecutivo, del Senado y de la Cámara, de la mayoría y de la minoría, de los representantes del gobierno y de la oposición.

Entre los acuerdos de la sesión ordinaria del 14 de junio de 1912 en la Cámara de Representantes, figuró el enviarle un cablegrama al presidente de EE.UU. dándole las gracias por las deferencias que había tenido con el presidente de la

Cámara, Orestes Ferrara, enviado del Gobierno cubano. Y otro cablegrama felicitando a Ferrara por el éxito de sus gestiones en EE.UU.

Los congresistas negros amenazan con no concurrir más a la cámara

La sesión ordinaria de la Cámara del 14 de junio de 1912, se desarrollaba normalmente abordando los puntos que abarcaba su orden del día, ninguno de los cuales tenía relación con la rebelión.

Pero inesperadamente se planteó un grave incidente al pedir y usar de la palabra C. Marquetti, para expresar que había sido comisionado por numerosos congresistas negros, a fin de que expusiese ante la Cámara la decisión que habían adoptado y que él expresó de este modo:

> No volveremos a visitarla más —C. Marquetti se refería a la Cámara— en calidad de representantes, porque estimamos lastimado profundamente nuestro decoro, en tanto no salga, de quienes nos han ofendido, una voz tan alta que pueda oírla todo el país, justificando de modo completo y absoluto, que somos dignos de estar con ellos y que ellos son dignos de estar con nosotros.

C. Marquetti no denunció concretamente a los representantes que habían injuriado y ofendido a los congresistas negros: se limitó a señalar el hecho como motivado por el manifiesto que habían dado a la publicidad los mismos, es decir, los congresistas negros.

Este manifiesto había sido firmado por los representantes y senadores negros del Partido Liberal y del Conservador y por Juan Gualberto Gómez, que no era congresista.

C. Marquetti expresó que nada más tenía que decir a la Cámara y que los congresistas negros habían acordado hacer público un manifiesto o documento explicativo de su actitud.

A nombre de la Cámara le respondió a Marquetti, su presidente provisional, Borges Figueredo, quien expuso que no había oído las injurias y vejaciones que se habían inferido a los congresistas de quien C. Marquetti era emisario; aclaró el derecho que tenían todos los miembros de la Cámara, tanto los negros como los blancos, que no debían renunciar nunca, fuese cual fuese la circunstancia que concurriese; consideró injustificadas las opiniones de C. Marquetti y equivocada la actitud de los que pretendían no concurrir a la Cámara.

Freyre intervino en el debate para pronunciarse en desacuerdo, tanto con las palabras de C. Marquetti, como con la actitud de los que le habían comisionado. Hizo constancia del derecho que asistía, por igual, a todos los congresistas sin tener en cuenta el color de su piel, proponiendo, finalmente, un receso de media hora para tratar secretamente lo planteado por C. Marquetti.

C. Marquetti insistió en sus opiniones anteriores. Armando André le hizo una ligera interrupción a C. Marquetti mostrándose sorprendido por las imputaciones genéricas que éste había hecho, y Marquetti, movido por esta interrogación y por otra de García Santiago, hizo constar que él no había pretendido inculpar a toda la Cámara, sino que ellos, los congresistas negros, estaban «siendo víctimas propiciatorias de la persecución iniciada a destiempo por compañeros», a quienes siempre habían querido y respetado.

Se acordó el receso de media hora propuesto por Freyre, y al reanudarse la sesión, no se habló más de este asunto.

Como explicación a la actitud de los congresistas negros, en el diario *La Prensa*, edición correspondiente al 14 de junio de 1912, apareció el siguiente suelto:

> El agravio de los representantes de la raza negra nace de trabajos periodísticos publicados en *El Día*, y *Cuba*, los cuales se atribuyen a los representantes Dolz y Soto.

En la sesión ordinaria de la Cámara del 19 de junio de 1912, se tuvo conocimiento de una proposición de ley firmada por C. Marquetti y otros representantes, que perseguía como objetivo autorizar al presidente de la República para dictar decretos, bandos, etc. llamando a la legalidad a los rebeldes y a que el Ejecutivo concediese una amnistía para los delitos en que hubieran incurrido los mismos.

Freyre de Andrade saltó, el primero para usar de la palabra y rogar a los que habían presentado la proposición de ley, que la retirasen, explicando que su actitud obedecía a que todavía existían alzados y que esta ley solo sería aceptable y razonable cuando la lucha hubiese cesado totalmente, y además, que la Cámara no debía tomar esta iniciativa sino esperar la petición del Poder Ejecutivo, proponiendo que la proposición de ley no fuese tomada en consideración y que pasase a ser estudiada por la comisión correspondiente.

El presidente de la Cámara interrumpió a Freyre para hacerle saber que, de acuerdo con el reglamento interior de la Cámara, él no tenía derecho a usar de la palabra si antes no se acordaba por el pleno cameral la discusión de la proposición de ley.

C. Marquetti, usando el derecho que el aludido reglamento concedía a uno de los firmantes de la proposición, consistente en explicar ante la Cámara el contenido de la misma, expresó que los argumentos de Freyre eran rebatibles y que no obstante contener la proposición de ley presentada por él y por otros, ideas y aspiraciones que siempre había sustentado, también el presidente de la República, general José Miguel Gómez, le había expresado a Freyre, Mendieta, Cortina, a él y a otros congresistas, que esa proposición de ley era buena. Hizo constar que la proposición de ley no había sido redactada por él, sino por el propio Freyre de Andrade en momentos en que éste creyó «que era conveniente y absolutamente oportuno». Infirió Marquetti de tal actitud y disposición de Freyre, que tanto la mayoría como la minoría cameral estaban de acuerdo en lo que él creía necesario: legalizar la situación de Oriente. Al terminar su turno oratorio Marquetti, propuso que el proyecto de ley fuese declarado urgente.

A propuesta de A. Galarrate, se acordó poner a votación nominal si se consideraba para los efectos de la discusión del proyecto de ley o si se rechazaba. La votación arrojó 37 votos contra la discusión y 18 en favor de la misma.

Explicaron sus votos en favor de la discusión del proyecto: Cortina, Santiago, Cuesta Rendón, García Cañizares y Guas Figueras; Freyre explicó su voto en contra. La Cámara rechazó esta nueva oportunidad que le fue ofrecida para «legalizar la situación de Oriente». Este término quería decir, en rigor, paralizar la matanza, ponerle coto a la desenfrenada orgía de sangre, que Monteagudo llevaba a cabo bajo la égida de la Ley de Orden Público.

La acusación de Armando André contra el presidente Gómez de haber estado de acuerdo con los Independientes de color

En su sesión ordinaria del 28 de junio de 1912, la Cámara

de Representantes conoció de uno de los más ruidosos casos de los promovidos alrededor de la rebelión.

Carlos Mendieta Montefur, en su carácter de presidente del Comité Parlamentario del Partido Liberal en la Cámara, expresó que la mayoría cameral (liberal) había adoptado el acuerdo de llevar, al seno de este organismo, lo relativo a unas acusaciones hechas por el representante Armando André contra el presidente de la República y que habían aparecido en el diario *El Día*.

¡Seguidamente, Mendieta dio lectura a un documento que contenía el acuerdo del Comité Parlamentario Liberal, en el que se hacía constar que, enterados los representantes liberales de las imputaciones que contra el presidente Gómez había, hecho el representante Armando André, director de *El Día*, acusando al presidente de la República de haber estado en relaciones y complicidad con el general Evaristo Estenoz para organizar la rebelión, supuesto que consideraban desprovisto de todo viso de verdad, y que estimando diáfana la actitud del presidente frente a la rebelión, invitaban a Armando André a que manifestase si hacía suyas las acusaciones que habían aparecido en *El Día*, instándolo al mismo tiempo a que presentase las pruebas de su acusación, si era que las poseía.

André respondió a Mendieta que, antes de contestar la petición que éste le hacía, él quería saber si los peticionarios tenían conocimiento de que hacía un año él venía formulando acusaciones contra el presidente Gómez, y que deseaba conocer también si los representantes liberales estaban dispuestos a recoger todas estas acusaciones, que de estarlo, él no tenía inconveniente en acceder a sus deseos.

Lo cierto es que Armando André no poseía ninguna prueba de la acusación que había hecho contra Gómez y sus relaciones con los independientes. La acusación fue un recurso político de ocasión y uno de los medios empleados por los conservadores para destruir políticamente a Gómez, y allanarse el camino al poder.

Pero Armando André, cercado por el acuerdo del Comité Parlamentario del Partido Liberal, se escurrió hábilmente del emplazamiento, poniendo como condicional a la petición de los representantes liberales, el no limitar las pruebas de sus acusaciones al caso de Gómez y los rebeldes, sino a todas las denuncias que había formulado contra la administración de Gómez.

Mendieta, que comprendió la hábil maniobra de su antagonista, que amenazaba con llevar a aquella discusión las lacras administrativas del presidente Gómez, usó nuevamente de la palabra para eludir el enfoque global de las acusaciones tratando de limitarlas a la consideración de la que se relacionaba con la que situaba a Gómez en complicidad con los rebeldes, proponiendo a la Cámara que se constituyese en tribunal para que juzgase la conducta del presidente Gómez.

Wifredo Fernández, comprendiendo el carácter que estaba adquiriendo el debate, y ensayando su entonces embrionaria fórmula de cooperativismo, declaró al pleno cameral que se proponía consultar a la minoría una moción que perseguía idénticos fines que los expresados por Mendieta, proponiendo que la sesión se tornase en secreta.

La proposición de Wifredo Fernández fue aceptada por la Cámara, que pasó a considerar secretamente el problema.

Pero el debate no prosiguió en la sesión secreta. Los representantes Mendieta, Cortina, Sarraín, Roig, Busto, Lanuza, Freyre y Wifredo Fernández se reunieron espontáneamente, como lo hicieron constar, consideraron el asunto y emitieron un dictamen sobre el mismo a la sesión secreta, que lo aceptó.

El dictamen hizo constar que, habiendo conferenciado con Armando André los representantes de la mayoría y minoría ya mencionados, estimaron, después de haber oído a André, que éste había procedido «en la sincera creencia de que podía formular los cargos que ha formulado, pero después de detenida consideración por nuestra parte, proponemos que la Cámara declare que no encuentra ningún indicio que justifique acusación alguna al señor presidente de la República respecto de haber tenido participación alguna en la actual perturbación de la paz pública».

Por la minoría firmó el dictamen González Lanuza y se hizo constancia de que se dejaba a «salvo el voto del señor André».

Así fue resuelto este movido incidente; pero Armando André continuó su campaña mendaz desde *El Día*, atacando a los independientes rebeldes tratando de desnaturalizar sus propósitos y presentándolos como meros politiqueros que habían estado en connivencia con el general José Miguel Gómez.

Estos ataques de Armando André hicieron tanto perjuicio a los independientes en el orden moral como los materiales que les infligió Monteagudo.

XX. Actitud de los veteranos de la independencia

Las organizaciones veteranistas, los veteranos como entidad, constituían entonces una opinión robusta y determinante, que los gobernantes de turno consideraban y siempre tenían en cuenta. En los años iniciales de la República, el fervor patriótico del pueblo y el respeto hacia los forjadores de la patria estaba saturado de pleno entusiasmo, que los veteranos hacían más caluroso, mostrando sus heridas frescas aún y relatando sus hazañas épicas de la manigua. En situaciones difíciles para la República, sus connotados jefes llegaron a discutirla con los presidentes de la nación y miembros de los gabinetes de entonces.

Este período puede considerarse como el del auge veteranista, cuando los veteranos eran una fuerza vigorosamente organizada y activa, que intervenía en todos los grandes problemas del país.

En mayo de 1912 era presidente de los veteranos el general Emilio Núñez, quien convocó el Consejo Nacional de Veteranos para discutir lo concerniente a la actitud de los Independientes de Color. El Consejo Nacional se reunió el 22 de ese mes y año, dos días después de haber iniciado su protesta los independientes.

En esta reunión se manifestaron diversos criterios sobre el movimiento de los independientes: los más destacados fueron estos: El general Regó se pronunció por el empleo de procedimientos drásticos tendientes a liquidar la protesta. El coronel Gálvez propuso que los veteranos solicitasen la derogación de la Enmienda Morúa; este punto de vista se solidarizaba tácitamente con el propósito perseguido por los Independientes de Color. El general Emilio Núñez demandó la cooperación de todos los veteranos para «restablecer la normalidad». Ese mismo día, 22 de mayo, el general Mario García Menocal envió desde Delicias el siguiente telegrama al Consejo Nacional veteranista:

> Creo que es obligación nuestra, que veteranos unidos protesten de la perturbación reinante y se dispongan a mantener orden

> en todas las localidades donde se encuentren alzados en armas. Débese proceder con energía.

Esta actitud de los dirigentes veteranistas frente a la protesta de los independientes, contrasta notablemente con la asumida por ellos mismos frente a la Revolución de agosto de 1906, cuando se erigieron en mediadores entre los bandos en pugna y designaron, para que actuasen en su nombre, cerca de los «alzados» y del Gobierno de Estrada Palma al general Cebereco y al propio general Menocal.

En 1906 se trata de la pugna armada de dos fracciones de las clases dominantes en la disputa por el poder político; Moderados y Liberales.

En este caso los dirigentes veteranistas, en su mayoría ubicados ya en uno y otro bando, actúan de mediadores, invocando, justamente, la independencia ganada por el sacrificio mambí.

En 1912 se trata de una protesta popular contra una enmienda, ley injusta, se trata de una protesta organizada, no por las clases dominantes, sino por un sector de los más oprimidos y explotados del pueblo: el sector de las masas negras.

En esta ocasión, el Consejo Nacional de Veteranos, sin tomar en cuenta que esas masas habían dado el contingente principal del Ejército Libertador, que entre los protestantes habían muy destacados veteranos, se decide a «combatir la perturbación» a «proceder con energía para mantener el orden», es decir, que se suma al bando de las clases dominantes, de los sectores más agresivos que quieren aplastar sangrientamente la protesta, sin siquiera discutir sus demandas.

El Consejo Nacional de Veteranos debió ser, en 1912, de acuerdo con su investidura y representación, elemento de autoridad para evitar la matanza, para encauzar por otras vías la protesta, para no permitir la salvaje cacería humana que desataron los elementos reaccionarios.

El presidente del Consejo Nacional de Veteranos no se limitó a ofrecer su concurso lírico en la lucha frente a los independientes, sino que adoptó medidas prácticas como las que expresa el siguiente telegrama dirigido a las delegaciones veteranistas:

> Consejo Nacional de Veteranos en pleno saldrá domingo rumbo a Oriente combatir enemigos República. Espera dado patriotismo compañeros esa Delegación concurra mayor número para incorporarse expedición. Débese estar en esta capital domingo mediodía para tomar los vapores que nos conduzcan. Conteste esta vía cuántos vienen. Núñez, presidente.

Mientras los dirigentes veteranistas adoptaban esta actitud, algunas delegaciones locales iban por otro rumbo. La delegación de «La Maya» (Oriente), por ejemplo, hizo destacadas gestiones conciliatorias, como la siguiente, tratando de evitar el derramamiento de sangre: El Alcalde de este pueblo, Rizo, a quien los veteranos comunicaron sus determinaciones se dirigió al presidente de la República mediante el siguiente telegrama:

> Alto Songo, mayo 24. Presidente de la República. Habana.
> Traslado a usted copia fiel del escrito que en este momento me entrega una comisión de la Delegación de Veteranos de La Maya, compuesta del coronel Bernardino Puente, Aquilino Delgado, tenientes coroneles Fernando Vinent, comandantes Victoriano Rodríguez y Nicolás Vinent: A los 23 días del mes de mayo de 1912, reunidos un gran número de veteranos de

la Maya bajo la presidencia del coronel Blas Massó, como vicepresidente de dicha delegación se acordó, en vista de la perturbación reinante en el país, pedir al Alcalde Municipal de este término, como veterano, que presida la comisión que ha de entrevistarse con los generales Evaristo Estenoz y Pedro Ibonet para de este modo evitar las desgracias que pudieran ocasionarse con las fuerzas del Gobierno, inspirados los veteranos reunidos en el mayor patriotismo, y al mismo tiempo pedir a los veteranos de Songo que formen parte de la comisión para dicha entrevista. Hermoso fin persiguen nuestros dignos compañeros, patrióticos ideales, siempre que V. E. lo dispusiese,—(fdo.) Rizo, Alcalde.

El presidente Gómez respondió al telegrama del alcalde y veteranos de La Maya de la manera siguiente:

> Yo veo con agrado cuantas gestiones se hagan para devolver la tranquilidad y evitar derramamiento de sangre, pero esa es una acción privada de ustedes; pues yo, que soy accesible a todo y atiendo todas las peticiones justas, no pacto nada con gentes en armas fuera de la legalidad; vengan a ella, y después todo lo que sea justo se puede atender, (fdo.) Gómez, presidente.

Tanto las gestiones de los veteranos de La Maya, como la contestación de Gómez, repercutieron en la opinión pública nacional.

Los independientes interpretaron la respuesta del presidente Gómez a las gestiones de los veteranos de La Maya como arrogante y despectiva. El «no pacto con gentes en armas fuera de la legalidad», fue entonces, y sigue siendo, tema de los más variados criterios. Hay que suponer lógicamente que una vez fracasados en su protesta, que tenía más carácter efectista, de presión para obtener la derogación de la Enmienda Morúa que intento guerrero, los independientes esperasen o deseasen puente salvador que los devolviese a la legalidad sin la afrenta del ridículo y con plenas garantías. Este puente pudo ser tendido mediante dos iniciativas conciliatorias: una, la presentada a la Cámara de Representantes por Campos Marquetti y otros congresistas; y la otra, la de los veteranos de La Maya. Ambas gestiones fracasaron. Sobre los que se opusieron a la conciliación, abriendo con su actitud el camino de la represión y de crímenes sin nombre, se levanta y se levantará el índice acusador de la Historia. Gómez, acosado por sus enemigos políticos, bajo la crítica de ser gobernante débil y de haber coqueteado con los independientes, encontró la oportunidad deseada para mostrarse como gobernante enérgico cuando el alcalde Rizo le informó el acuerdo armonizador de los veteranos, de La Maya; además, pudiendo acceder a esta petición humana, optó por considerarla iniciativa particular, sin concederle importancia, contribuyendo aún más a que la sangre corriese cuando había posibilidades de evitar su derramamiento.

Hoy, a distancia de estos hechos, con los ánimos serenos, el juicio de la historia con respecto a la actitud de los veteranos frente a la protesta armada de mayo de 1912, tiene que condenar el proceder de la mayoría del Consejo Nacional de entonces o a sus miembros que votaron por medidas represivas en lugar de tomar el camino verdaderamente patriótico y humano de los veteranos de La Maya.

XXI. El manifiesto de los congresistas de color

Los congresistas de color, que habían apoyado en el Parlamento —con la excepción a veces titubeante de C. Marquetti— todas las medidas represivas contra los rebeldes, los que no levantaron cívicamente su voz en él para impedir que la rebelión se convirtiese en sangrienta, dirigieron a la opinión pública el 19 de julio de 1912 un manifiesto, que también firmó Juan G. Gómez, a pesar de que no era congresista.

Resaltaron en el manifiesto, una invocación a los sentimientos patrióticos —modalidad que se puso en boga para condenar a los independientes— así como a la armonía que siempre había existido entre los cubanos de una y otra raza, y a los esfuerzos realizados en común para crear una patria libre, afirmando los autores del manifiesto que en la misma no habían existido ni existían problemas de razas, pues a éstos le había negado «ambiente la revolución niveladora», y le negaban «espacio en que moverse las instituciones democráticas que arrancan de la Constitución de la República».

Con estas palabras quisieron los congresistas de color y Juan Gualberto Gómez hacer tabla rasa de los derechos ciudadanos y escamotear la existencia de la discriminación racial.

Hicieron referencia a la existencia de los partidos Nacional, Republicano, Liberal, Unión Democrática y a las agrupaciones socialistas, elogiando la convivencia de blancos y de negros en estos partidos y el resultado electoral que esto producía a la población negra: la elección de algunos concejales, consejeros provinciales, senadores y representantes; pero hábilmente eludieron el planteamiento programático que en estos partidos se hacía de los derechos ciudadanos del negro y que era inexistente en ellos, pues a la elección de contados negros para los cargos que ya hemos mencionado, se limitaba la recompensa de estos partidos a sus correligionarios discriminados racialmente.

El manifiesto atacó al Partido Independiente de Color, a sus hombres, y a la vigorosa lucha cívica que éstos desarrollaron en favor del pueblo y de la población negra.

Los congresistas negros pretendieron, sin lograrlo, explicar las causas determinantes de que la Cámara de Representantes no hubiese discutido la proposición de ley que demandaba la derogación de la Enmienda Morúa. Como en realidad no hubo intención de considerar en la Cámara este asunto, las explicaciones resultaron carentes de base y de crédito.

Los firmantes del manifiesto negaron el derecho de rebelión a los independientes de color, apoyándose en la opinión de «muchos famosos tratadistas».

Por esta vía se fue adentrando el manifiesto hasta desembocar en los únicos propósitos perseguidos por sus autores: condenar la protesta armada, justificarse ante el electorado negro y sus correligionarios de la población blanca y reafirmar su apoyo a las medidas represivas contra la protesta de los independientes de color.

Recalcaron los congresistas negros que se habían visto obligados a reunirse para ofrecer:

> en primer término, al gobierno constituido nuestro apoyo más resuelto, a fin de que en esta hora crítica se mueva investido, no solo con la autoridad que le dan las leyes, sino también con la fuerza moral que pueden procurarle la adhesión de los que nos creemos con títulos para representar al elemento de color...

Esta adhesión no fue otra cosa que la reiteración pública, mediante un manifiesto al país, del apoyo que habían prestado en el Congreso a todas las medidas represivas contra la rebelión.

Finalmente, en tono amenazador, que pretendió ser consejo arropado con palabras sonoras, matizadas de un exagerado patriotismo, recordaron a los héroes de la patria y llamaron a los rebeldes a deponer su actitud y a retornar al seno de la legalidad.

Pero, ¿cómo iban a regresar a ella, a la legalidad, los que solo tenían como alternativa la Ley de Orden Público y a Monteagudo excediéndose en el uso de ésta? Ese llamamiento expresado por quienes contribuyeron a impedir la adopción de medidas conciliadoras, amparadoras, que permitiesen el regreso a la legalidad con plena garantía de los arrepentidos, entrañó una sangrienta ironía, de hombres arrastrados por el afán justificativo de una actitud condenable, que quisieron hacer aparecer como patriótica, cuando en realidad, en el fondo, fue oportunista, politiquera.

XXII. La toma y el incendio de La Maya

Alrededor del asalto, toma e incendio de La Maya, se han hecho los más variados y apasionados comentarios.

En realidad fue un acto audaz realizado por los independientes de color el asalto y conquista de este pueblo de la provincia de Oriente, único de que se posesionaron aunque momentáneamente durante el curso de la rebelión. Este hecho tuvo gran repercusión en todo el país y por esta razón contribuyó a acelerar la represión contra los rebeldes.

La Maya fue asaltada y conquistada el 1 de junio de 1912, a las nueve y media de la noche, por un considerable núcleo de independientes de color que tenía como principales jefes a los generales Evaristo Estenoz y Pedro Ibonet.

Los atacantes iniciaron el asalto a La Maya enfrentándose al cuartel de la Guardia Rural, que accidentalmente estaba defendido por veinte soldados y voluntarios, pues el resto de la guarnición al mando del capitán Cossío había salido a explorar los alrededores al tener conocimiento de la existencia de partidas de rebeldes por aquellos contornos.

El cuartel fue abandonado después de un inútil intento de resistencia por parte de sus defensores.

Encontrándose en poder de los independientes La Maya, surgió un hecho que sirvió para dar pábulo a las más duras censuras contra la rebelión y sus propósitos: el incendio de La Maya.

Los supervivientes de ese acto, a quienes hemos consultado sobre el mismo, aseguran enfáticamente que su intención no fue la de destruir el poblado de La Maya como se les atribuye.

Consideran el incendio producto de factores que no fueron tenidos previamente en cuenta por ellos y no como hecho intencional.

Relatan ellos que el incendio se produjo del siguiente modo. Vencida la resistencia de los defensores del cuartel, avanzaron los asaltantes sin obstáculos hasta el centro del pueblo. Sonó un disparo que partió de los altos de una ferretería y fue muerto un independiente de apellido Wilson. Fue tal la indignación que este hecho produjo en las filas rebeldes, que algunos, exaltados, decidieron prenderle fuego a la ferretería para que saliesen de ella todos sus ocupantes y de pronto surgió lo imprevisto: el incendio se propagó, y aunque los independientes quisieron impedir la extensión del mismo, no lo lograron por carecer de los medios adecuados para alcanzar este propósito.

Los independientes alegan en favor de su tesis, que en su afán de paralizar, de aislar el incendio, destruyeron la casa de Paulo Vinent, que era secretario del Partido Independiente de Color en La Maya. Y este criterio merece crédito, pues La Maya era un poblado donde los negros eran mayoría numéricamente y propietarios de casas con porcentaje elevado de miembros y simpatizantes de los independientes de color.

De uno de los informes telegráficos que recibió el secretario de Gobernación sobre los sucesos de La Maya, hemos entresacado la siguiente porción que reafirma el criterio anterior:

> La mayoría de las casas de La Maya (expresa el telegrama) y que fueron destruidas por el incendio, pertenecen a hombres de color que las construyeron al cobrar sus haberes del Ejército.

Hay que entender, por Ejército, al Libertador.

Al propagarse el incendio del poblado se produjo el desorden y la natural confusión. A los asaltantes se les atribuye el saqueo de los establecimientos incendiados; pero no se les puede imputar un solo asesinato, un solo crimen. Las vidas de los ciudadanos blancos fueron respetadas en La Maya como en todas las regiones donde actuaron los independientes, a pesar de la ferocidad y del odio racial que se ha querido atribuir a sus intenciones.

Los infamadores de los independientes, al referirse a los sucesos de La Maya, han procurado detenerse lo menos posible en considerar hechos como el del joven blanco Juan Manuel Martínez, empleado del ferrocarril, que parapetado en la estación ferroviaria disparó contra los rebeldes y fue hecho prisionero por éstos. Presentado Martínez a Ibonet, éste ordenó su libertad, no obstante la confusión reinante y el delito en que éste había incurrido contra los atacantes de La Maya.

Las bajas de los independientes en La Maya fueron dos muertos y numerosos heridos; las de los defensores de La Maya, un solo herido, en una pierna.

Según periódicos de la época, algunos independientes al entrar en el poblado de La Maya, lo hicieron gritando ¡Viva la reelección y abajo la Ley Morúa!

Los enemigos de los independientes han pretendido considerar esta consigna, como prueba de relaciones políticas existentes entre éstos y el general José Miguel Gómez.

No hay que olvidar que el presidente José Miguel Gómez, en su afán reeleccionista, prometió a los independientes el voto de los congresistas gubernamentales para la derogación de la Enmienda y sancionar la ley derogativa.

Y aunque nadie afirma que tal consigna era oficial ni colectiva de la protesta, quienes la agitaron, seguramente que lo hicieron para recordarle al presidente Gómez su promesa y como expresión de que la protesta inicialmente no iba contra él, sino contra la Enmienda y los congresistas que se oponían a su derogación.

XXIII. La protesta y los combates

La terminología «Protesta Armada», introducida por los independientes de color en el léxico de las luchas cívicas de nuestro país, quiso expresar, según el criterio de sus creadores, una forma, un modo de lucha, frente a la Enmienda Morúa, que variase el procedimiento meramente pacífico que habían puesto en práctica hasta entonces.

Su variante consistió en protestar fuera de la ley, en la manigua, con armas; pero sin intención de usarlas. Esto parece pueril, lo es en realidad.

Solo los que han observado detenidamente casos similares en las dos primeras décadas de la República, conciben tan enorme ingenuidad. Juego tan singular fue realizado por varios jefes de alzamientos como fueron los de Miner, Acevedo, Miret y otros en este período republicano.

Esta maniobra era, más que nada, una presión a los gobernantes de turno y consistía en simular alzamientos, conturbar la paz pública y después ser traídos melosamente a la legalidad colmados de gajes burocráticos: Es casi seguro que los independientes pensaron obtener la derogación de la Enmienda Morúa mediante este procedimiento tan en boga en la época; pero lo que para otros constituyó éxito provechoso, para ellos resultó gravísimo error que pagaron a muy caro precio.

La festinación que rodeó a la protesta, sin organización, sin armas, sin objetivos bélicos y teniendo como único propósito precisar al Congreso, fueron las principales causas que determinaron el desastre que sufrieron los independientes.

No fue una mera protesta cívica porque se realizó fuera de la ley y con armas, aunque pocas. No fue una insurrección ni siquiera una rebelión, en su sentido estricto, porque careció de organización, armas y objetivos bélicos.

Una protesta de esta índole, realizada casi exclusivamente por ciudadanos negros, aunque tenía un objetivo definido como era la derogación de la Enmienda Morúa, fue improcedente y tenía que producir la reacción prejuiciosa que sobre ella se ensañó.

No tuvo antes, ni se procuró después, en el momento de la protesta, aliados, que son tan indispensables a toda acción cívica y más aún a la del carácter que tuvo esta protesta armada.

Si su propósito, el de derogar la Enmienda Morúa, hubiese sido ampliamente difundido, si no simpatías, al menos se hubiese ganado la neutralidad de importantes sectores de la vida pública cubana, que hubiesen atenuado la campaña calificándolos de racistas y sus trágicas consecuencias, que contra ellos se desencadenó, y también hubiesen servido de presión a Gómez y al Congreso, en el empeño de encontrar fórmulas conciliadoras que evitasen la matanza implacable.

Los protestantes se limitaron a agruparse en el monte, en espera de la derogación ansiada; ni siquiera se situaron a la defensiva, sino en la inercia, y como dijo Lenin: «La defensiva es la muerte de la insurrección armada».

Condenada al fracaso desde su inicio, la protesta armada se tornó confusa y perdió bríos a los pocos días de comenzada, aun cuando no se había iniciado la persecución contra la misma.

El presidente Gómez y el Congreso, conocedores del estado de desorientación que reinaba en el campo protestante, lejos de acceder a sus demandas, se afirmaron en esta situación, para desoírla, para no tenerla en cuenta.

¿Por qué se fueron al campo y en rebeldía? ¿Por qué, sin la preparación adecuada y sin armas necesarias, quisieron ofrecer la sensación de que contaban sobradamente con una y con otras, es decir, con organización y con armas abundantes? ¿Por qué, si su propósito no fue pelear, hicieron amagos de pelea frente a un enemigo poderoso? Juego peligroso fue el de los protestantes, juego con lo que no se puede jugar, según el válido decir de Lenin: «No jugar a la Revolución y una vez empezada, saber firmemente que hay que llevarla a término», los independientes, ya en la encrucijada, ni siquiera pudieron convertir en revuelta victoriosa lo que se inició sin ese propósito.

Quisieron presentar como lucha armada lo que fue escena efectista de guerra, sobre un escenario real de combate, de pelea.

Como dijo Eugenio Lacoste, uno de los principales jefes de la protesta en Oriente, después de haber sido hecho prisionero:

> Era un movimiento que se decía armado y no tenía armas. ¿Hubo realmente combates en esta protesta? Dos de los más entusiastas panegiristas del general Monteagudo y de sus tropas: Conté y Capmay, se refirieron a este asunto de la pelea y la actitud de los independientes del siguiente modo: Ni una sola vez se atrevieron a cargar al machete; ni en una sola ocasión tan siquiera hicieron frente a las tropas leales, ni tuvieron valor para levantar un raíl, ni llevaron su osadía hasta el extremo de detener un tren de viajeros.

Esto expresa palmariamente, no la cobardía de los independientes como lo califican Conté y Capmay, sino la actitud de unos hombres, cuyo propósito no fue la pelea ni el odio que hace correr la sangre.

Escaramuzas fueron los choques efectuados en Oriente y Las Villas, como los de Boquerón, Mayala, Palma Mocha, Yerba de Guinea, etc.; el único de estos encuentros que se aproxima a la categoría de combate fue el de Yarayabo, donde las tropas del general Pablo Mendieta, armadas de cañones, ametralladoras, granadas y rifles, encontraron la resistencia de los jefes rebeldes Antomarchí (Pitilli) y Zapata, que con sus mal organizadas gentes se empeñaron en una pelea desigual y obcecada, que les produjo innúmeras bajas y la desbandada desintegradora.

Según Conté y Capmay, las bajas de las fuerzas gubernamentales, en el curso de la rebelión en Oriente, fueron doce.

12 muertos. ¿Qué clase de combates, que categoría tenía esta rebelión! El estado de indefensión de los protestantes, lo conocían perfectamente bien el presidente Gómez y el Congreso, y no les era desconocida la actitud pacífica inicial del movimiento.

Tan evidentes fueron estos hechos y sus resultados que Ricardo Dolz —cosa paradójica—, oponiéndose a un proyecto de amnistía en favor de los protestantes presos, en la sesión del Senado del 27 de junio de 1913, expresó esta verdad del siguiente modo:

> No hay que recordar los peligros que corrieron los negros que se sublevaron en mayo de 1912. Esta fue una matanza enorme de negros. ¡Ah!, señores, aquí sí que la piedad irrita; miles de cubanos negros perecieron en una campaña en que el Ejército cubano no tuvo una sola baja.

XXIV. La masacre

> Hágase cargo de lo difícil que es tener casi sitiado un monte de ocho o diez leguas, y nuestras fuerzas hacen allí una verdadera carnicería.
>
> (De un informe del general Monteagudo al presidente Gómez, fechado en el Cuartel general de operaciones, el 28 de junio, de 1912.)

Con sádicas palabras como las que encabezan estas líneas, trató el general Monteagudo de hacerle una idea cabal al presidente Gómez de lo que fue la más grande matanza ocurrida durante el curso de la rebelión: la de Mícara.

Nadie ha podido determinar el número de las víctimas que sucumbieron allí, cazadas como fieras. El único afán fue matar, sin tener en cuenta la cantidad de los que caían, y ni el propio Monteagudo pudo determinar la cifra de los que fueron abatidos, limitándose a expresar en su informe a Gómez lo siguiente:

> Es imposible precisar el número de muertos, porque ha degenerado en una carnicería dentro del monte.

Las anteriores opiniones de Monteagudo parecen suficientes para hacer un juicio exacto sobre lo que ocurrió en Mícara. Y refiriéndose a esta matanza de Mícara, el general Pablo Mendieta, en informe que dirigió al Ayudante general del Ejército, expresó ufano estas crueldades:

> De la rigurosidad del sitio y la constancia de la persecución dará a usted, idea la autopsia de Estenoz, en lo que respecta al estado de su estómago, así como el hecho de haberse presentado un alzado que al llegar a mi presencia dijo: «Que estaba dispuesto a que lo mataran, pero que no podía seguir en esa situación».

Cierto: el dictamen de los médicos forenses que hicieron la autopsia al cadáver de Evaristo Estenoz, señala la «vacuidad completa de todo el tubo digestivo», indicación palmaria de que hacía varios días que no ingería alimentos.

Pero, ¿qué expresa la situación del protestante que se presentó a Mendieta manifestándole qué estaba dispuesto a que lo mataran antes de continuar siendo víctima de la persecución feroz? La confesión desesperada de este rebelde pone en evidencia la de miles de hombres que solo se presentaban a sus persecutores cuando faltos de ánimo para seguir huyéndole a la muerte, fueron en su busca, presentándose sin garantías, sin ningún amparo legal, sabiendo anticipadamente que un porcentaje grandísimo de los que recurrían a este medio, eran asesinados alevosamente.

Pero no fueron solamente los independientes las víctimas de esta represión. Cientos de ciudadanos pacíficos, incluso de conocida militancia política ajena a los independientes de color, fueron objeto de atropellos y otros pagaron con su vida el haber pertenecido a la raza negra.

Como prueba elocuente de esta aseveración, señalaremos solamente un caso típico, el siguiente el 13 de julio de 1912, fueron asesinados por soldados y paisanos, en el barrio Plátano, perteneciente al municipio de Rodas, en la provincia de Las Villas, los pacíficos ciudadanos afiliados al Partido Conservador Francisco Ricardo y Pedro Cárdenas; Ricardo era teniente del Ejército Libertador.

Presionado por sus enemigos del interior y por la amenaza del exterior (intervención de EE.UU.), el Gobierno de Gómez aceleró las medidas de guerra.

Los enemigos políticos electorales de Gómez fueron los primeros en echar combustible a la hoguera represiva; uno de ellos, el general Menocal, ofreció públicamente al presidente Gómez organizar 3.000 hombres para contribuir a ahogar la rebelión. Este ofrecimiento en realidad estaba dirigido a crearle una situación difícil a Gómez, tanto en la opinión pública nacional como en la internacional, principalmente en la de EE.UU.; pues, señalado como gobernante débil y tolerante, se le creía incapaz de vencer la rebelión.

Gómez comprendió rápidamente la proposición, el ofrecimiento de Menocal: era un arma de doble filo dirigida contra él y su gobierno. Aceptó el ofrecimiento de éste y se lo trasladó a Monteagudo; pero no permitió que su tenaz contrincante en la lucha por la Presidencia de la República organizase los voluntarios que le había ofrecido, ya que redobló las medidas bélicas enviando a Oriente la casi totalidad del Ejército y a su Estado mayor con Monteagudo al frente.

Acusados de racistas, los independientes de color fueron víctimas del más violento odio de raza, trágica paradoja, que ocasionó la inmolación de miles de cubanos.

En aquellos días se crearon innumerables leyendas en torno a mujeres blancas violadas, asesinatos de ciudadanos blancos y otras atrocidades que les fueron imputadas a los rebeldes y que sirvieron de base para reprimirlos duramente.

Entre esas mentiras, descolló una que sirvió de principal pilar a toda la campaña de prensa contra los independientes y su actuación en la manigua: la supuesta y mentida violación y asesinato de la profesora de instrucción pública Concepción Hureña.

La prensa de la época formó una gran algarabía alrededor de esta supuesta violación y asesinato. El diario *La Prensa*, en su editorial del 6 de junio de 1912, expresó las siguientes, entre otras opiniones desenfrenadas:

> ¡A defendernos, pues! Ya se agolpa a la mejilla la sangre de la vergüenza. ¿Es que podemos seguir en calma? ¿No hablan a nuestros oídos los ayes de las mujeres blancas que han sentido sobre sus carnes la garra negra y cruel?

Y de este carácter, en este tono, eran los llamamientos, los toques a rebato, incitando al exterminio, que fueron recibidos placenteramente por Monteagudo y sus tropas y que crearon una atmósfera irrespirable entre la población blanca y la negra.

Sin embargo todo fue mentira, pura fantasía, desleal, rezumando odio inmotivado. Concepción Hureña, la supuesta víctima de los independientes, refutó mediante una enérgica carta fechada en Palma Soriano el 6 de junio de 1912, toda la patraña que la tomó como centro para avivar más la hoguera de las pasiones y de la crueldad.

En su ingenuidad, la profesora Hureña creyó que había sido «víctima del reporterismo de efecto, y sin duda alguna que, o una mala información o algún secreto enemigo ha sido la causa de la publicación de tal información».

¡Ella no comprendió el fondo prejuicioso de toda esta trama, que hizo de su persona ajena a la misma, bandera de venganza, instrumento para intensificar la violencia y el crimen! Veamos ahora el corte irreconciliable, llamando a la guerra sin tregua, a la liquidación de los rebeldes, de este trozo de un editorial periodístico de aquellos días refiriéndose al mismo caso de la Hureña:

> Entre la clemencia de Cuba y esos forajidos, se extenderá, como barrera infranqueable, el cadáver lacerado de esa pobre maestra del Caney del Sitio.

Así fue como los ideólogos de la matanza y del odio de raza quisieron que éste fuese inextinguible, viciaron el ambiente y lo hicieron propicio para que justificase cuanto se hizo contra los rebeldes y la población negra pacífica y sus derechos, no ya ciudadanos, sino a la vida en la patria de todos.

Capmay y Conté expresaron con mayor elocuencia aún este punto de vista en Guerra de razas, cuando expusieron:

> Uno de los dos bandos tiene que sucumbir o someterse: pretender que ambos convivan unidos por lazos de fraternal afecto, es pretender lo imposible.

Y los independientes en rebeldía, cuando meditaron en el grave error en que habían incurrido: el de hacer una protesta en la manigua, denominarla armada sin tener armas, ya sin las posibilidades de retornar a la legalidad (la mayoría de los rebeldes no creyeron en los bandos de Monteagudo) porque ni el Congreso de la República ni nadie se la quiso ofrecer, tuvieron que optar por rehuir encontrarse con las tropas del gobierno cuando éstas los atacaban, asaltándoles sus campamentos, se encontraron impotentes para hacer frente a las fuerzas de Monteagudo y a las numerosas guerrillas de persecución que les fueron lanzadas en Oriente.

Los prisioneros fueron asesinados en los caminos reales.

A otros se los sacó en largas cordilleras de los cuarteles y las noches de aquellos días fueron cómplices mudos de la vesania cruenta, que hizo del martirio prolongado el dintel de aquellos asesinatos.

En Oriente hay muchos lugares que son célebres por haber sido escogidos como escenarios para realizar estos crímenes.

Entre ellos, se encuentran el Puente de Platanillo, ubicado entre Alto Songo y El Cristo, y la Loma Colorada, cerca de Santiago de Cuba; allí, como en otros lugares, fueron inmolados a punta de machete y de bayoneta centenares de hombres, que se acogieron a la ley y no esperaban el asesinato, sino la garantía de vida y ser juzgados por los tribunales correspondientes.

El terror se cernió sobre todas las regiones donde hubo alzados.

Bastaba una simple sospecha, tener un familiar entre los rebeldes o que un enemigo roñoso convirtiese la venganza en confidencia ruin, en denuncia artera, para que se realizasen registros y detenciones de personas que nada tenían que ver con los protestantes. La provincia de Oriente fue el escenario más ensangrentado de esta contienda.

XXV. El crimen de Boquerón

Merece consideración aparte el señalamiento del crimen de Boquerón, perpetrado durante el curso de la revuelta y famoso por su índole excepcional y por las características de morboso refinamiento con que fue llevado a cabo.

Fueron protagonistas de este sangriento hecho, los Voluntarios de Occidente, cuerpo armado reclutado entre la población civil, que organizó el general Manuel Piedra y puso a la disposición del gobierno, asumiendo, él, Piedra, el mando de este cuerpo para colaborar con el ejército regular de la República en la represión de la rebelión.

Víctimas y victimarios fueron en esta ocasión voluntarios de occidente y si tal ejemplo de ferocidad interna ofrecieron hay que suponer la que emplearon cuando ésta se desató sobre los rebeldes y la población negra pacífica.

Cayo Piedra, enclavado en el litoral de la bahía de Guantánamo, entre Caimanera y Boquerón, fue el escenario escogido por los asesinos para realizar su repugnante crimen.

Los voluntarios negros Domingo Tamayo, Julián Hernández, Abelardo Aragón y N. Saavedra fueron las víctimas que sucumbieron a filo de machete por los oficiales del propio cuerpo (Tercera Compañía de Voluntarios de Occidente), capitán Enrique Regueira, teniente Ponce de León, teniente

Ariet y por los sargentos Izquierdo y Duarte, y el soldado Gisbert.

¿Causa que motivó el crimen? La mera e injustificada sospecha de que los voluntarios negros simpatizaban con los independientes. Más exacto aún: la negativa que éstos hicieron a una orden abusiva de los oficiales aludidos que pretendieron imponerles un sobretrabajo, vulnerando el reglamento del cuerpo, movió la soberbia de éstos y por su propia determinación decidieron castigar el desacato, encerrando en el calabozo de la prisión a las víctimas. Después fraguaron la matanza y la realizaron.

A los autores del crimen se les hizo Consejo de Guerra, iniciándose éste el 13 de julio de 1912, en el Cuartel Moncada de Santiago de Cuba.

Las declaraciones de algunos de los acusados, principalmente las del sargento Izquierdo y el soldado Gisbert, ofrecieron detalles espeluznantes del crimen.

El sargento Izquierdo relató, ante el Consejo de Guerra, que la noche del hecho brutal había sido despertado por el capitán Regueira, quien le ordenó que lo acompañase al calabozo, de donde sacaron a los presos, orden que obedeció sin replicar y que cuando llegaron a la puerta de éste, ya se encontraban junto a ella los tenientes Ponce de León, Vildósola y el sargento Duarte.

Que inmediatamente los presos fueron obligados a salir del calabozo siendo amarrados de dos en dos. Hizo constar Izquierdo, que estando ya en la calle y sospechando que el servicio que iban a realizar «no era muy limpio», opuso reparos al capitán Regueira, el cual le ordenó que obedeciera sus instrucciones sin discusión.

Y que al llegar al muelle tomaron un bote, se les incorporó un práctico y se dirigieron con los presos rumbo a Cayo

Piedra, lugar que había sido seleccionado previamente por el capitán Regueira. Al llegar a Cayo Piedra, a él, Izquierdo, le ordenaron que permaneciese en el bote, saltando a tierra el resto de sus ocupantes, incluyendo a los presos.

Expresó Izquierdo que momentos después oyó gritos y lamentos observando a los oficiales que con sus machetes daban muerte a los prisioneros.

> Cuando todos los presos fueron muertos —declaró Izquierdo— el capitán alzó la voz y dijo: ES PRECISO ARRASTRAR ESTOS CADÁVERES HASTA LA BAHÍA. Así lo hicieron —prosiguió Izquierdo— y alguien hizo notar que si no se les amarraba un peso cualquiera en los pies, quedarían flotando. Buscamos en el bote y en el Cayo, y como no encontrásemos lo que necesitábamos, el teniente Víctor Vildósola dijo que en el muelle había un lingote de hierro a propósito.
>
> Nos dirigimos al sitio expresado, y encontramos allí un individuo, con el cual el teniente Vildósola cambió algunas palabras en inglés. Como no conozco este idioma, ignoro lo que dirían. Entonces, y alumbrados por un farol, nos encaminamos a un rincón del muelle, donde encontramos el hierro que nos había dicho Vildósola. Volvimos al bote, regresamos al Cayo, y después de amarrar el hierro a los cadáveres, arrastramos éstos a remolque hasta el centro de la bahía donde los dejamos sumergir. Esto es todo cuanto sé sobre la muerte de los cuatro soldados.
>
> Cuando volvimos al cuartel, el capitán Regueira me llamó aparte, y con tono de mal humor me dijo: «Oiga, sargento, yo tengo autorización para hacer lo que he hecho; pero si usted cuenta lo ocurrido, le arranco la cabeza».

El soldado Federico Gisbert declaró, ante el Consejo de Guerra, que Regueira, Vildósola y Ponce de León personalmente habían macheteado a los voluntarios; que éstos pedían auxilio y suplicaban por su vida; que una de las víctimas, herido de un machetazo, trató de huir, ordenándole el capitán Regueira que lo rematase, orden que obedeció descargándole varios machetazos al fugitivo, sin que pudiera precisar si lo hirió o le pegó de plano con el machete. Terminó su declaración Gisbert, exponiendo que una de las víctimas, en medio del atroz suplicio que estaba sufriendo, gritó: «¡Por Dios, acaben de matarme, no me hagan sufrir más!».

El Consejo de Guerra condenó a pena de muerte al capitán Regueira, al teniente Rafael Ponce de León, al sargento Izquierdo, al sargento Duarte y al soldado Gisbert. Los tenientes Vildósola y Arriet fueron condenados a veinte años de prisión cada uno. La sentencia de muerte les fue conmutada por la inmediata a todos los condenados a esta pena.

Y el 29 de enero de 1914, fueron indultados por el presidente de la República, general Menocal, los condenados Ponce de León, Izquierdo, Duarte y Gisbert.

XXVI. La muerte de Estenoz y el asesinato de Ibonet

Existen varias versiones sobre la muerte del líder de los independientes, general Evaristo Estenoz. La oficial, la del Gobierno, se la atribuyó al teniente del Ejército Lutgardo de la Torre, que por obra de este hecho se convirtió en el «héroe» de aquellos días.

Lutgardo de la Torre refirió que había dado muerte a Estenoz en duelo personal, cuando fue asaltado el campamento de Mícara y que el hecho ocurrió del siguiente modo: él (Lutgardo de la Torre) y doce soldados siguieron el rastro de una pequeña partida de rebeldes, entre los que se encontraba E. Estenoz; acorralados los rebeldes entre un precipicio y sus persecutores, entablaron pelea y, en el curso de la misma, los acompañantes del Jefe Estenoz se lanzaron al barranco; Estenoz continuó enfrentándose con de la Torre y sus acompañantes hasta que cayó abatido.

La otra versión, la que cuentan algunos independientes, es la que asevera que Evaristo Estenoz recurrió al suicidio ante la inminencia de caer preso, actitud que había manifestado en varias ocasiones adoptaría si se veía en peligro de caer prisionero de las fuerzas gubernamentales. Estenoz fue muerto o se suicidó, el 27 de junio de 1912.

El cadáver de Estenoz fue trasladado de Mícara a Santiago de Cuba y exhibido al público en el cuartel «Moncada», como se suele hacer con los bandoleros famosos, sobre dos cajones y con las mismas vestimentas que usaba cuando fue muerto o se suicidó. Su cadáver, expuesto al Sol y a todas las profanaciones, permaneció en esas condiciones durante varias horas.

A tal grado llegó a ser repulsivo este espectáculo, que según una información del diario *El Triunfo*, correspondiente al 3 de julio de 1912, un ciudadano expresó que eso «se lo hacían a Estenoz porque era un negro, que si hubiese sido un blanco, le hubiesen tratado de otra manera aunque hubiera sido un bandido». El autor de esas manifestaciones fue inmediatamente detenido y conducido a prisión.

Las autoridades y partidarios del Gobierno se empeñaron en que la muerte de Estenoz hubiese sido festejada con palmas y vítores por la población santiaguera, principalmente por la negra. Refiriéndose a este hecho, *El Triunfo* hizo el siguiente comentario:

Se nota gran frialdad y poco aprecio e interés entre el elemento de color, en los actos que se han efectuado desde que está en ésta el cadáver del leader de los independientes de color. Esto es causa de grandes comentarios.

El asesinato del general Pedro Ibonet

El general Pedro Ibonet y su ayudante y ahijado, Francisco Céspedes, fueron asesinados por el teniente Arsenio Ortiz el 16 de julio de 1912. Sobre la captura o presentación de Ibonet existen dos versiones: una, que cercado en el cafetal «Nueva Escocia», fue apresado por la guerrilla del capitán Aranda, y la otra, que frente al fracaso del movimiento rebelde, Ibonet gestionó su presentación ante el capitán Aranda, quien le prometió garantizarle la vida, a él, Ibonet, y a su ayudante.

Lo cierto es que Aranda condujo desde el cafetal «Nueva Escocia» a los prisioneros, que entregó al capitán Amiel.

Y cuando sus captores y las presuntas víctimas se dirigían hacia el poblado de «El Caney», fueron alcanzados por el teniente Arsenio Ortiz, que provenía, de Santiago de Cuba, el que, portando una orden superior, pidió a Amiel la entrega de Ibonet y de Céspedes; apenas reiniciada la marcha después del incidente en que Ortiz se hizo cargo de los prisioneros, éstos fueron vilmente asesinados por aquél.

Muchos independientes aseguran que el autor intelectual de estos dos asesinatos fue el general Monteagudo y aseveran que, al recibir éste la noticia de la presentación de Ibonet, le envió un telegrama a sus subalternos ordenándoles la exhibición de los cadáveres de los prisioneros, cuando éstos no estaban muertos aún, lo que de haber sido cierto implicó la sentencia de muerte para los que tuvieron sus vidas garantizadas con Aranda y con Amiel y que sucumbieron brutalmente ejecutados por Ortiz, que no realizó —eso sí puede afirmarse— los asesinatos por determinación propia, sino como un mero verdugo, función que tal vez no quisieron desempeñar ni Aranda ni Amiel.

Sobre lomos de caballos, amarrados como fardos, fueron conducidos a Santiago de Cuba los cadáveres de Ibonet y de Céspedes, que fueron exhibidos, primero en el Cuartel Moncada, y después en la Jefatura de la Policía de Santiago de Cuba.

XXVII. La rebelión en La Habana

En La Habana, tanto en la provincia como en la ciudad, la protesta armada o rebelión no llegó a adquirir auge y con excepción de algunos contados protestantes diseminados por diversos municipios de la provincia, ésta transcurrió en medio de alarma y detenciones de presuntos rebeldes.

Se organizó la Guardia Local de La Habana, cuerpo de voluntarios, que tenía como misión cuidar los barrios de la ciudad de posibles ataques o alteraciones del orden promovidas por los independientes de color.

Acusados de conspirar y tratar de incendiar un establo de Obras Públicas, que estaba situado en Figuras y Diarias, fueron detenidos y procesados el 6 de junio de 1912, los siguientes ciudadanos negros: José Armas y Landa, José Martínez Quiñones, Eufemio Antonio Somoano Ruiz, Hilario Valdés Barreras, Baldomero O'Farrill Guerrero, Félix Lombard, Julián Blain Toscano, Cristóbal Fresneda y Fresneda, Ruperto Martínez Larrazábal, Saturnino Zequeira Ceballos, Filomeno Madan, Julio Arredondo Rodríguez y Arturo Guzmán Sariol.

El juez que los procesó fue el Licenciado Alberto Ponce Valdés, de la Sección Segunda.

El propio 6 de junio de 1912, fueron detenidos en la ciudad de La Habana e instruidos de cargos: Julio Torres Morales, Flores Díaz Paredes, Gil Piloto Martínez, Agapito Rodríguez Pozo, Gumersindo Castillo Mora, Domingo Valdés Bernabeu y Julián Valdés Sierra, los cuales fueron acusados de ser afiliados al Partido Independiente de Color en el barrio del Pilar.

El 7 de junio de 1912, fueron detenidos en la ciudad de La Habana, los siguientes veteranos de la Guerra de Independencia: general Juan Ducasse, coronel Gálvez y comandante Eligió Griñán, acusados de sospechosos e independientes.

El general Ducasse fue acusado de estar organizando un movimiento rebelde en la ciudad de La Habana. También fueron detenidos y acusados de conspirar los coroneles Isidro Acea y Alfredo Despaigne.

Por la causa del establo de Obras Públicas, se hicieron nuevas detenciones, recayendo éstas en Sixto Adán, José Inés Rodríguez, Casimiro González, Lorenzo García e Isidro Parranda.

Alarma en la ciudad de La Habana

La noche del sábado 8 de junio de 1912, un grupo de jóvenes blancos, en su mayoría estudiantes, se reunieron en la Acera del Louvre y tomaron por la calle de San Rafael hacia Galiano, golpeando y haciendo que se retirasen a sus casas a cuantos ciudadanos negros encontraban a su paso, produciendo la natural alarma y el fermento de antagonismo, que pudieron haber sido trágicos al siguiente día.

Refiriéndose a este hecho, el diario *La Prensa* expresó lo siguiente:

> Estos jóvenes se dedicaron, desde el primero momento, a obligar, a los individuos de la raza negra que transitaban por dicha vía, a que la abandonaran, armándose el consabido «molote», donde se usó con mucha frecuencia de bastones, rodando sombreros y otras minucias de los atacados.

Estos ataques inmotivados, irresponsables, de los referidos mozalbetes, crearon una tensión explosiva entre la población negra y la población blanca pacífica en la ciudad de La Habana y poblaciones limítrofes.

En Consulado y Galiano sonaron algunos disparos y se formó el consiguiente corre-corre. En Campanario y Maloja se produjo otro tiroteo resultando muerto, sin saberse quiénes fueron los autores de los disparos, el ciudadano Calixto Peñalver García.

Idénticos corre-corres se produjeron en la Calzada de Vives, en la de Infanta, en Luyanó y otros lugares de la ciudad.

En núcleos importantes de la población negra corrió como reguero de pólvora la idea de concurrir la siguiente noche, 9 de junio, al Parque Central de La Habana, a ejercitar sus derechos ciudadanos de hombres libres y a repeler las agresiones que se le hiciesen, evitando así de modo cívico la repetición de los sucesos de la noche anterior.

El ambiente estaba enrarecido. Se presagiaban sucesos lamentables.

La consigna «al Parque Central esta noche» se propagó entre la población negra; pero un fuerte y prolongado temporal de agua impidió la proyectaba concentración y sus consecuencias imprevisibles.

Luego, los ánimos se apaciguaron, renació la calma, la paz y las buenas relaciones mutuas entre blancos y negros, turbadas por un grupo de exaltados e irresponsables jovenzuelos.

Los sucesos de Regla

Motivados por el ambiente caldeado de aquellos días, en el pueblo de Regla ocurrió un hecho lamentable que pudo tener grandes y trágicas consecuencias. Las discusiones, las suspicacias, que alrededor de la rebelión se pusieron a la orden del día, desembocaron la noche del 7 de junio de 1912, en un tiroteo, que se inició sin previo aviso entre algunos ciudadanos negros y blancos de Regla. La paz fue turbada durante varias horas y el resultado de este choque fue el siguiente: herido de bala en una pierna, José Salomé Pedroso; herido de bala en el pecho, Pedro Quintero Sosa; herido de bala en una mano, el menor de quince años Juan Jesús Martínez.

En Regla, durante aquellos días, fue asesinado por una turba chauvinista racial, el ciudadano negro Félix Rodríguez González, al que le dieron numerosos golpes y lo remataron a tiros y machetazos.

Lo que motivó el asesinato de Rodríguez González fue el de estar en relaciones y complicado con el alzado Gerónimo Morán; al menos esto fue lo que se alegó para justificar el crimen.

El 11 de junio de 1912, después de numerosos registros y detenciones, fueron procesados una gran cantidad de ciudadanos negros de Regla y Guanabacoa, acusados de conspirar para sumarse a la rebelión de los independientes de color. En la sociedad «El Progreso», de Guanabacoa, la policía hizo un registro y denunció haber encontrado en ella proclamas relacionadas con la protesta armada.

XXVIII. ¿Racismo?

En todo movimiento de protesta, de lucha donde intervienen las masas y sectores importantes de las mismas, acontecen grandes y pequeñas desviaciones, que apartan un tanto, ya sea en la expresión oral, escrita o en los procedimientos, aunque sea momentáneamente, a algunos de sus participantes, que exageran o interpretan erróneamente el programa, la línea de conducta trazada o los objetivos a lograr.

Si analizamos detenidamente la complejidad, lo difícil que fue el camino que tuvieron que recorrer los independientes de color en la lucha contra la discriminación racial y por los derechos ciudadanos de la población negra; si consideramos desapasionadamente lo escabroso que les fue mantener esta actuación durante cuatro años, sin caer por resentimiento, exaltación o desesperación en la réplica al racismo con el racismo, a devolver al desprecio racial odio racial; si tenemos todos estos hechos en cuenta, las pequeñas manifestaciones aisladas y desviadas de algunos independientes, como la de Surín, que efectistamente en una ocasión desde la tribuna de un mitin independiente llegó a quitarse el cuello de la camisa, porque «hasta el cuello blanco» le molestaba, nos parecen manifestaciones insignificantes, que fueron hábilmente usadas por los enemigos del Partido Independiente de Color para combatirlo con el argumento que le era más favorable: el de racista.

Veamos algunas pruebas evidentes, del tacto, del cuidado que pusieron los independientes para que su actuación no fuese confundida como racista.

Respondiendo a ataques donde se les pretendía calificar de tales, replicaron a sus agresores en 1908, con las siguientes palabras:

> nos acusan de «racistas» —dijeron ellos— a los que como nosotros solo sabemos sentir amor, exigir respeto y castigar ofensas como lo saben hacer todos los hombres libres y como tienen derecho a hacerlo los que han sabido cumplir todos sus deberes.

El 30 de noviembre de 1908, los independientes escribieron los siguientes juicios, que son expresión rotunda de los verdaderos sentimientos que les animaron al considerar el problema de razas y el de los derechos ciudadanos a plenitud para la población negra:

> Nuestros mejores y más íntimos amigos en la actualidad y siempre han sido y son los blancos.
>
> No podemos, ni debemos, ni queremos odiar a los blancos, lejos de tal idea, los amamos mucho.
>
> Lo que actualmente alegamos con razón a nuestros compatriotas blancos desde la Agrupación Independiente de Color, es el reconocimiento franco, leal y sincero de nuestra personalidad política dentro de los dominios del derecho y no como la limosna que se da a los mendigos.

La cabalidad de los criterios anteriores llenan tan cumplidamente la intención, el empeño de sus autores, que ellos bastarían por sí solos para destruir la leyenda racista, que en torno a la actuación de los independientes se fue tejiendo.

Del año 1908, son también los siguientes pronunciamientos relativos a sus conceptos sobre la igualdad ciudadana y la unidad nacional democrática:

> No odiamos a los blancos, queremos el progreso de Cuba; queremos formar unidos con los blancos una patria democrática verdadera, donde predominen la justicia y el derecho, donde la razón se imponga.

¿Quién predicó con mayor acento en los primeros tiempos de la República, la convivencia común, fraternal, e igualitaria, que los independientes de color? Consideremos las siguientes opiniones a este respecto, expresadas por ellos en 1908:

> No queremos en el hogar común, en la patria, odios, egoísmos ni ambiciones exageradas.
> Tenemos por hermanos lo mismo a los negros que a los blancos, que a los llamados CLASE o RAZA DE COLOR.

Insistiendo en su afán de demostrar que su actuación no era racista, que estaba muy distante de alentar estos propósitos y que estaba dirigida principalmente a elevar en todos los órdenes el atraso y la indefensión de la población negra, escribieron en octubre de 1908 el siguiente alegato:

> No es un crimen de lesa patria, ni un propósito de separación de razas, ni un conato de desagravio hacia nadie. Es por el contrario una obra piadosa y de amor, levantar del fango, de la ignominia y de la abyección a nuestros hermanos de hermanos también de los hombres blancos, en la patria, en el idioma, en las afecciones, en la religión, en los sacrificios y ¿por qué no decirlo? en consanguinidad, pues el origen del pueblo cubano es uno, y en que sus diversas ramas, unas se han estacionado, y otras se han emblanquecido.

Hemos citado juicios y opiniones sobre la cuestión de razas, emitidos por los independientes de color en 1908. ¿Variaron este proceder? ¿Cuál fue su actitud en relación con este delicado y complicado asunto en el año 1909? La respuesta a estas interrogaciones no admite dudas: la línea que trazaron en 1908, desde el inicio de su actuación pública, no fue variada en nada en 1909. Observemos estos juicios expresados por ellos en los meses finales de este año:

> En Cuba —expusieron los independientes— y quizá en ninguna otra parte del mundo como en Cuba, el hombre negro no puede ser enemigo del hombre blanco, como no debe serlo el blanco del negro por no ser negro.
>
> La familia cubana representa una heterogeneidad tan intrincada en colores y en razas, que sería muy difícil, si no imposible, determinar y establecer distinción del afecto, de la intimidad relativa entre negros y blancos.
>
> No aspiramos a la supremacía del negro sobre el blanco; pero tampoco aceptamos, ni aceptaremos nunca, la del blanco sobre el negro.

Y como corolario de sus propósitos, de sus aspiraciones, hicieron constar en 1909:

> El negro sabe que es libre de derecho como libre es el blanco; pero quiere serlo de hecho, que donde el individuo está humillado la libertad no existe.

Exprofeso hemos tomado opiniones y juicios sobre el problema de raza considerado por los independientes durante los años 1908 y 1909, para someterlos a la difícil prueba de encontrar en ellos los elementos acusatorios o exculpadores de su actuación en este debatido asunto; pero consideremos que estos criterios no son suficientes para arribar a conclusiones definitivas sobre el hecho y continuemos observando la trayectoria de sus opiniones sobre este particular, con ojos acuciosos, investigadores y fiscalizadores.

Consideremos, analicemos, la siguiente réplica formulada por ellos en marzo de 1910:

> Ellos son los que, deliberadamente, revisten nuestra nacional aspiración de racista —refutaron los independientes— cuando nosotros somos la antítesis de ese especioso dictado y a impugnarlo consagraremos todos nuestros esfuerzos, porque no se nos oculta la finalidad que persigue, que no es otra que hacernos aparecer ante la pública opinión, manteniendo rancios prejuicios, como seres incapaces, inferiores y peligrosos para el régimen y para la sociedad.

Los anteriores testimonios de los años 1908, 1909 y 1910 arrojan un saldo ubérrimo en favor de los independientes de color. Ellos evidencian el más tesonero empeño de su parte, encaminado a ilustrar a sus gentes sobre el carácter, sentido y proyección de la lucha que llevaban a cabo, idéntico reconocimiento no se puede hacer de sus enemigos, que lejos de hacer esta labor educativa, sembraron prejuicios contra los independientes al atribuirles propósitos que éstos no anidaron; con esta actitud, los independientes dieron a sus enemigos políticos una gran lección de corrección y de nobleza combatiente.

Y ¿cuál fue el comportamiento de los independientes durante el curso de la protesta armada frente a la población blanca?

¿Acaso los pronunciamientos de 1908, 1909 y 1910, que hemos enumerado, fueron meras manifestaciones ocasionales, no sentidas en lo hondo por ellos? Armando André, director del diario *El Día*, que tanto daño moral produjo a los protestantes y que fue uno de los ideólogos más caracterizados de la represión que se desencadenó sobre ellos, escribió el 22 de mayo de 1912 —a los dos días de haberse iniciado la rebelión— el siguiente criterio real sobre el movimiento de los independientes, que hoy constituye un valioso testimonio en favor de los mismos:

> Por lo pronto —expuso A. André— hasta ahora por lo menos, no puede decirse propiamente que sea un movimiento «racista», pues, si bien es cierto que todos los alzados y comprometidos pertenecen a «la raza de color», la levantada en armas, ni la sublevación va «contra los blancos», por más que es éste un plano muy inclinado y fácil de recorrer.

Y ni el plano se inclinó hacia el racismo ni fue recorrido por éste como presumió A. André que pudo haber acontecido.

En contradicción con el punto de vista de A. André, sobre la participación exclusiva de negros en la rebelión, Conté y Capmay, enemigos irreconciliables de los independientes, se vieron forzados a escribir el siguiente juicio:

> Aunque parezca una paradoja, también hay blancos «independientes de color». Estos resultan más criminales que los negros, puesto que su intervención en el asunto es puramente viciosa.

Y esto fue cierto: hubo muchos ciudadanos blancos que fueron independientes y se lanzaron a la protesta contra la Enmienda Morúa. ¿Se puede concebir un movimiento racista, dirigido contra la población blanca, en el que participen ciudadanos blancos?

El propio Armando André, insistiendo sobre el carácter no racista de la revuelta, expresó el siguiente punto de vista desde las columnas de *El Día*, el 23 de mayo de 1912:

> El movimiento armado actual podrá no ser aún hoy, o no ser todavía «racista», si bien es ya un hecho grave, un síntoma grave, que esté integrado por gentes de color únicamente, que sea un movimiento de «gentes de color».

Y cuando Armando André no se había situado aún en la actitud especulativa, politiquera, que le hizo tomar el movimiento rebelde —aún a costa de la moral y de la vida de los protestantes— para atacar la pretensión reeleccionista de José Miguel Gómez y prepararle el triunfo presidencial al general Menocal, emitió una de las opiniones más exactas sobre los fines perseguidos por la protesta armada:

> Hasta ahora el levantamiento —expresó A. André— es del Partido Independiente de Color, es decir, de un partido político, y parece que con un fin político: el que se derogue la Ley Morúa, es decir, el que se le franquee la vía legal.

Este fue el sentido real de la protesta armada de mayo de 1912: una expresión de la lucha por la derogación de la Enmienda Morúa, que escogió la manigua como campo de acción, para desde ella atemorizar al Congreso y forzarle a adoptar la medida derogativa.

Lo de protesta racista fue entonces y ha sido después una patraña conscientemente urdida; primero, para avivar su aplastamiento, y segundo, para impedir en lo porvenir toda acción defensiva, reclamadora de derechos a la ciudadanía negra de nuestro país.

Existe un pasaje histórico de la rebelión, una anécdota acaecida durante el curso de la protesta, que puso de relieve la obsesión torturante de Estenoz, al saberse él y los protestantes bajo el peso injusto de la campaña difamatoria que los tildó de racistas y que fue el arma principal que usaron sus enemigos contra ellos para mistificar sus verdaderas intenciones y propósitos.

Sucedió que el 25 de mayo de 1912, José Bacardí Lay, en funciones de corresponsal de campaña del diario *El Cubano Libre*, que se editaba en Santiago de Cuba, llegó hasta el campamento principal de los alzados en armas, ubicado en Ramón de las Yaguas.

Cuando fue conducido ante Evaristo Estenoz, éste le dijo, «con irónica sonrisa», como apuntó Bacardí en la narración de su entrevista con el jefe independiente:

> ¿Cómo usted, que es rubio y con los ojos azules, no ha tenido miedo de llegar hasta aquí, puesto que según debe saber, nuestro objeto no es más que matar blancos?

Ante este inesperado reproche, Bacardí quedó perplejo.

Tan grande era la preocupación de Estenoz, frente a la campaña que le atribuyó propósitos racistas, que en el mes de junio de 1912, y por mediación del ciudadano de EE.UU. nombrado Mr. W. Collister, envió una carta al cónsul de EE.UU. en Santiago de Cuba, negadora de tales supuestos y de la cual son los siguientes párrafos:

> Los negros bajo el actual gobierno no tenían derecho alguno. El objeto de la revolución que hemos iniciado y mantenemos

> es asegurarle al negro el disfrute de sus derechos cívicos que le corresponden como a los demás cubanos de acuerdo con los preceptos de la Constitución de la República, por los cuales luchó duramente muchos años con las armas en la mano.
>
> La guerra que hacemos es una guerra civilizada, pues no robamos, ni molestamos a las mujeres, ni mucho menos asesinamos a los blancos; hechos que ni aún siquiera tenemos la intención de realizar, no obstante las declaraciones constantes del gobierno de Cuba, de que tales son nuestros propósitos.
>
> El actual gobierno de Cuba ha pretendido hacer creer al pueblo todo que la presente revolución es una lucha de razas; esto sin embargo es falso, falso de un todo.

Frente a este cúmulo de pruebas irrebatibles sobre el carácter no racista de la acción cívica o de la protesta armada de los independientes de color, volvemos a hacernos la interrogación que encabeza estas páginas. ¿Racistas? ¿Tuvo este carácter el vigoroso movimiento cívico surgido en 1908, y culminado trágicamente en 1912?

Los enemigos del progreso de nuestro pueblo de entonces, y los de ahora, los desconocedores de estos hechos históricos, podrán continuar asidos a sus apreciaciones malévolas e ignorantes; pero la verdad histórica, abriéndose paso, refuta la burda leyenda del racismo atribuido a los independientes de color y tejida al calor de las pasiones, para situar a esta gran lucha por los derechos ciudadanos de la población negra y a sus hombres y mujeres en el sitial honroso de los que tuvieron sus errores; pero supieron cumplir a cabalidad su deber, sin que el afán de justicia ciudadana que persiguieron les apartase del sentimiento patriótico de ese otro humano, que tiene como anhelo convivir en plena fraternidad en la patria de todos; pero sin humillaciones y donde todos con los mismos deberes disfruten de los mismos derechos ciudadanos.

Y 1912 transcurrió como año de tragedia para la familia cubana; mas el fin de la rebelión no logró extinguir los sordos rencores ni la leyenda sobre la mentida proyección racista del movimiento de los independientes, que fue creciendo y tornándose amenazadora para el futuro progreso ciudadano del negro.

Pero siempre —muy contadas por cierto— hubo voces dispuestas a proclamar la verdad y defenderla. Una de estas voces, la de Bartolomé Sagaró Benítez, se alzó en la Cámara de Representantes, en la sesión ordinaria del 28 de abril de 1913, en ocasión de discutirse el proyecto de amnistía que incluía en sus beneficios a los presos de la rebelión para expresar:

> En realidad, los sublevados en el mes de mayo de 1912 no hicieron una sola demostración de racismo; y en Oriente, donde tuvieron el mayor núcleo de acción, tenían, en las zonas por ellos dominadas, gran número de familias blancas, y no se registró un solo caso en que los hombres del Partido Independiente de Color, sublevados en aquella fecha, atentaran contra la vida y el honor de aquellas familias blancas.

Las pasiones sin frenos crean, fabrican montañas de prejuicios y pretenden sepultar en ellos a sus antagonistas vencidos, como culminación inútil, innecesaria de su victoria. La saña es convertida en instrumento implacable; al derrotado se le cubre de oprobio para eternizar la maldición sobre su historial.

Tal ha sido el empeño de los que preconcebidamente han venido tergiversando el carácter y los propósitos de la rebelión de los independientes de color.

Mas la historia de los hechos está ahí; virtudes y defectos, pero privando la verdad que exalta la actuación de un partido cívico y de miles de ciudadanos, que lucharon y muchos murieron demandando un afán justo: igualdad ciudadana en su patria.

XXIX. Méritos y errores de los independientes

Haciendo abstracción de las causas que determinaron la integración del Partido Independiente de Color, queremos señalar la contradicción que existía entre el nombre del partido, el programa y algunas de sus proyecciones.

El programa que se dieron era medular y progresista; en cambio el nombre de la organización y las limitaciones que practicaron en lo referente al ingreso y a la promoción a cargos dirigentes de la misma a ciudadanos blancos y a otros sectores de la población cubana, hacia los cuales apuntaba su programa y recogía sus reivindicaciones, fueron sectarias, limitadoras, y dieron al partido fisonomía de entidad de una raza, de negros, y no el carácter ampliamente popular, que era lo que cabía frente al mero electorerismo característico de los partidos Liberal y Conservador.

Si su objetivo principal era la integración de un partido en el que estuviesen garantizados la lucha contra la discriminación racial, y por plenitud de derechos para la población negra, así como los derechos electorales, una vez aprobada la Enmienda Morúa, declarado el Partido fuera de la ley, debieron, no de centrar la lucha por la derogación de la Enmienda, sino juntar sus fuerzas políticas y electorales con otros núcleos progresistas de la población cubana sin tener en cuenta su raza o color y haber creado un partido popular con otro nombre y un programa más ampliado.

Esto le hubiese permitido lograr sus objetivos programáticos y los electorales, enfrentándose ventajosamente a sus enemigos y a los partidos Liberal y Conservador.

Se aferraron al nombre de su partido y al derecho electoral inmediato, que les concedía el código regulador de esa materia vigente.

Su programa original contenía reivindicaciones avanzadas para los obreros en aquella época, como la lucha por la jornada de ocho horas, protección al obrero nativo, comisiones de arbitraje entre patronos y obreros, que hubiesen interesado a este sector, a sus gremios y a las agrupaciones socialistas de entonces.

Este programa propugnaba la distribución de las tierras del Estado Cubano en colonias agrícolas, así como las tierras que el estado comprase para estos fines; también se reclamaba allí la revisión de todos los expedientes posesorios de tierra realizados desde la primera intervención de EE.UU., hasta 1908, que interesaban al campesinado y les eran vitales.

En realidad la proyección programática pugnaba con las limitaciones sectarias del nombre de la organización y de su actitud con respecto a la dirección del Partido, que como réplica a las otras organizaciones políticas que excluían a los negros de cargos dirigentes, ellos practicaron excluyendo a los ciudadanos blancos de la dirección de la misma.

Un partido de influencia de masas, como era el Partido Independiente de Color, que fue capaz de conducir a su protesta de 1912 a miles de adeptos, pudo con una mejor orientación haber actuado en la arena de la lucha cívica, dentro de los mareos de la ley, persiguiendo otros objetivos acordes con sus propósitos programáticos y no obstinarse tercamente, confiándolo todo a la derogación de la Enmienda y a la Protesta Armada, como medio supremo para alcanzar este empeño.

Hay que reconocer en los independientes, la lealtad a los principios que sustentaron, la tenacidad con que los defendieron, la honradez que rigió su afán justiciero en favor del negro cubano.

Las vibraciones reivindicativas dispersas de miles de ciudadanos negros fueron admirablemente captadas por ellos, que no solo las pulsaron y registraron en su programa y propaganda, sino que les dieron tonalidades de lucha, de acción, de empeño reparador, conviniéndolas en clamor de masas.

A la lucha contra el relegamiento secular de los suyos, dedicaron sus mejores prédicas y su afán justiciero.

Mantener en la lid pública durante cuatro años a un partido de desposeídos, sin claudicar ante el soborno utilitario ni amilanarse ante la coacción que no reparó en medios para hacerles doblegar su gallarda actitud, fue entonces, en aquella época, de una ejemplaridad tan singular para aquel medio confuso y enlodado por el electorerismo, que nadie pudo parangonárseles en estatura cívica y moral.

Flagelaron al prejuicio racial con los azotes de la dignidad colectiva encrespada, frente a las normas esclavistas que pervivían en la República, y la masa les respondió calorizando las actividades del partido frente a la lacra del prejuicio, que inferioriza y excluye sádicamente a miles de cubanos de derechos comunes, vedándoles el disfrute de cosas que son inherentes a toda la ciudadanía sin limitaciones.

Loable misión fue la de romper lanzas contra el muro del prejuicio excluyente, la de predicar que su acción no estaba dirigida contra la población blanca, sino contra los discriminadores y explotadores, interesados en mantener sus privilegios, y al negro en planos de esclavitud moral e indefensión ciudadana.

El empeño fue duro, escabroso, difícil; el balance final, adverso; pero las intenciones nobles de sus propósitos equiparadores atenúan sus errores, que nunca estuvieron saturados de mala fe; pero hay que señalar que éstos, sus errores estratégicos y tácticos, contribuyeron a malograr una gran lucha cívica, que tanta falta le hacía, que tanto le hace falta aún al negro cubano, a la República, a la patria de todos.

Bibliografía

Previsión. Órgano de prensa del Partido Independiente de Color. Colección de la Biblioteca «Amigos del País».
Conté y Capmay: *Guerra de razas*, Barcelona, Linkgua ediciones.
Calcagno: *Aponte*.
Enrique Gustavo Mustelier: *La Extinción del Negro*.
José V. Stalin: *El Marxismo y el Problema Nacional y Colonial*.
Vidal Morales y Morales: *Iniciadores y primeros mártires de la Revolución Cubana*.
Documentos organizativos, Manifiestos doctrinales y propagandísticos, Artículos y proyecciones publicas del Partido Independiente de Color.
Manifiestos de los Congresistas de color y del señor Juan Gualberto Gómez.
Libros de Sesiones de la Cámara de Representantes: de 1910 a 1912.
Libros de Sesiones del Senado: de 1910 a 1912.
Programa y bases programáticas del Partido Independiente de Color.
Programa de la Coalición Liberal: Elecciones del 14 de noviembre de 1908.
Plataforma presidencial del general Menocal: Ele
cciones del 14 de noviembre de 1908.
Blas Boca: *Los fundamentos del Socialismo en Cuba*.
Carlos Rafael Rodríguez: *El marxismo y la historia de Cuba*.
Sergio Aguirre: *Seis actitudes de la burguesía cubana, en el siglo XIX*.
Diario *El Triunfo*: 1908 a 1912.
Diario *La Discusión*: 1908 a 1912.
Diario de la Marina: 1908 a 1912.
Diario Cuba: 1912.
Diario *La Unión Española*: 1908.
Diario *El Día*: 1912.
Diario *El Mundo*: 1912.
Diario *La Prensa*: 1912.
Diario *El Cubano Libre*: 1912.
Revista *Cuba y América*: 1912.
Semanario *La Caricatura*: 1912.
Semanario *La Política Cómica*: 1912.

Libros a la carta

A la carta es un servicio especializado para

- empresas,
- librerías,
- bibliotecas,
- editoriales
- y centros de enseñanza;

y permite confeccionar libros que, por su formato y concepción, sirven a los propósitos más específicos de estas instituciones.

Las empresas nos encargan ediciones personalizadas para marketing editorial o para regalos institucionales. Y los interesados solicitan, a título personal, ediciones antiguas, o no disponibles en el mercado; y las acompañan con notas y comentarios críticos.

Las ediciones tienen como apoyo un libro de estilo con todo tipo de referencias sobre los criterios de tratamiento tipográfico aplicados a nuestros libros que puede ser consultado en Linkgua-ediciones.com.

Linkgua edita por encargo diferentes versiones de una misma obra con distintos tratamientos ortotipográficos (actualizaciones de carácter divulgativo de un clásico, o versiones estrictamente fieles a la edición original de referencia).

Este servicio de ediciones a la carta le permitirá, si usted se dedica a la enseñanza, tener una forma de hacer pública su interpretación de un texto y, sobre una versión digitalizada «base», usted podrá introducir interpretaciones del texto fuente. Es un tópico que los profesores denuncien en clase los desmanes de una edición, o vayan comentando errores de interpretación de un texto y esta es una solución útil a esa necesidad del mundo académico.

Asimismo publicamos de manera sistemática, en un mismo catálogo, tesis doctorales y actas de congresos académicos, que son distribuidas a través de nuestra Web.

El servicio de «libros a la carta» funciona de dos formas.

1. Tenemos un fondo de libros digitalizados que usted puede personalizar en tiradas de al menos cinco ejemplares. Estas personalizaciones pueden ser de todo tipo: añadir notas de clase para uso de un grupo de estudiantes, introducir logos corporativos para uso con fines de marketing empresarial, etc. etc.

2. Buscamos libros descatalogados de otras editoriales y los reeditamos en tiradas cortas a petición de un cliente.

www.ingramcontent.com/pod-product-compliance
Ingram Content Group UK Ltd.
Pitfield, Milton Keynes, MK11 3LW, UK
UKHW042007190726
13854UKWH00005B/2198